B

有九天春节，希望全国爱心企业家
心社会困难群体，为子孙后代积德。
“光标企业家爱心团”
红军小学，新疆，西藏，云南
州，甘肃，苏北地区捐赠
民币8700万元、羽绒服13000
、电脑1000台、太阳能热水器
300台、商务车7部，款物合计1.27亿元
2011年1月23日于南京黄埔防灾减灾培训中心

全国企业家光标榜样爱心团
春节分组慰问(新藏云贵川)
2010.1.22.南京
ICBC 中国工商银

高调的中国首善

陈光标传

陈光标口述　华海著

凤凰出版传媒集团
江苏文艺出版社
JIANGSU LITERATURE AND ART PUBLISHING HOUSE

图书在版编目（CIP）数据

高调的中国首善：陈光标传 / 华海著．— 南京：江苏文艺出版社，2011.3
ISBN 978-7-5399-3944-5

Ⅰ．①高… Ⅱ．①华… Ⅲ．①陈光标—生平事迹 Ⅳ．①K825.38

中国版本图书馆 CIP 数据核字 (2011) 第 014890 号

书　　名　高调的中国首善：陈光标传
著　　者　华海
口　　述　陈光标
责任编辑　姚丽　赵阳
图书策划　刘海
文字统筹　余潇　蒋燕
责任校对　张松寿
责任监制　卞宁坚　江伟明
出版发行　凤凰出版传媒集团
　　　　　江苏文艺出版社　http://www.jswenyi.com
集团网址　凤凰出版传媒网　http;//www.ppm.cn
照　　排　南京海潇设计工作室
印　　刷　南京师范大学印刷厂
经　　销　江苏省新华发行集团有限公司
开　　本　718*1000mm　1/16
字　　数　200 千
印　　张　17.75
版　　次　2011 年 3 月第 1 版，2011 年 3 月第 1 次
标准书号　ISBN 978-7-5399-3944-5
定　　价　30.00 元

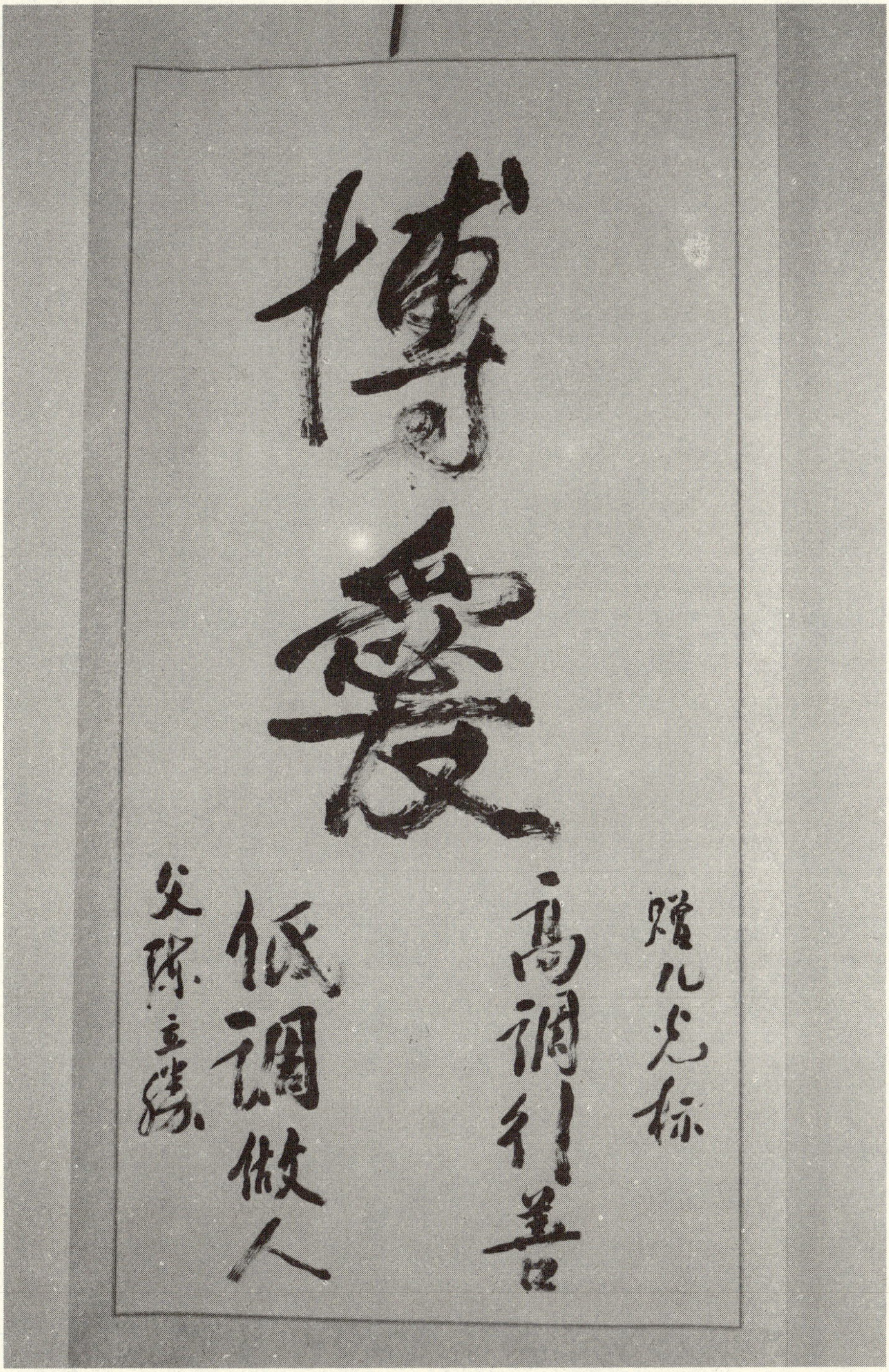

▲ 1997 年 6 月 13 号 陈光标父亲的题字

目录

第三章 渐入佳境

第四章 事业王国

第五章 财富如水

附录

传奇（序）

楷模、榜样、丰碑、典范、模范、标兵、标志、标杆、表率、骄子、偶像……

这些人格评价的美好辞藻，是众多网友写给陈光标的关键词；

尊敬、崇拜、崇敬、爱慕、羡慕、喜爱、喜欢、钦佩、佩服、敬服、折服、敬仰、震撼、感动……

这些感情表达的美好辞藻，也是众多网友写给陈光标的关键词。

但我觉得,这串串珍珠般的字眼中,无论哪一个,都不足以全面描述陈光标。

在我试图用一个最为准确的词语解读陈光标时，一个不是直接表达感情也不是直接评价人品的字眼蹦出脑海，它就是歌坛天后王菲将其演绎得无与伦比的动人歌曲——传奇。

陈光标的义举获得了党和国家领导人的高度赞赏。温家宝总理当面对他说："你是有良知、有感情、心系灾区的企业家，我向你表示致敬。谢谢你！"这是一个传奇；

陈光标2010年9月5日宣布将在逝世后捐出自己的所有财产，成为当代中国"裸捐"第一人，这是一个传奇；

陈光标出身贫苦，依靠自立自强，拥有了成功的事业，这是一个传奇；

陈光标指挥自己的救援队几乎与军队同时抵达灾区，速度和组织水平堪比军队，这是一个传奇；

陈光标向震区的灾民分发现金，这是一个传奇；

陈光标把即将捐出的钱堆成现金墙，主动向媒体展示其捐助行为，这是一个传奇；

陈光标不是中国"首富"，却是名副其实的中国"首善"，这是一个传奇；

陈光标待人和蔼、慈眉笑眼，率性而朴实，但在商业的征战中他又纵横捭阖，这是一个传奇；

陈光标在电视媒体采访过程中、在贫困地区捐赠现场、在地震灾区，常常为遇难遇险人员情不自禁地痛哭流涕，这是一个传奇；

陈光标是一位现代人，却一直没有脱离农民的淳朴品质，这是一个传奇；

陈光标整天和金钱打交道，不但没有被奴化而且彻悟了财富的意义，这是一个传奇；

陈光标“投身慈善乐在其中”，常常在梦中“哈哈”笑醒，活得坦荡、活得自然、活得洒脱，这是一个传奇；

陈光标呼吁企业家把利润的50%以上捐给社会，为党和政府分担重任，为灾区群众解决困难，这是一个传奇；

陈光标最大的愿望就是“帮助穷人、引导富人、感化坏人”，这是一个传奇；

……

传奇，传奇，还是传奇。

二十一世纪初的中华大地上，陈光标，这是一个传奇。

二十一世纪初的宇宙星汉中，陈光标，这是一个传奇。

天际似乎飘来王菲空灵的旋律：

只是因为人群中有了一个你

再也没能忘掉你的容颜

你在天边

你在眼前

你在脑海

你在心田

……

第一章 鲲鹏展翅

DIYIZHANG KUNPENGZHANCHI

中国人有句话说得特别在理儿："由小看老！"虽然只有短短的四个字，却总结得精准到位。不信就请回顾你的一生，尽管现在我们的生命离结束还很早，但是只要回过头来我们也会发现一些秘密，那就是无论成功或者失败，其实都可以从我们的童年甚至幼年经历中窥到一些因果端倪的。儿时的生活环境和生活经历，对一个人一生的轨迹几乎可以产生决定性的作用。当然，今天拥有万贯家财，受到万众瞩目的陈光标也不会例外。没有显赫的家世，没有贵人的拔刀相助，他的命运是从童年开始一点点靠自己改变和缔造的！

横空出世

渔父不罹世中行，任意漂流夜泊汀。
惟有长闲心静处，何如名利系朝庭。

传说这是康熙第三次下江南，登舟游览洪泽湖时，被湖边世外桃源般的景色所陶醉，吟诵的一首诗，很有些淡泊名利的意味。

1968年7月19日，陈光标就诞生在洪泽湖西岸泗洪县天岗湖乡。这是一块古老的土地，这里崇尚中国传统孔孟之道，把"忠孝节义"、"仁义礼智信"、"修身为本，止于至善"的儒家人文思想奉为做人做事的美德。

泗洪县位于江苏省西北部，东临洪泽湖，逶迤西来的淮河从南部穿境入湖。气候宜人，资源丰富，境内平原广袤、水域宽阔，沟河纵横，岗冲交错，适宜农作物生长和水产养殖，是国家商品粮基地县、商品牛基地县和水产百强县，被国家授予"中国螃蟹之乡"称号。在1949年10月新中国成立时，泗洪县隶属于安徽省。1955年3月22日，经国务院内务部批准，泗洪县由安徽省宿县专区划归江苏省淮阴专区管辖。因此，陈光标出生江苏，祖籍安徽，这是毫无疑义的。

传说公元前505年，四十七岁的孔子带着弟子南游。到了泗洪境内，正值春光明媚时节。孔子一路漫步，但见淮河两岸长堤蜿蜒而去，堤上桃红柳绿，草色青青。河水泛着澄碧的波澜，像夜空一样深邃，像骏马一样欢腾。春汛激荡的淮河，洋溢着春天的气息。

孔子静静地站在河边，目不转睛地盯着奔腾的波涛，那不时紧缩的眉头似乎告诉弟子们，他此刻的心像奔腾的淮水一样不能平静。弟子们围拢过去，不知孔子在想什么。率直的子路随口问道："老师，您在看什么？"

孔子平静地说："看水啊！"

"水有什么好看的？"弟子们不解其意，一个个愣愣地望着孔子。

孔子凝望着淮水的绿波，无限深情地说："水奔流不息，是哺育一切生灵之乳汁，它好像有德，德高盖世；水无定形，流必向下，或方或长，循之以理，它好像有义，义重如山；千支万流汇入汪洋，茫茫荡荡不见涯际，水好像有道，道浩烟海；穿山崖，凿石壁，从无惧色，水好像有勇，勇往直前！再者，安放必平，无高低上下，水似守法；量见多少，勿需削刮，水好像正直；无孔不入，好像明察；发源必向东，好像立志；万物入水洗涤必洁净，又好像善施教化。由此观之，水乃真君子也，它能晓人以立身处世之大道，安可不观！……"

弟子们闻听孔子的一番宏谈大论，惊诧不已。谁能料想，司空见惯的流水，在孔子的心目中竟能如此深奥神秘，竟能如此有血有肉。

春天的洪泽湖畔、淮水河畔，没有尔虞我诈，没有争权夺利，没有血腥与污秽，好像一个世外桃源。绿草如茵的河畔上，弟子们围坐在双手抚琴的孔子身边唱歌。先是独唱，后是合唱，歌声驾着浩荡的春风飞向天际，歌声融进温暖的春天里，溶解在淮水的碧波里，奔向远方……

歌声引来了当地的青年，地方官得知孔子途径泗洪，也匆忙赶来，邀请孔子在此多停留一些日子，为当地青年讲学。

孔子看到这里风景如画、土地肥美、人性谦和，就欣然应允。地方官当即把孔子一行请到淮水河畔最大最好的房屋内住下来，同时安排孔子开坛讲课。

求学的青年听课时专心致志，下课了还围着孔子请教山南海北的问题，孔子感到十分高兴。他不仅教了《四书》、《五经》等知识，还讲了待人接物的礼节、婚丧大典的音乐、抵御外侮的骑射、驾驭车辆的方法、握刀刻字的书法以及运筹计算的数学等等。孔子一直讲了三个多月，听课的青年达三百多人。从此，圣贤的哲思在这片广袤的土地上传扬……

儿时的陈光标，最熟悉的就是洪泽湖畔的风景。阵阵湖风吹来，湖畔排排柳枝如同秋千一般有序地来回摆动着。堤外是湖光水色，渔帆点点，堤内是葱林倚翠，阡陌桑塘，构成一幅如诗如画、美不胜收的风情画卷。行人至此，步移景换，乡情洋溢，顿时抛却柴米油盐之类的生活烦恼，忘情于大自然间。难怪康熙的孙子乾隆做了皇帝后，也步其祖父的后尘游览了洪泽湖，并给洪泽湖留下了“水乡泽国，人间仙境”的八字评语。

“小荷才露尖尖角，早有蜻蜓立上头。”这样的场景，常常出现在陈光标的梦境。多年后，他说，他在梦中看到一些自己资助的贫困学生的笑脸，就像故乡洪泽湖边初绽的荷花。

传奇人物的出生总是伴随着一连串的传奇故事，陈光标也不例外。据说 1968 年 7 月 19 日这一天，洪泽湖西岸的空气中弥漫着淡淡的荷叶清香，湛蓝的天幕透明得像是水晶，遥远的天边，有一堆形似莲花的云朵缓缓地飘来……

浓眉大眼、笑靥如佛的陈光标，长相酷似菩萨，这大概是一个渊源。

饥饿童年

“饥饿”，在陈光标童年的字典里是个出现频率极高的词语。可怕的饥饿除了让人难受之外,还是一个能够轻易夺走人们珍贵生命的恶魔。

1968年，在中国的历史上，算不得多么特别的一年。如果硬要说有什么不同的地方，那就是“文革”正在如火如荼地进行，但这对于一个面朝黄土背朝天的普通农民家庭来说似乎并不会构成多大的直接影响。给他们带来最大喜悦和直接影响的是他们第三个孩子的降生，他们给他起名陈光标，没错，他就是后来的“中国首善”。

陈光标的到来给这个原本平淡的家庭带来了无限的喜悦，同时也给这个日子本来就紧巴巴的家庭更添了一份拮据，当时的陈家，一家五口人就挤在一个茅草棚里过生活。在这个以穷困著称的小乡村，陈家靠天吃饭本来就有几分侥幸的成分，再加上十年浩劫的洗劫，天灾人祸让整个农村的经济生活受到制约。这样一个贫困地区贫困家庭出生的孩子自然也不会有什么好日子可言。别说十岁之前都没吃过肉，就算是能吃饱都已经是万幸了，童年时期的陈光标饿肚子是常有的事儿。

顽强的生命在饥饿面前有时是那么的脆弱和不堪一击，它在饥饿的连续打击下随时随地都有被命运带走的可能,比如陈光标的哥哥和姐姐。

哥哥和姐姐的相继夭折却让陈光标的童年充满了对饥饿和死亡深刻而恐惧的记忆。因为家庭的极度贫困和天灾人祸的连番打击，种地为生的父母已经无力再维系整个家庭的生计。他们只能眼睁睁地看着自己心爱的一双儿女因为饥饿在自己面前永远地睡去，却无能为力、更无力回天。这对十月怀胎的母亲和数年抚育的父亲来说无疑是一种沉痛而绝望的打击！他们因为儿女的离开而号啕痛哭，又因为为人父母却无力保护和养育儿女而无奈而绝望。命运有时就这样给了你开一个大大的玩笑，给了你最宝贵的东西之后又生生地夺了回去……

这一切都看在年幼的陈光标眼里，他也许对哥哥姐姐的面容没有什么清晰的记忆，却将他们的夭折深深印在了自己的脑海里——贫困、饥饿、死亡——多么令人恐惧又让人憎恶的词语啊，他不要被它们吞噬，更不要自己的亲人再受它们的威胁！

鸡蛋血案

一个鸡蛋引发的“血案”，给了陈光标生命之初的原始教训：财富需要靠勤劳的双手去获得，不劳而获将是被唾弃的行为！

饥饿的长期侵袭有时候是非常容易让人失去理智的，古往今来有多少人因为饥饿而犯过错误呢？在这个问题上陈光标也同样有过这样的经历。哥哥姐姐的相继饿死让他对饥饿有着一种莫名的恐慌，从小他就立志让自己和家人摆脱这种恐慌。可是那时的陈光标年纪还太小，没有能力替家里分担什么。不仅如此，有时他甚至因为饥饿还会给父母制造一些“麻烦”。

陈光标家除了种地之外，唯一的收入基本就来自于家里养的两只老母鸡了。每次父母因为村里的红白喜事或者因为陈光标的学费借完别人家的钱之后，都盼望着鸡能够多下蛋，好多卖些钱尽快把别人家的钱还上。父母都是老实人，不愿意举债度日，总觉得那是欠了别人什么，不止是钱还有情。欠人人情总不是一件令人舒坦的事儿，见了人家都不好意思抬头，所以，每当借完钱之后，父母就开始念叨：“等鸡子下蛋后得快点卖掉还债。”

那时，小光标对父母的想法还并不能太理解，他只知道自己很饿，饿了就想吃东西。而家里当时已经要揭不开锅了，即使揭开里面也是空的，怎么办？他很快“瞄”到了墙角的鸡笼，里面的鸡蛋可是营养又充饥的最佳食品呢！

于是饥饿难耐的他开始了自己的第一次胆大妄为：他躲到墙角掏出鸡蛋开始生吸。本来他只打算“偷”一次的，可是果腹的满足让他没有办法停下手来。一连几天他都情不自禁的把手伸向鸡笼。

很快父母便发现了，鸡下的蛋数量不对，难道是黄鼠狼偷吃了？父亲决定采取措施，他一连几天都蹲守在鸡笼旁边，想把“黄鼠狼”一举擒获。小光标看形势不妙就安生了几天。

几天之后父亲的擒“狼”计划无果也就放松了警惕，此时的陈光标又开始蠢蠢欲动，当他再次来到鸡笼偷了一个鸡蛋躲到墙角准备生吸的时候，小自己两岁的妹妹正巧路过，看到了这一幕，妹妹以为有贼吓得大叫。父母闻讯赶来，这才发现原来自己的儿子才是真正的“黄鼠狼”！自己家居然出了“家贼”，这让小光标的父母顿时怒火中烧。于是一个抄起木棍一个操着竹竿向不争气的儿子挥去……

这是陈光标第一次被父母痛打，所以这件事情给他的记忆非常深刻。他后来在回忆这件童年小插曲的时候说：“现在想来，父母当时也是气愤至极。父亲是建国初的高中生，写得一手漂亮的毛笔字，在那个年代也算是‘虎落平阳’。但父亲却教子极严，母亲也是个好人。我比弟弟大八岁，我至今记得，弟弟躺在床上饿得直哭，母亲怀里却奶着邻居家的孩子。你说，在这样的家庭里，我不是个该打的坏小子吗？”

连陈光标自己都觉得自己是该打的，因为父母从小就教育他“勿以善小而不为，勿以恶小而为之”，自己虽然当时被饥饿冲昏了头脑，但

是这个道理他还是懂的。所以，尽管遭到父母痛打，他却并不怨恨。

这次的教训也让他养成一个习惯，那就是在经济宽裕能每天吃鸡蛋的时候，他也一天只吃一个鸡蛋，而且吃得非常认真，每次都是慢慢地去品味。不仅是鸡蛋，多少年来，陈光标对于粮食的爱惜和生活的节俭也都是出了名的，吃饭掉了一粒米饭在桌上，他都要捡起来吃掉。足见那段饥饿引发的偷鸡蛋往事对他的影响,那是他人生当中的一个小错误，但是这个错误却造就了他日后的勤俭持家，“祸福相依”这个真理原来从来没有出现过偏差！

立志脱贫

第一个改变命运的决定：我要上学！为了实现这一愿望，陈光标“被迫”做出第二个改变命运的决定：我要赚钱！

在陈光标漫长的童年岁月，泗洪这片热土和中国大多数地区一样，逃不了贫穷的命运。虽然小光标一家基本的温饱都是问题，他仍然在父母的倾力支持下开始了自己的学业。然而，就是每年一次的一两块钱的书本费，也让陈光标的父母伤透了脑筋，经常是东家两毛、西家三毛钱凑起来的。

可是，在那个家庭收入单一的年代，单靠种地是无论如何都没有办法让全家吃饱饭的。再加上陈光标到了上学的年龄，孩子要读书，又要交学费，生活于是陷入了借债，还债，再借债，再还债的恶性循环中。

每一个父母都是希望自己的孩子能够出人头地、光宗耀祖的，陈光标的父母也不例外。然而能为自己儿子的梦想买单却并不是一件容易的事儿。十岁那年的暑假，陈光标的父母东挪西凑，却无论如何都没办法将孩子的学费凑齐。在那个贫困的年代，每个家庭的收入都有限，把钱借给别人就意味着自己要挨饿，何况是自己根本也没有钱借给别人呢！

对此，陈光标的父母非常理解，所以对于别人不能借钱给他们并没有什么抱怨。他们自然知道别人的日子并不比自家好过，让孩子上学对于农村人来说根本就是一种奢望。既然是奢望，那就回到现实，于是他们不得不狠下心来让儿子辍学回家，下地去帮家里干农活。

这当然不是陈光标所愿意的，并不是害怕下地干活儿会吃苦受累，只是因为他真想上学。对于自己的学校、老师、同学、教室甚至课桌，陈光标都有一种莫名的眷恋，尤其让他眷恋的是他的那些课本，它们如此神奇，有那么多他不知道的东西在里面，他都还没有看完、弄懂、搞明白，怎么可以就这样放弃它们，从此老死不相往来呢？这绝不是他想要的结果，绝不！

为此，倔强的小光标来到父母面前，郑重其事地跟他们进行了一次谈话："我知道家里条件不好，连吃饭都成问题，但是我真的想上学！"

"这样吧，"陈光标说，"如果我能在这个暑假赚够自己上学的学费，你们就让我继续上学！"

看到自己的儿子如此坚持和恳求，做父母的当然不忍心拒绝，只好暂时答应了下来。可是他们又同时产生了一种担心，儿子才十岁，还只是个孩子，他靠什么去挣够自己的学费呢？连陈光标后来自己都说："我上小学一二年级的时候，一块多钱的书本费也是东家两毛、西家三毛钱凑起来的。"如果现在连父母都没有办法找到钱为他交学费，他一个孩子又有什么办法能在短短一个多月的时间凑齐自己的学费呢？

这对小小年纪的陈光标来说当然是一项艰巨的看似不可能完成的任务，可是他告诉自己不能就此被吓倒，更不能就此放弃，他可以"靠自己改变命运"，一定可以！只要他坚持，办法就一定能够想到，而且他也已经想到了……

卖水书童

第一桶水＝第一桶金，这个在很多人看来不可思议的不等式，却在只有十岁的陈光标手中变为等式，从此一个穷孩子的命运也被悄悄地改写。

为了攒够自己的学费，小光标冥思苦想，究竟有什么方法可以让自己在毫无本钱的情况下挣到钱？做生意肯定是不行的，别说那个年代在当时的农村没有做生意这一说，即使有，对他一个连书本费的都交不起的十岁小孩儿也做不到。靠劳力当然也不靠谱，即使他的身体再强壮也毕竟还是个孩子，哪有人会雇一个小孩儿来干活呢！

这两条路好像都走不通，可是除了这两条路还有什么能够让自己赚到学费呢？所谓“天无绝人之路”，上帝在关上一道门的时候也不忘给人留一扇窗。既然两条路都走不通，那就开辟一条中间的道路来走吧——找一件既是自己能够做得来又不用本钱的事儿来做就好了——井里的水可是免费的呢，这可是不用本钱的本钱！

当时正值盛夏季节，天气热得要死，而水自然是消暑的最佳工具。尤其是夏季天气闷热，身体容易脱水，脱水最直接的解决方法就是喝水。没错！只要有人口渴想喝水，那他的商品就会有销路。想好主意的陈光标，兴冲冲地从家里拿了两只小木桶从井中打来清凉的井水，望着这两桶甘洌的清水，小光标笑了，水中倒影出一个大大的兴奋又坚定的笑脸，他好像看到自己又能背着书包跟小伙伴们一起上学去了……

就这样，这个十岁的孩子做起了人生当中的第一单生意——卖水！小小的肩膀，大大的太阳——一个那么丁点儿的小男孩开始背负起生活和梦想的重担，这对于现在生活在温室中的小皇帝和小公主们来说是一件多么不可思议的事情啊！但是为了能够凑齐自己的学费，这些又算得了什么呢？只要能够继续上学，这就不算是吃苦，既然已经坚定了信念，为它付出的所有努力都是值得的！

在这样的信念支撑下，小光标把从井里打来的甘甜清凉的井水摇摇晃晃地挑到两公里之外的集镇上去叫卖。两公里对于一个大人来说也许并不算远，可是那是一个年仅十岁的小孩儿啊，何况又是一个双肩负重的孩子呢！

至于为什么要费那么大的力气跑那么远，小光标心里当然有自己的小九九。他知道集镇上的人多，而且都是赶集买东西的人，虽然大家当时的生活都不怎么富裕，但是既然是来赶集，身上多少都会带着钱。还有很重要的一点，那就是大家都在外面，离家很远，这大热的天难免口渴难耐，家里的水再多再好也是“远水解不了近渴”，小光标的清水正好能解他们的燃眉之急。这也正是他的“商机”所在，他相信自己大老远挑来的水一定会有市场的。

果不其然，还真让小光标给猜对了，他打来的冰凉凉的清水，果然大受欢迎。虽然这水并不是什么值钱的东西，但是对于口渴加闷热的人们来说，可是救了急，正愁没处解渴的人们像发现新大陆似的聚集到了这个特别的小孩儿的身边。说他“特别”一点儿都不夸张，谁家一个这么丁点儿大的孩子会出来“做生意”啊，何况那年头，“做生意”对许多大人们来说都是天方夜谭。人们对这个小男孩儿创造的“新兴行业”既新鲜又好奇，不过他们肯掏出钱来去照顾他的“生意”主要是因为他的东西的确“价廉物美”。小光标为自己的生意打出的旗号是“一分钱随便喝！”

“一分钱”对那个时代的人来说虽然不像现在这样一文不值，但是毕竟也算是最小的计量单位了，大家都拿得出手。而且“随便喝”的号召力可是魅力十足的，那就意味着可以不限量，人们对于不限量的东西总是难以抵挡诱惑的，就像现代人对自助餐有某种莫名的冲动一样，小光标的那些“客户”在口渴难耐的前提下恐怕不免也认为自己是个“大胃王”可以把一分钱的“本儿”都喝回来。

至于喝回来喝不回来我们且不去管它，单说这小光标第一次做生意就大受欢迎这的确是让人高兴，也令他的父母始料未及。因为他们聪明的儿子居然仅仅一个中午就能靠卖水挣两毛多钱，而这在当时可是村里一个成年人半天的工钱呢！暑假在小光标“卖水、卖水，一分钱随便喝喽！”的叫卖声中很快就结束了，他也如愿以偿地交上了自己一块八毛钱的书本费，而且绰绰有余：在不到一个暑假的时间里，小光标足足赚了四块多钱。“那时我每天都挑水去卖，一天大约能卖五六十斤，两个月下来赚了差不多五元钱。不仅一块八毛钱的学费赚出来了，还成了村里最富有的孩子。”每每提及此事，陈光标都会这样自豪地说。成为村里最富有的孩子还不是最值得骄傲的，更加令人佩服的是他的慷慨，小小年纪的陈光标用赚来的钱交上了自己的学费，在听说邻家小伙伴没钱上学之后，他连想都没想就把邻居孩子不够的钱垫上了！

“一分钱随便喝”对于十岁的陈光标来说是一次成功而伟大的尝试。“成功”是自然的，因为这次卖水经历为陈光标赚到了自己的学费，让自己如愿以偿继续读书。说它“伟大”也是毋庸置疑的，因为这一次的尝试不仅让陈光标意识到：如果仅仅依靠父辈那样面朝黄土背朝天的生产模式，就想摆脱贫穷是不可能的，要想致富光靠勤劳是不够的，灵活的头脑和先人一步的眼光更是必须具备的素质。这种观念的产生，无疑为造就这样一个传奇的企业家埋下了伏笔。同时，当然还有更重要的，那就是他用自己挣的第一笔钱帮助了别人——陈光标的“财富”从一开始就是和“慈善”结伴而生的，他的“中国首善”之路从这一刻起就已经开始起步了！

小小红心

“一颗红心，两手准备”——陈光标一生的慈善行为由此发轫。如此大的善心竟被如此小的诱因所激发，可见对孩童的赞赏教育是多么的必须！

小红心的故事一直是陈光标最引以为自傲的事情之一，这是他童年做好事得到的第一次奖赏，也是他后来做好事最大的动力。事情还得从“一分钱随便喝”的卖水事件说起。我们已经知道十岁的陈光标卖水挣了钱，交了自己的学费，同时还帮助了邻居家的小朋友。

当听母亲说“你看隔壁邻居家的小喜子交不上学费正哭呢！”的时候，他毫不犹豫地拿出自己卖水挣得钱为小喜子交上了一块八毛钱的学费。这件事情很快就被自己的老师知道了。

第二天，开学后大家一起去上课，班主任从“开学喽”的红色条幅上撕下来一角，用手揪成一个小红心的形状，对陈光标说：“来，陈光标，奖励你一颗小红心！”

陈光标说：“为什么要奖励我啊？”

老师说：“因为你帮助同学交了学费，所以要奖励你。”接着又对同学们说：“大家以后要向陈光标学习，多做好事！”

陈光标拿到了小红心又听到老师的表扬十分开心，他迫不及待地把这颗象征荣誉的小红心贴到自己的脸上，但是当时没有胶水和糨糊，用自己的唾沫贴粘度又不够，贴了几次都掉了下来。于是小光标灵机一动，当时自己正好有些感冒，鼻涕总也擦不完，擦了之后又黏在脸上，怪难受的。可是这也给了他启发，这不是正好吗？如果用鼻涕来贴肯定就不会掉了啊！

果然如此，用鼻涕贴在脸上的小红心果然不再往下掉。这种方式虽然让人听了没那么舒服——拿鼻涕当糨糊使，那也太不卫生了吧？然而小光标可管不了那么多，他已经沉浸在荣誉的喜悦里无法自拔了！

下课之后，脸上贴着小红心的陈光标把全校所有的教室几乎都跑遍了，他要让别人知道他做了好事，老师奖励他一颗小红心，他要让全校的人都知道他的荣誉。不仅如此，放学之后，陈光标还挨家挨户跑遍了整个村子去展示他的小红心——小光标做好事时并没有打算受到表扬，可是却得到了意外的惊喜，这怎能不令他兴奋和激动呢！

小红心带来的惊喜让小光标一晚上都没睡着觉，他暗暗下定决心，一定要得更多的小红心。于是第二天一大早，他就第一个来到学校，帮老师把黑板擦了，又把地扫了，还拿水将厕所冲洗干净。当大家都来上课的时候，整个教室已经变得窗明几净。充满期待的小光标跑到老师那里去“邀功”：“老师，你今天还要再奖励我一颗小红心！”

老师纳闷的说：“为什么啊？”

陈光标把自己前前后后做了哪些好事跟老师一说，老师听了立刻笑着又从墙上撕下一块红纸做成小红心递给陈光标说："那就贴吧！"

陈光标欢欣雀跃，一连两天得了两颗小红心，这让一个孩子的内心得到了极大的满足和鼓舞，从此以后陈光标更加努力地做好事，而且做了好事还要让别人知道，跟别人要荣誉证书，他喜欢的也许不是那种荣誉，而是荣誉带给他的极大的满足感。

而他发现，自己这么"高调"的"邀功请赏"其实也没什么坏处，不仅没坏处还有很大的好处。他很快就发现，同学们都开始早到学校，争着扫地、擦黑板、冲厕所，都憋足了劲儿要像陈光标那样得到一颗小红心呢!

陈光标一点也没有因为同学们抢走了自己立功的机会而生气，相反他更为自己的行为能得到同学的效仿，让更多的人来做好事而开心，这恐怕也是他如今这般"高调"做慈善的最主要起因吧!

多年之后，当陈光标毫不掩饰地在"凤凰卫视"向主持人杨澜讲述他"鼻涕贴红星"故事的时候，引得优雅的杨澜数次掩口大笑。

投身商海

卖冰棒亏了本让他明白"吃亏是福"的道理，贩粮赚了钱让他牢记"信用为王"的铁律，对于少年陈光标而言，"商海"初体验无论得与失，都是一笔难得的财富。

十岁的暑假在陈光标卖水生意大获成功和小红心荣誉的号角声中光荣落幕。虽然，在现在看来这算不得什么惊天地泣鬼神的壮举，但是这次的经历对于小小年纪的陈光标来说却有着非凡的意义。这让他小小的心灵逐渐意识到，想要摆脱贫穷就要想办法，只要肯开动脑筋，财富就会向自己招手。

在"一分钱随便喝"的灵感启示下，陈光标开始寻找更多更大的"商

机”。用卖水生意攒了一些本钱之后，小学四年级的陈光标开始了他的“生意”新规划。随着暑假的到来，他又有充足的时间去创造财富了，这次他决定将“生意”做大。卖水虽然不需要本钱，但是赚的钱相对也就不多。如果他想赚更多的钱，那就得舍得投入才行。陈光标从小就个性豁达，有胸襟和气魄，这从他“一分钱随便喝”的魄力中就能看得出来。所以讲投入他是绝对舍得的，问题是要有好的“投资项目”才行。

看着天上热辣辣的大太阳，他又打起了夏天天气热，容易口渴的主意了。根据他的判断，除了口渴之外，人们还有更高的心理追求，那就是让自己凉爽。如果能在烈日炎炎下吃上一根儿冰凉爽口的冰棒，当然是再美不过的一件事儿了。小光标想想都会流口水，如果自己都会流口水话别人当然也一样。想到这，陈光标下定决心：不错，就是它了。

小光标把自己攒的钱全部拿出来“投资”，他相信卖冰棒这个项目绝对错不了。在当时的那个年代，人们的物质生活是相对单一和贫乏的。冰棒对于当时的农村而言是一件奢侈品和稀罕物，更别说陈光标家乡原本就比别处更贫穷一些，十里八村都不见得有一个卖冰棒的。当时的农村人想吃到一根冰棒是完全要靠运气的，只有在运气好的时候才可能碰上一个走街串巷来自己村里卖冰棒的，而且这些人都是来去匆匆，刚听到叫卖声，没准儿出去人家就走了。所以，有些人如果突然想吃冰棒了常常都是在家里竖起耳朵等一天。

很显然，虽然冰棒是个奢侈品，但是在那个年代却可能供不应求。陈光标正是看准了这一点，决定做这个买卖。而且，他有非常好的条件，首先他不用上学也不用下地，有充足的时间；其次卖冰棒的本钱不高，而他刚好有这个本钱。万事俱备，他跟父母商量之后，找来一个木箱垫上棉絮保温，又从从舅妈家借来一辆旧自行车，开始走街串巷卖冰棒。对于当时的情景陈光标至今记忆犹新：每天清晨他一早就起床骑着自行车去“进货”，当时卖的是五河产淮河牌冰棒，要直接到厂家进货，陈光标每天要骑车走上一百多里进货卖货，一毛钱四根批发进来，然后五分钱一根儿卖出。这个买卖看起来的确有利可图，不过天生慷慨的陈光标却没在这个看似有利的生意上赚到钱。因为最想吃冰棒的都是那些跟他年纪差不多但手里又没钱的小朋友。看着那些围着自己不肯离去，眼巴巴盯着冰棒箱不肯离去的小朋友，善良的陈光标那颗恻隐之心又开始“泛滥”了，自己辛辛苦苦买来的冰棒往往是卖出去的不多，送出去的不少。就这样，陈光标赢了名声却赔了本，冰棒生意宣告“失败”。

尽管生意以失败告终，但是陈光标心里却并不难过，因为他交到了很多好朋友，而且体会到了分享的快乐。时至今日，他都没有后悔过当年的慷慨，并且把它当成是人生当中的福利和收获：“我认为我今天的成功，主要得益于吃的苦特别多，吃的亏特别多。大家不要认为吃亏不好，其实吃亏是福。”生活的苦难和艰辛到了陈光标那里都变成了闪闪发光的财富。

虽然冰棒生意做得不成功，但这并没有阻止陈光标在生意路上继续探索的决心。当又一年暑假来临的时候，他改变了原来的策略，决定不再做小孩子的生意，他将自己的目光转向了村里能做主的大人们。他发现当时的农民在交完公粮后家里往往还会有一些余粮，但是当时的粮食买卖完全没有现在自由,剩下的粮食多半是留着自己吃或者拿来换东西，如果想卖粮食的话就只能到镇上的粮站去出售。很多人怕麻烦，再说自己家里的这点粮食也不值得跑到镇上去卖，而且地里的农活儿本来都做不完，哪还有闲工夫忙这种“副业”？

不过，这种副业到了陈光标那里可就大有可为了。就在五年级的暑假，他的脑子里动起了贩粮的念头。每家每户的三五十斤余粮的确不值得跑到粮站一趟，而且这么点粮食粮站怕也懒得收，但是如果将每家每户的三五十斤聚到一起，那不是就很多了吗？他只要把乡亲们家里的余粮都买来然后一起拉到镇上去卖不就可以了吗？

这听起来的确是个不错的想法，不过也有一个问题，还是那个老话题——本钱。相对于无本生意的卖水和小本生意的卖冰棒，这次的贩粮可以算得上是个“大买卖”了。自己拿什么去从乡亲们那里买粮食呢？显然不是“钱”，因为他根本没有，那就只有靠“人情”了。聪明的陈光标找来一个德高望重的长辈作担保，先从邻里乡亲做起，每家三十五十斤地先把粮食赊来,凑够一平板车之后就拉到镇上的粮站去卖，卖完回家再把粮食钱按先前说好的价格给乡亲们挨家挨户送回去，自己可以从中每斤粮食赚两三分钱差价。

结果还真不错，一个暑假过完后，陈光标居然有一百三十块钱的进账，这可比卖水和卖冰棒的收益大多了，这也更加坚定了陈光标把握机会，积极投身商海，靠做生意改变命运的决心。

少年大款

马克思告诉我们："资本来到世间，从头到脚，每个毛孔都滴着血和肮脏的东西。"这一定律在首善陈光标的致富史上再次被"验证"：不过当年一块吸铁石的"原罪"，和后来成亿成亿回报社会相比，陈光标的坦率更让我们钦佩。

尝到贩粮甜头的陈光标决心将自己的生意做大，在下一年的暑假，陈光标的贩粮工具开始鸟枪换炮了：从板车升级为拖拉机。当然，拖拉机陈光标是买不起的，但是他却可以租，陈光标头脑的灵活也正体现在这里。在那个商品交易都不是很发达的年代里，陈光标连租赁这么超前的经营模式都想到了。

有了拖拉机，陈光标一次就能运送三千多斤的粮食，一趟下来能赚八九十块钱，几乎赶上他之前一个暑假的总收入了，一天如果能多跑几趟的话，甚至可以挣到三百多块钱。这在现在来说都是一笔不小的数日，而当时的陈光标只是一个十几岁的小毛孩子呀！

陈光标把自己挣来的钱存起来，暑假结束后他的存折里已经有三四千块钱了。赚了钱的陈光标每天回家都不忘给父母买些鱼和肉带回家，在那个能果腹就不错的年代，对村里的老百姓来说这简直就是天大的奢望。小小的陈光标靠自己的智慧和努力早早地让家庭享受到了天天过年的待遇，这让全村的人都羡慕不已，说老陈家生了个能干的好儿子，小光标父母听了之后别提多开心了，脸上都乐开了花。

见到父母如此开心，陈光标更是觉得自己选择的道路没有错，自己所有的辛苦也都是值得的。在以后的几年里，他逐步将自己的生意做大，不仅自己做，还拉上同学来帮忙。初一时，陈光标的粮食生意开始聘请同学一起做，而且一请就是两个，到初二的暑假时请来帮忙的同学已经达到了四人，而租来的拖拉机也从一辆变成了两辆。初三的暑假过完之后，陈光标的存折上已经有一万三千七百块钱的存款，成为名副其实的“少年万元户”，而且是全镇唯一的。

一个初三的孩子现在能干什么？恐怕还在为父母没有及时给够零花钱而发脾气吧！但是同龄的陈光标却已经成了家里的顶梁柱，家里的主要经济来源，成为全村唯一的万元户！

可以说贩粮是陈光标人生前二十年做得最成功的一项事业，它不仅为他赚取了生活的保障，也让他成为十里八乡的名人，成为众人羡慕和嫉妒的对象。不过说起那段贩粮的经历，陈光标的回忆里却也有一些“不可告人”的小秘密：以前的农村称粮食用的都是钩秤，开始贩粮的时候，大伙对这个小孩儿并不十分信任，于是都纷纷要求用自己家里的秤来称。这样一来，陈光标觉得自己肯定赚不到什么钱。于是就要了个小心眼，把从收音机上取下的一块小的吸铁石放在了自己的身上，在称粮食的时候就趁别人不注意放在人家的秤砣底下，这样一来，一百来斤的粮食就能差出个三四斤，利润也就有了……

虽然这种方法看起来有一些不够地道，甚至有几分奸商的狡诈，但是作为十多岁的孩子，就有如此商业狡诈，应当算是“神童”了。陈光标自己后来说起来也有几分得意：“你看，五年级时我就这么聪明。”当然这不是在夸自己玩的小把戏是正确的，而是在表明自己至少是肯动脑筋的，尽管这小脑筋如今看起来并不那么令人敬仰。不过陈光标还是毫无顾忌地说了出来，他从来不会去掩饰自己身上的缺点和错误，因为他本身就是一个坦诚和直率的人。陈光标的小学老师曾经这样评价他：“陈光标上小学时是我的学生。教书育人，老师总是教学生学道理，先做人，后做事。他从小略显顽皮，敢为人先，思维超前，做事优于同龄学生，不同于别的孩子。他是一个秉性好，与人为善，脾气好的人。”

这无疑是一个非常中肯的评价，虽然人是调皮和思维超前了点，但是却绝对是以善良为前提的。所以，尽管在贩粮的过程当中陈光标要过这么个小小的手段，可是对于乡亲们对自己生意支持的恩情，陈光标从来没有忘记过。也正是这份感恩之心才让陈光标在成功之时从来不忘回馈社会和那些帮助过自己的人，在谈起当年那些往事时，陈光标以“五个不能忘”来表达自己的感慨之情：“我觉得人应该常怀感恩之心。人生在世，有五个不能忘：一是不忘父母的养育之恩；二是不忘兄弟姐妹的手足之情；三是不忘老师的培养之恩；四是不忘亲朋好友帮助的滴水之恩；五是不忘回报社会。”

因为“不能忘”成就了今天的“中国首善”之名，也因为“不能忘”激励着他朝着更加辉煌的人生迈进。“少年万元户”只是一个开始而已，未来还有更大的财富等待着他去创造。从那以后，陈光标的经商才能一步步显现出来，在此后的人生中，不论成功或者失败，陈光标都没有放弃过探索致富的道路，他不断找寻赚钱的途径，不断积累自己的财富，然后再用这些财富去回报社会，回报那些对自己有过帮助的人。

他还记得当初在卖水的时候给过自己帮助的那个大哥，当时他给了陈光标两毛钱，而且看陈光标没有零钱找就作罢了。陈光标一直对他感激不尽。后来这个大哥的孩子高考差六分不能被大学录取，在一筹莫展的情况下找到陈光标，请陈光标帮忙。陈光标二话不说就答应了下来。他找到孩子报考大学的校长说明自己的身份和来历。校长当然听说过“中国首善”的大名，并且答应帮忙，不过希望中国首善能支持一下学校教育，为自己的学校提供五十万的教育赞助，陈光标当场就答应了，回去后立即把五十万元打到了学校的银行账户上。那位大哥的孩子当然也顺利地被录取了，但是陈光标从来没有跟他提起过自己为他的儿子花了五十万。对陈光标而言，滴水之恩就是要涌泉相报的，尽管大家觉得两毛钱和五十万放在一起是那么的不成比例，但是在陈光标的字典里，任何的恩情都是无价的！

虽然如今身家百亿，但是陈光标从来不怕谈及自己的贫寒出身和出身带给他成长中的酸甜苦辣，对他而言，那是他的财富，更是他的骄傲，他是一个真正“靠自己改变命运”的人！

第二章 天生贤才

DIERZHANG TIANSHENGXIANCAI

不要以为尝到“经商”甜头的陈光标会从此沉迷商海放弃学业，恰恰相反，对陈光标而言做生意只能算是他的课余活动而已，而他做这些的初衷本来就是为了能够更好地继续自己的学业。所以在十七岁那年，这位“少年万元户”凭借自己的努力和优异成绩考上了大学，成为南京中医学院的一名大学生。只不过，无论是在小学，中学，还是大学，读书期间的陈光标确实也并不消停，为了自己善的信念，他会那样的执著而坚定，为了开辟更宽广的财富道路，他继续做着别人看来“不务正业”的事儿！

谁能想到当年农村田埂上的那个“偏执狂”，长大后会成为造福一方的大善人呢？陈光标以自己的事例证明：当行善不是为作秀、不是为积德、不是为标新立异，而仅仅是一种本能时，它才会被长效地坚持下去。

青蛙卫士

如果你以为这个从小就挣钱还债养家而且得过小红心的好孩子就老实巴交不会跟人打架，那你就大错特错了。陈光标不仅会打架，而且还非常讲究打架的策略。

那是在他上小学的时候，南京农贸市场去他们村子收青蛙腿，以两分钱一斤的价格收购。当时全村的小孩子都跟炸了锅一样，这可是一条很好的“生财之路”呀！于是孩子们每天放了学都会拿着叉子背着笼子跑到稻田里去叉青蛙，然后把腿剪下来卖给那些来收购的人。

陈光标本来也想加入他们的行列为家里挣些钱贴补家用，但是却被自己的母亲阻止了，母亲跟他说：“别人家小孩去捉青蛙，你不能去。你看你身上的红疙瘩，那些都是被蚊子咬的，青蛙是专门吃蚊子的，所以你不能抓它。”

起初陈光标不相信，后来有一天他正在吃晚饭的时候，亲眼看到院里的一只青蛙在捉蚊子，这才相信了。青蛙果然是个好东西，更是人类

的好朋友，自己以后可不能捉青蛙，不仅自己不捉，还要阻止别人来捉——陈光标的生态环保意识从那时候起便开始萌芽。

为了阻止大伙儿捉青蛙，他每天放学都要跑到稻田里去劝阻那些捉青蛙的小孩。很多时候，人家都不听他的，不仅不听，人多势众的时候还要把他打一顿。陈光标从小身板儿壮不怕别人打，但是他觉得自己也不能白白挨揍，这样不仅自己吃亏，而且起不到任何劝阻的作用，别人该捉还是会捉，他的劝阻没有任何威慑力。

于是聪明的陈光标想到一个办法：你们人多势众我不是打不过你们吗？那我就各个击破，你们总有落单的时候吧，我就那时候“痛打落水狗”了……

陈光标依然每天往田里跑，而且专门捡那些形单影只的小孩儿去教育，教育不成就教训。跟他们打群架不行，单打独斗陈光标还是有很强战斗力的。

在被陈光标臭揍过几次之后，孩子们渐渐不敢再往田里跑了，即使去一看到陈光标也会马上溜掉。陈光标看到青蛙被伤害的越来越少，心里当然是非常开心的。

为了保护青蛙而打架，也许很多人不能理解，小小年纪的陈光标做好事的方式未免有些“偏执”，冒着被“群殴”的危险，他这样做值得吗？在陈光标看来，这当然值得，因为他做的事情是正确的，为正确的事情付出再多的代价都是值得的。当然，那些被揍的小孩也不免有些冤枉，自己不就是抓个青蛙吗？至于被陈光标这么“上纲上线”的教育和教训吗？陈光标认为“很至于”，做坏事当然是要被惩罚的，而他惩罚他们的目的是为了让他们不再犯错，他这么做有什么不对呢？

耕牛知音

少年陈光标“偷放牛”的故事比起“放青蛙”的故事，则更加传奇，至今仍是陈光标家乡人广为流传的美谈。

陈光标小学三年级的时候，有一天中午吃过饭后，背了书包去路西剃头匠家剃头，剃头店隔壁那家有户专门养牛、杀牛的人家。小光标听人说过他家是杀牛的，别的小伙伴有的还去看热闹，但他没亲眼看到过杀牛，因为他从小看人家杀猪、杀鸡都不忍心看。

正在剃头时，无意中他用眼睛的余光正好看到对面那家人拖来一头牛，那人把系住牛鼻的绳索往粗壮的树枝上一抛，然后用手把那个绳子往下一拽，绳索牵着牛鼻硬生生把牛提起来，前面两个蹄子离地面有一米来高，后来那人又拿起那个木柄锤，使劲往那个牛头上砸了两锤，当时这个牛就昏过去了。这时，在不远处的大树下还拴了另一头牛，他能感觉那头牛在流泪，忍不住他的心里也在流泪，那种难受的滋味怎么都说不出。他用两个手指掐在大拇指这个地方，忍住心痛，要不然眼泪都快要流出来。他不忍心再看下去了。

“大爷，你快点，给我理快点，我马上要上学了！” 没等理发匠给他整理清爽，小光标就急匆匆逃离了这恐怖的现场。

小光标神情恍惚来到学校，一想到被砸晕的老牛和流泪的牛眼睛，心里特别难过。整个下午，他几乎没有听进老师讲课，几次思想开小差，都被老师提醒。

放学了，小光标不由自主地想到邻居大娘是个裁缝，她家有把裁衣服的大剪刀。于是趁着放学后到她家玩的时候，小光标把那把大剪刀悄悄地插在裤腰上偷偷地带回了家。晚上躺在床上好不容易等到凌晨两三点人们全都熟睡的时候，他带上早已准备好的大剪刀，跑到路西那家去。

屠夫家有个土墙头，大概一米五高，芦苇编的门，门后边不是用锁锁起来的，而是用绳子拴起来的。他扒着墙头翻过去，把他们家后面那个门的绳给它剪断，然后慢慢地把门拉开。只见几只牛被拴在树下趴在地上。小光标轻手轻脚地把拴在树上的粗绳给剪掉，这牛虽是畜生好像也有灵性，只用大眼睛看着他，一点儿声音也没有，很配合。剪掉拴鼻绳以后他又用手把牛拽起来，慢慢地拖到外边去，他用脚朝牛的后腿使劲一踢，牛就拼命地朝前跑。就这样一个一个地剪，一个一个地拖，把四头牛全部放跑了。

放跑牛之后，他又悄悄地回家轻手轻脚地躺在床上，怎么睡也睡不着，心里特别开心。事隔多年，当他谈到那些牛逃生的情形时，依然展露出一脸的快乐。

陈光标就是这样一个在一些人看来有些“偏执”的做好事狂人，这么多年以来他不仅高调地行善，而且对于爱护生态环境更是不遗余力，从小学开始为了保护青蛙而跟人打架，到后来每当看到菜场超市出售的活青蛙和活乌龟都会全部买来放生，他的行为已经不是在行善积德，而是成为一种本能，他自己都说：“我放生到玄武湖里的青蛙、乌龟等大概要按吨计了。而且，我做这些，有条件时都会带上家人、带上孩子。”他不仅自己“偏执”着，还要把这份“偏执”传给子孙，因为这份“偏执”实在太可爱了，不是吗？

“投机倒把”

成功的道路上没有一帆风顺，年仅十四岁的陈光标也遭遇了他人生当中第一个莫须有的罪名：“投机倒把”。不过古人也告诉过我们“祸兮福相依”，为了洗清耻辱的他远走他乡，从此开拓出了一番新天地。

打架在陈光标的学生时代还只能算是小事，在大人们的眼里也只是一个孩子的顽皮行为，可是如果他的行为被上升到“刑事”领域呢？那恐怕就会让所有人重新考虑当事者的品质问题了吧？起因是让陈光标大获成功的贩粮事件，可以说“少年万元户”的称号成就了陈光标，同时也把陈光标推向了风口浪尖，所谓树大招风应该就是这个道理。

事情是这样的，靠贩粮发家的陈光标成为镇上的风云人物后，立即引来无数人的称赞和羡慕，不过除了称赞和羡慕之外难免也有一些人跟着眼红起来。想想看，一个当时只有十四五岁的小毛孩儿居然成了镇上唯一的万元户，而他们这些忙了一辈子的大人却还在“锄禾日当午，汗滴禾下土”地辛苦劳作，问题是辛苦一年还不如一个小孩儿一个暑假挣的多，任何人心里都难免会不平衡的。当时，许多人不是去思考：别人为什么会成功，机会到底在哪里？我能不能找到类似的机会？而是看到别人赚钱心里不痛快，甚至得红眼病。

当然对这些红眼病还都好说，至少大家在表面上还都过得去，而且也不会对陈光标造成什么威胁，顶多是在他的“启发”下准备来年去抢一抢他的生意，想着从中分一杯羹罢了。要命的是陈光标发家的消息被人们添油加醋地传到了镇联防大队队长的耳朵里，在当年的那个环境下，陈光标的贩粮行为是很容易被当成是“投机倒把”的。于是，陈光标被请进了镇上的联防大队。联防大队队长对当时还在上初二的陈光标说：“陈光标，听说你这几年贩粮食赚了不少钱，你可知道这是投机倒把？是违法的！这样吧，你到对面门市部买两部飞鸽牌自行车送给联防队员办公用，我们就不抓你了，要不然就要依法处理。”

这事儿要搁在平常，大方痛快的陈光标会一准儿答应下来。可是这天陈光标的倔脾气却上来了，他觉得自己是被冤枉的，他陈光标根本就没做什么坏事儿，他是靠自己的勤劳和智慧在挣钱，怎么能算是“投机倒把”呢？所以，陈光标就是不肯妥协，他对联防队长说：“我没赚到钱，都吃掉、喝掉了。”联防队当时也没有什么凭证能证明陈光标在投机倒把，所以拿这个小孩儿也没辙，就把他给放回去了。

事情到这里本来应该是结束了，但是整个事件却给小小年纪的陈光标带来非常不好的影响。一个从联防大队放出来的人，村里的人难免会戴上有色眼镜来审视。要知道当时的联防大队相当于现在的派出所，被叫进去训话的基本没什么好人，而且陈光标当时是在众目睽睽之下被人人敬畏的联防大队派人带走的，大家的心里能不犯嘀咕吗？

乡亲们开始纷纷传言说陈光标被联防队抓了，可能要被判刑。即使后来看到陈光标安然无恙地放了回来，大家还是选择躲着他走，而且因为当时没答应买自行车的事儿，联防队对此耿耿于怀，放出话说：陈光标这小子不好好上学，搞投机倒把影响非常恶劣，放他回来是看他年纪还小，给他一次改过的机会。

这些流言传到乡亲们的耳朵里自然就变了味道，而且又有一些好事者喜欢添油加醋，捕风捉影加上危言耸听，让陈光标在村里的形象一落千丈，村民们害怕受牵连不肯再卖粮食给这个投机倒把分子。不仅不卖粮食，而且还在背后对他指指点点：“这个孩子很危险，思想太活跃，家里又穷还学会犯罪了。以后长大肯定连老婆都找不到，哪家女儿愿意嫁给他啊……”

这些言论让血气方刚的陈光标很是气愤，没有经历过太多人情世故的他见识了世态炎凉的可怕。经济损失能够弥补，可是名誉损失谁来支付呢？而且在他看来自己根本就没做错什么，乡亲们怎么可以这样说他？品学兼优的陈光标当然不能接受这一切，他不能坐以待毙，他一定要想个办法堵住乡民们的嘴才行。

大家不是说他品质有问题，坐过“监狱”，以后没有姑娘会愿意嫁给他吗？好，他现在就去证明给大家看，他陈光标不需要等到以后，现在就能找一个漂亮又贤惠的好老婆回来。带着这股倔强劲儿，他从父母那里要来自己做生意积攒下来的二千六百元钱，只身一人踏上了西去四川的火车。不知道陈光标从哪里听说四川的女孩子都生得美丽又聪慧，依仗毛头小子的血气方刚和异想天开，年仅十四岁的陈光标直奔四川而去，誓要“买”回个好媳妇回家去跟大家显摆显摆，把那些指责非议的嘴统统都堵上。

这种想法和行为看似冲动和可笑，不过却为陈光标带来了一段此生之中最难忘的深情回忆……

牧鹅姑娘

十四岁的少年和十五岁的少女之间，与其说曾有过美丽无瑕的初恋，不如说那只是年少时相互扶持的一段美好回忆。这也许便是陈光标阅尽世事，却对牧鹅姑娘一直念念不忘的原因吧。

陈光标的学生时代是丰富充实而多姿多彩的，不仅有“投机倒把”被审查的“案底”，还由此谱写出一段终身难忘的初恋。

当时因为“投机倒把”事件，让村里流言四起，人们说公安局要抓他，他以后要吃牢饭，以后会连老婆都娶不到。这让老实的陈光标的父母非常为儿子的前途担心，而村里的流言飞语更是让年仅十四岁的陈光标异常气愤。为了堵住大伙的嘴儿，证明自己没有犯法，而且是可以娶到老婆的，陈光标赌气直奔四川而去。那段往事让他记忆犹新：

为了赌这口气，我从安徽蚌埠买了九十八块钱一张的火车票到四川去找老婆。到了蚌埠火车站，我买了一块电子表是二十五块钱，又买了两个铜戒指，这个铜戒指当时买的是十五块钱一个，我左手套一个，右手套一个。下了什邡汽车站以后，一看电子表已经快到一点钟了，肚子也饿了，就到汽车站隔壁那个小餐馆，一个人点了六个菜一个汤，因为那样给人感觉大方嘛，我就是要显得自己大气一点（陈光标的语气当中透着小孩子的天真）。

正吃着，老板娘就过来跟我聊，说："小伙子，你是哪里人啊？"

我说："我是江苏人。"

老板娘又问："你到我们这个地方来干什么啊？"

我说："到你们这里是来找老婆的！"

老板娘颇为惊讶说："啊？找老婆的？那你今年多大了？"

我说："我十四。"

老板娘说："真的假的？"

我说："真的。"

她说："你真的要找老婆的话，我有一个姑姑家有一个女孩，今年十五岁，你要不要去看看？"

我说："那好啊！"

到了那里以后，她就搬了个板凳让我坐在院子里边，她就到厨房跟她姑妈嘀嘀咕咕的，估计在介绍我的情况。说我来找老婆的，介绍一下情况。我就坐在她家院子里面，四处张望，她家给我的第一印象是：这家女孩儿要是我看中的话我也带不走，因为她家比我家还漂亮（陈光标意识到对方的家庭条件比自己家好后，便琢磨开了）……

我就坐在院子里面东张西望，心说她家女孩儿到哪儿去了？我看来看去，也没看到。后来那家女孩的妈妈估计看中我了，不看中我不会给我带过去看她女儿的。她妈妈就把她女儿喊过来了，喊过来以后，老板娘说："你看怎么样？"

我一看，这个女孩长得还蛮漂亮的。圆圆的脸蛋，头发像日本的那个女生的花菇头一样，非常可爱。所以我看了说："不错！"

然后，我就跟老板娘说："这样的，我会做饭做菜，我们再煲个山鸡，你去把你家的菜都拿过来，晚上我来做菜做饭。"

晚上吃过饭，她家父母看到我那时候长得还是蛮漂亮的也没什么意见，十几岁那时候体型各方面可以说比刘德华长得还漂亮（陈光标非常幽默地说）。当时我没有这么胖，现在才胖了的。

她家当天晚上给我弄了一张小床铺在她家的厨房里面，我晚上就在厨房里面睡，早上就把床抬出来放在一边。我每天都跟她家女孩儿一起去放鹅，放了一个礼拜，但是我从来没有摸过一下她的手（可见那段朦胧的恋情在陈光标心里是多么的纯洁）。一个礼拜后，我跟她家人说："我要回去了，因为我到哪儿去我父母也不知道。"临上火车的时候，我心里像电打的一样怦怦跳，鼓起勇气摸了女孩的手（做"贼"成功的陈光标笑得像个孩子一样开心）。

回家以后，我们俩就通了信。因为我家没有地址，我有一个同学的父亲在农村广播站，每次都是把信寄到那里。我们两个通了一年的信之后突然中断了，后来我才知道，她的来信是被我这个同学的父亲扣下来不给我了，从此我们就失去了联系。

后来，等我手里有些钱之后就去找她，结果没找到。我总共去找过她十三次，都没有找到（陈光标的话语当中透着失落）。我之所以要找她，是因为我对她从十四岁到现在，这么多年以来，我每个礼拜做梦都会梦到她，不知道为什么，一直在想她，每个礼拜都是如此，不知道怎么回事儿。所以后来我也找了中央电视台的经济频道帮我找过，人家问我："你要找到她怎么办？"

我说："我要找到她，我会帮她家盖两层小楼房，再帮她开个店面，然后帮她家小孩儿找个最好的学校。"

对方问："你不怕人家老公打你啊？"

我说："我不怕。"

……

这就是陈光标无果而终的初恋，虽然没有成功，但是却从来不曾忘怀。他惦记着这个给过他美好回忆的女孩儿，希望她能过得幸福。如果她现在是不幸的，他也希望能通过自己的帮助让她过上幸福的生活。他不在乎别人怎么看自己，也不害怕对方的丈夫会给自己威胁。那份纯纯的情感早已变成一份挂念埋在了陈光标的记忆当中。他对她已经没有任何感情上的奢望，他只是希望那个在自己最难过的时候给过自己温暖的纯洁女孩能够过得好而已……

今天的陈光标已经不是以前的那个农家“穷小子”，他成了身家亿万的著名慈善家，而且早已成家立业，不过对于牧鹅姑娘的那一段川西之恋却从来不曾丢弃过。在后来的许多慈善活动中，他对四川的大力捐助和汶川地震时第一时间奔赴四川，跟这段情结恐怕也有着剪不断的千丝万缕的联系，但愿那位美丽的牧鹅姑娘还在，而且生活得幸福美满吧！

娱乐大使

免费给乡亲们放电影，却没有得到乡亲们的支持，但并没有击退陈光标回馈乡里的热情。做不做好事，是我的事，领不领情，是你的事。这个朴素的观念，贯穿了他一生的行善动机。

当有了一定存款的时候，还在上初中的陈光标就为大家买了一台电影放映机免费为乡亲们放电影。每到节假日的时候，陈光标白天贩粮，晚上就背着电影机到处跑。人们总能看到陈光标背着电影机到十里八村放电影的身影，夜里的路不好走，而且下完雨之后全都是坑坑洼洼、泥泞不堪，但这并没能阻挡陈光标为乡亲们带去快乐的步伐。每次放电影，各村儿的老少爷们儿都会聚集在一起享受这短暂的快乐。

当时农村经济条件不好，更没有什么娱乐设施。很多时候晚上连电都没有，大家就这样黑灯瞎火地过着无聊的日子。陈光标的电影机无疑为农民的生活增添了一抹亮色，大家开心地聚集在一起，有说有笑热闹

非常。尤其是小孩子们，更是欢呼雀跃、兴奋异常。

不过这种快乐并没有长期持续下去，原因来自于陈光标。当然不是他没有坚持，而是乡亲们不愿意看了。因为陈光标放的电影除了“董存瑞炸碉堡”，就是黄继光、刘胡兰、雷锋、白求恩的故事，简而言之都是些革命题材，而且总是这几部来来回回地放。这样放下去，大伙当然会看腻了，大概放了有半年的时间，乡亲们干脆都不去看了，有人要去的话也会“好心”的提醒：“陈光标放电影你们都不要去看了，放来放去都是那‘老三篇’，都别去看了！”

后来大家也真的都不去看了，陈光标看大家的热情已经不再，观众也都没有了，于是也就把电影机卖了，然后跑到外地做生意。

虽然人们对陈光标的电影机前后表现大相径庭，不过起码说明他的确曾为人们带去过快乐，也算是为大家做了贡献的。而且他让人们看这些革命题材的影片出发点无疑是好的，那就是希望这些革命精神能够让大家都记住，让这种精神在大家心里开花结果。结局虽然不那么尽如人意，但是陈光标一点都没有抱怨的意思。既然大家不看了，那好，我就把机器卖了就是——非常自然而朴素的想法，完全没有什么“好心当成驴肝肺”的负面情绪存在。单这一点就值得很多人去学习和回味了。仿佛从一开始，陈光标就有这样一种朴素的想法——做好事是我的事儿，领不领情是你的事儿，即使所有的人都不领情，好事儿我该做还得做，我不是让大伙儿都领情都感激才做这些事儿的！

基于这种朴素的情感，当大家都不再看他的电影时，他很自然的卖掉电影机重新忙自己的事儿去了。他跑到温州去批发小商品，开始自己新的买卖，但是这一次他好像没那么顺利，人生的第一次被骗经历正是从这里开始的……

人善被欺

一批纸做的棉鞋，将少年万元户重新打回了一文不名的赤贫状态。商海中的尔虞我诈虽然给陈光标一个惨痛的教训，却从未让他丧失对人性美与善的信任。

陈光标在家乡曾经一直被人们视为经商高手，但任何事情都不是一帆风顺的，除了因为“投机倒把”的罪名让自己的名誉曾经受到过损害之外，陈光标在做生意的时候也曾经被人骗光过所有积蓄。陈光标称自己做生意从没有亏本过，只不过在创业过程中有时也会因为太老实善良而被别人骗。让他印象最为深刻的一次被骗是在他读书期间，那一次的被骗经历让他的一切回到了原点。

少年时的创业经历为陈光标积攒了一笔不小的积蓄，他当然也想通过这笔钱创造更多的财富。喜欢在暑假做生意的陈光标到温州批发小商品。因为一个偶然的机会，认识了一个批发棉鞋的温州生意人。对方批发的棉鞋做得非常漂亮，外面像是牛皮做的，看上去非常漂亮和结实，而且价钱还十分便宜。外面的市场价可能都要二三十块钱一双，而这家的棉鞋批发价才三块五。陈光标认为自己又一次抓住了机会，他像是捡到宝一样，马上拿出自己的全部积蓄进货。陈光标三块五一双将棉鞋批发过来，然后再转手五块五一双批发给别人，这样一转手也有非常客观的一笔收入进账。

不过，还没等陈光标高兴完，事情就转了风向。天公不作美，棉鞋批发出去十来天的时间天就开始下雨。陈光标卖给别人的棉鞋一着雨水就全部化掉了，原来那些所谓的牛皮棉鞋其实是用纸浆糨糊弄成的，无良的商人用这些东西做成牛皮的样子拿来欺骗消费者。这些表面光鲜的“绣花枕头”，一遇到水就会烂掉，买鞋的人纷纷叫苦不迭。

很快，那些批发了陈光标棉鞋的人纷纷来找他要求退货，说他这是骗人，说他心黑。陈光标当然觉得自己很冤枉，因为他自己本身也是受

害者，但是他的良心告诉他，自己被骗没什么，但是他不能让别人因为自己而吃亏。无奈之下，陈光标把所有的货款都退了回去，所有的损失只能自己一个人背负。那年暑假，他一下子被人骗了四万多块钱，这几乎是他几年贩粮的所有积蓄。

当时他还在上学，生意也只能算是刚刚起步，自己本来也没有多少钱，这一次就被骗走了几年的积蓄，对于陈光标来说这当然是一个不小的打击。他也非常气愤，回家之后，好几天都吃不下饭睡不着觉，但是父亲却安慰他说："孩子，你年龄还轻，被人家骗过也就骗过了，生气也没用的。咱以后有的是机会重新再来。别害怕吃亏，吃亏是福……"

老人家质朴的语言透着人生的哲理，"吃亏是福"也成为陈光标一直以来的做人理念。所以在受骗上当之后，陈光标对社会没有任何抱怨、失望或者不信任感。尽管被骗，但是他从来不为信任和帮助过别人而后悔，他认为自己在这个过程当中吸取了很多经验教训，而这些经验教训都成为他以后从商道路上的基石和财富。况且，在陈光标的观念中依然相信人性本善。世界上的大部分人还是善良的，而自己也会一如既往地去帮助别人。

东山再起

如果说过去存在乡里乡亲那里的是一笔名为"信誉"的无形资产，陈光标算是有了翻本的启动资金。靠着过去一点一滴打拼出来的良好信誉，他迎来了事业的第二个春天。

尽管被"绣花枕头"骗光了所有的积蓄，但是这一次的挫折却并没有将性格倔犟的陈光标吓倒。在家人的鼓励和支持下，他很快重新振作了起来，跌倒了不算什么，只要能爬起来同样还是好汉一条。何况他自己还那么年轻，当然更加没有理由自暴自弃。

于是，陈光标很快重整旗鼓再一次做起自己的老本行——贩粮。因为自己已经没有本钱再直接收粮，所以就采用了最初的老方法，先跟乡亲们暂时赊欠，等卖完了粮食再来还钱。而此时乡亲们态度的转变也让陈光标非常感动。他们不仅把粮食赊给他，还安慰他说："不急，卖了再给钱，咱信得过你。"

为什么乡亲们对他的态度发生变化呢？因为当时改革开放的春风已经吹遍了大江南北，人们的思想也开始了非常重大的转变，陈光标以前做的那些所谓的"投机倒把"的生意，已经非常正当和普遍了。而且陈光标是一个非常讲信用守信誉的人，从来都是说到做到，在以前做贩粮生意的时候，他就从来没有拖欠过乡亲们一分钱，这一点是乡里乡外都有口皆碑的，单从这一点而言就足够让乡亲们对他非常信任了。即使之前有过"投机倒把"事件的不良影响，但陈光标本身从来没有做过一件对不起大家的事情，而且还经常竭尽所能地帮助大家。就凭这一点，乡亲们就对陈光标的为人竖起大拇指了，赊粮食给他大家也没什么不放心的。

尽管大家的举动是出于对陈光标的信任，但是这时的信任，对刚刚被骗尝到失败滋味的陈光标来说，无疑是一股很强的推动力，更加坚定了他创造财富回馈大家的决心。乡亲们对自己的恩情，他陈光标是永远也不会忘记的。很多年之后，当陈光标回想起这段往事时，眼里总会满含泪水，他说："记得当初贩粮时，我没有本钱收粮食，每次都是先暂时赊着乡亲们的钱，等卖了粮食再还。可家乡的百姓们从没有为难过我，都愿意把粮食先赊给我，他们都对我说，'光标，咱信得过你。'正是乡亲们的信任和支持，才有了我的今天。"

凭借乡亲们的信任和自己的信誉，陈光标很快东山再起，重新有了自己的积蓄。他用这些积蓄相继跑过客运运输、贩过花生，虽然生意几起几落，却让年少气盛的陈光标越挫越勇，在一次次的成功与失败中磨炼出了坚忍不拔的可贵精神，也让他在往后的创业岁月中，不管面对任何大风大浪都能独立潮头、从容应对！

学业无忧

勤工俭学、勤工俭学，往往到最后是工也“寝”了学也“减”了，但对陈光标而言，却完全可以在“工”与“学”之间找到一条平衡之道。在那个大学生和万元户都很稀缺的年代，他带着自己挣的学费和录取通知书，光荣地成为家乡人眼中的又一个奇迹。

陈光标无疑是一个特能折腾的人，从上小学开始，他就没有停止过自己的折腾，从卖水，到卖冰棒，到贩粮，到批发棉鞋、倒花生、跑运输，中间还不忘谈个恋爱……陈光标的学生时代还真是丰富多彩，可以说他什么都没落下。

从传统意义上讲，作为一个学生，陈光标看上去有些“不务正业”，不过他却还真的一点都没把自己的学业给落下，他做的那些卖水贩粮的生意都是在课余时间，尤其是暑假完成的，而平时他一直是个品学兼优的好学生，并保持着良好的学习习惯。

陈光标从来都没有忘记过自己为什么要这样辛苦地绞尽脑汁地去赚钱，除了“穷人的孩子早当家”这条早熟的原因之外，他当初走上这条生意之路恰恰正是为了让自己继续读书。他喜欢上学，喜欢跟同学们在一起，喜欢因为自己的成绩出色而受到老师的表扬，所以他当然不会因为专注副业而荒废主业，而十七岁那年的大学录取通知书有力地证明了这一点。

那是 1985 年的夏天，陈光标接到了南京中医学院的录取通知书。这个夏天他走进了人人艳羡的象牙塔,成为一名名副其实的“天之骄子”。在那个大学生资源稀缺的年代，从农村走出来一个大学生是多么不容易的一件事情啊！这时，陈光标无疑成了全家乃至全村人的骄傲。人们眼里那个曾经整天忙着“投机倒把”，只身去四川“买”媳妇儿，展开过跨省“早恋”的“坏小子”走进了最高学府开始享受最好的教育，这对大家来说是不是算一个小小的奇迹呢？

也许陈光标是大家眼里的“奇迹”，但是只有他自己知道，自己为了学业下了多少苦功。虽然还不至于“冬练三九，夏练三伏”，但也绝对的认真专心。老师讲的每一堂课，陈光标都没有落下过，而且非常认真地去做笔记写作业。这样一个聪明好学的好学生，上天当然也会对他特别眷顾，让他如愿以偿地进入了高等学府去深造。这在当时大学生升学率还非常低的年代，实在是难能可贵的。在大学毕业工作几年之后，陈光标又相继攻读了南京大学商学院的工商管理硕士学位和清华大学的EMBA。

至今，事业已经相当成功的陈光标依然保持着非常好的学习习惯，一有时间就读书学习，而且他读书涉猎的范围非常广，他非常明白“学海无涯”的道理，更是树立了终身学习的志向，因为他知道无穷无尽的知识是他智慧的源泉，可以开阔他的眼界，增长他的见识，让他不被时代所淘汰，更为他创造更多的机会和财富。

而事实也证明了这一点，如果说他上学期间的从商经历只是有着聪明、勤劳和勇气，缺乏知识和技术含量的小打小闹的话，他人生真正的“第一桶金”，才正式体现了知识的力量，用高科技实现了自己的人生价值！

第三章 渐入佳境
DISANZHANG JIANRUJIAJING

陈光标大学毕业之后，被分配到南京中医学院的门诊部，其后又担任过江苏省社科院应用开发中心的副主任和南京红光医药公司的办公室主任。除了这些公职之外，陈光标也不忘摸索自己的事业，虽然期间也摆过地摊儿，遭遇过失败，但是却越来越坚定了创业的信念，他立下了要成为华人世界第二个李嘉诚的宏伟志向。也正因为他的坚持和不断摸索，让他的事业渐入佳境，发掘到了人生中真正意义上的第一桶金！

创业未果

在事业单位工作的期间，陈光标“贼心不死”，随时都在留意有什么好的项目和发财的机会，并且俨然已经做好伺机而动的准备！

1990 年，陈光标从南京中医学院毕业后，被分配到南京中医学院门诊部工作，先后做过针灸和推拿大夫；1992 年他被调到江苏省社科院应用开发中心，还当了两年的副主任；1994 年陈光标跳槽到南京红光医药公司担任办公室主任。

按说这样的工作别说在当时，即使现在人看来都是令人羡慕的。因为它够稳定，而且又令人尊敬。然而陈光标却不这么认为，在人人羡慕的工作环境中，他感觉并不那么快乐，反而不如原来卖水贩粮来得痛快，而且说实话，也没有那样挣得多。那时，邓小平南下广东“胆子要再大一点，步子要再快一点”的讲话让血气方刚的陈光标听得热血沸腾、跃跃欲试，按时上下班的上班族工作已经完全不能调动起他的激情和创造力了。所以，“不安于室”的陈光标一边上班还一边琢磨自己应该做点儿什么“小买卖”才能“先富起来”。

不过这次的创业之路显然不像以前那么顺畅。1991 年，陈光标跑到南京的街头寻求过创业的机会，对于一个二十三岁的年轻人来说，办公室之外的世界到处都充满机遇和挑战，这也让他对未来充满了憧憬。不过很可惜，尽管机会遍地都是，但是属于他的那个却还没有到来。

几个月下来，陈光标并没有找到创业的捷径，他开过拉面馆，摆过地摊，然而一直都不成功。此时自己身上的钱却很快就要花光了：“刚开始摸不着道道，没找到什么创业的捷径。眼看着腰包一天天瘪下去，真着急呀！”看着自己渐渐瘪下去的腰包，陈光标当然非常着急，他站在南京的街头看着熙来攘往的人流，眼睛里充满了茫然和无助。他有时候一边摆着小摊儿一边想，属于自己的机遇到底在哪里，它什么时候才会到来，究竟会不会到来……

没有混出名堂的陈光标甚至不敢光明正大地回老家，生怕被别人看不起：“1996 年以前我都是晚上等天黑透了才敢回家，怕人家看到，回家后就看一眼父母，早上天没亮就走了。”

当然,这样的行为都只是茫然期的不自觉症状和自尊心的自我保护。尽管创业并不顺利，但是他并不认为自己就真的不会成功。在创业未果的局面下，他重新回到自己的办公室，后来居然还升了副主任。但这并不足以打消他的创业念头，不安分的因子一直在他体内蠢蠢欲动，一有机会便会爆发。

街头“练摊”

“不抛弃、不放弃，在最艰难的时候仍然坚持下去”的结果是——在成功这件事上，我终于听到了上帝召唤的声音。

1995 年，当时担任南京红光医药公司办公室主任的陈光标再次动了创业的念头，这一次他表现的非常坚定，即使到了山穷水尽的时候也总是紧咬牙关，有时甚至都把自己的嘴唇咬破了。他每天都在心里默默地告诫自己“不要放弃”，这次给自己的宣言是：“一定要成功，否则，死也要死在外头！”

不知道是不是老天真的听到了他的呼唤，还是所谓的“置之死地而后生”的千古名训得到了验证，陈光标的创业之路总算看到了曙光。

有一次，陈光标到南京街头的药店闲逛，他看见一大群人围着一个袖珍式的仪器在那边议论纷纷。他也立即凑上去想看个究竟：“药房里面摆放着一个像手机，又像半导体收音机那么大的仪器，叫耳穴探测治疗仪。它上边有一个像万用表的表棒一样，一个红一个绿，一个探极，销售人员告诉人们，耳朵通过耳穴，上面有什么病变，心肝脾肺、胃胆关节、肾脑胰腺肠道，有什么病变用那个耳穴探测治疗仪一测，红灯就‘唧唧唧’一闪。我看了以后立即意识到这是个好东西。”

不过这个疾病探测仪好是好，就是没有直观性，如果能让患者直观地看到探测结果，那一定会大受欢迎——学医出身的他一眼看出商机，毫不犹豫地花一百六十八块钱买了一台。“我当时头脑中有一个想法，我原先在珠江路花三百八十块钱买了一台旧的电脑，我把电脑拿过来以后，把荧光屏下掉，就买了一个塑料板，然后把人体图像贴进去，这个心上面装一个发光管，那个肝上面装个发光管，胃上装个发光管……发光管上面，大家一看是个电脑，是一种高科技的东西。当时就把这台仪器完整地通过手工搞出来了。”

仪器做好之后，陈光标把它带回了老家：“在我们集镇上逢集的时候，我穿个白大褂，戴个白帽子，耳朵上戴个听诊器。当时我想出了一条广告语：不用开口说句话，两分钟内知病情。哪天逢集，我就到哪集镇上跑。每个人一块钱一查，不用开口说句话，两分钟内知病情，吸引了众人。”

因为陈光标学过中医，对一般的病情都能大致了解，新鲜的仪器加上他的理论让他的生意在当地大受欢迎：“因为我学过中医，讲究望闻问切，你这个人多大年龄，有什么病，往我面前一坐，我基本就能看出来。大家一看我的这个仪器这么准，都宣传开了，排成队来查，每次从集镇回来，都能查个几十块钱。”

在老家收获成功之后，陈光标决定回南京试一试，于是他又开始了自己的南京街头练摊历程：“当时金陵饭店旁边有一个邮电局，我在邮电局门口，后来就买两个折叠凳子朝那边一放，还戴上白帽子穿上白大褂，听诊器朝耳朵上一放，一天查下来都能查个二百块钱左右，白天从早上五点半起床查，晚上有灯光查到晚上十二点……”

尽管练摊很辛苦，但是陈光标却是一个肯吃苦、能吃苦的人，当时摆摊已经有一些积蓄的他并不肯为了舒适而多花一分钱，他的钱以后还有大用场呢！

公厕洗脸

陈光标创业时所吃的苦可能是现代许多年轻人无法想象的，晚上连个平房都租不起，早上起来洗脸刷牙也都是在公厕中解决。

很快，陈光标练摊挣来的钱就派上了大用场，他看到这个仪器有市场，就决定把它改进一下，开发一种全新的商品投入生产。于是，陈光标拿出自己当时的全部财产——三千块钱，请来南京中医药大学的专家和南京师范大学物理系的专家对仪器进行改造，专家们在他想法的基础上，给他手工制作的耳穴疾病探测仪重新进行包装：安装上显示器外壳，输入生理图像，外观更加漂亮，操作更加简便，患者只要手握仪器的两个电极就能在显示器上直观地看到自己身体哪个部位有疾病。这种仪器操作简单，携带也比较方便，完全可以用做家庭使用，所以陈光标将它命名为“跨世纪家庭 CT”。

产品研制成功之后，陈光标很快为“跨世纪家庭 CT”申请了国家专利。然而此时的陈光标已经没有任何积蓄了，只能走一步算一步。那

是在 1995 年和 1996 年，那一段时期是陈光标最艰难的时期，也是他事业和人生的转折点。

当时，为了节省下每一分钱，他白天在南京街头练摊用仪器给人看病，晚上就露宿街头：“1996 年的夏天我在外面住了一夏天。我花十五块钱买一个细席子，在南京的新街口，白天摆地摊儿，晚上就睡在马路边。”那是一个炎热的夏季，陈光标顶着烈日，冒着四十多度的高温，在新街口路边为别人检测身体。由于气温太高，太阳又太烈，时间一长，陈光标身上的皮肤都被晒出泡来，但他始终咬牙坚持着。陈光标就这样白天在路上用仪器为患者检测身体，晚上铺个席子睡在新街口金陵饭店旁的邮电局走廊上。

年龄大的都知道，现在南京新百的门前原来有一个大的公共厕所，陈光标早上就上公共厕所，一个老太太看厕所，进去两毛钱刷个牙洗个脸……陈光标整整在新街口那个邮电局门口整整睡了一个月，赚了大概有七八千块钱。

尽管过程很艰辛，但陈光标总归是赚到了钱，所以，他自己并不认为当初吃的苦有什么不值得。赚了七八千块钱之后的陈光标开始想到批量生产，他从别人那里租用了厂房，找来工人对他研制出的“新玩意儿”进行批量生产。说是批量，其实按照他手里现有的资金，也只够生产几十台，不过这几十台的销量却很好：“我找南京电视台来给我策划一个五分钟的宣传片，到县电视台花一千块钱播出十个晚上，后来很多个人诊所，还有一些老板看到后，觉得买回去摆地摊可以发财，就按照地址电话找过来，那段时间生产真的是供不应求。”

当时的生产成本是六百块钱，卖八千五百元一台，加上产品的供不应求，成本不仅很快收回来，而且赚了人生当中的“第一桶金”，四十台仪器卖了三十多万块钱。陈光标随后又用这三十万到深圳买外壳，买电子管和发光管，正式开始批量生产，他的生意算是正式起步，他的人生也翻开了新的篇章。看来当初睡马路、在公厕洗脸刷牙的苦，吃的还是值得的！

陈光标凭借自己的聪明智慧，让自己的发明获得了国家专利，并且用这项专利赚得了人生的第一桶金。他的成功可以说是从发明、创新中开始起步的，而他之后还相继发明了折叠式电动车等拥有九项国家专利的高科技产品——是他的聪明机敏和执著钻研将他一步步带入了事业的佳境。

"皮包公司"

对于别人的嘲弄和讥笑，陈光标并不十分在乎，他在做什么他自己知道，他并没有做什么犯法的事儿，他只是在资金条件有限的情况下把经营模式做得更加灵活了一些。

1997 年，赚得了人生第一桶金的陈光标创立了自己的第一家公司——南京金威利电子医疗器械有限公司，正式生产销售"跨世纪家庭CT"。他在自己最初的老家安徽做了电视广告，逐渐打开安徽市场，仅出生地五河县就卖出了一百多台仪器。那时候，连北京的各大商场都有陈光标的这种产品。为了回馈家乡人民，当年仅盈利六十万的陈光标，就拿出二十八万为家乡修建了一条四点八公里的乡村公路。

尽管这家公司做得风生水起，却被一些人讥笑为"皮包公司"。因为那个时候陈光标自任董事长，公司除了自己老婆之外几乎没有其他员工，没有属于自己的厂房，也没有生产设备的机器，也没有专门为自己工作的工人，所有的东西都是陈光标租来的。

陈光标公司生产的产品也都是主要靠自己去想，有了想法之后找人设计，改造，再租用别人的车间和工人来生产。陈光标完全没有属于自己的实体产业，办公地点也是租来的，公司除了那个注册商标和营业执照之外几乎没有任何东西，不是"皮包公司"又是什么？

"皮包公司"在当时意味着什么？看看"皮包公司"的定义就知道了：没有固定资产、没有固定经营地点及定额人员，只提着皮包，从事社会经济活动的人或集体。这些公司只挂着一个公司的名誉，其实没有任何公司的实质。在人们的意识当中，"皮包公司"意味着虚伪、不实

际，意味着骗人。开皮包公司的人自然也不会受到大家尊重，因为这些人都是不实在的，人们对于不实在的带有“行骗”色彩的事物总是抱着一种警惕和轻蔑。

但是陈光标说，“那是我的智慧！”自己用智慧做生意并且取得了成功，这又有什么可惭愧的呢？不仅不应该惭愧，自己更加应该骄傲才对！

灵芝经济

传说中的灵芝能让人起死回生，这一功效至今未被世人证明，但现实中它的确能让人大富大贵，这一功效正好被陈光标完美实现了。

“跨世纪家庭 CT”为陈光标赚得了人生的第一桶金，而一次泰安之行，又为他赚得了“第二桶金”，而且让他的财富银行赚得盆满钵满。

那是 1998 年，陈光标到山东泰安登泰山，拜谒我们文人先圣孔子，本来只是一次文化之旅，却让他无意之间发现了一个巨大的商机。原来，泰安一直以来都盛产灵芝，有着悠久历史。灵芝素有仙草之称，在众多的神话当中被传说具有起死回生的功效。虽然，这只是个美丽的传说，但是灵芝的药用价值却得到几千年的肯定。一直以来，人们习惯用灵芝泡水或者熬煮的方式来服用，对许多慢性病有非常好的治疗效果。

泰安是盛产灵芝之地，每公斤的价格只要二百块钱。如此低廉的价格，再加上传说中的灵芝疗效，让陈光标敏感地意识到其中蕴含着巨大的商机。“灵芝好是好，可食用不方便，如果能将其磨成粉，制成胶囊服用就方便多了。”——一丝灵光在陈光标脑中闪现，连他自己都为这个天才的想法欣喜若狂。

事不宜迟，陈光标发现这个巨大商机之后，立刻马不停蹄地返回南京。带着这个令自已都兴奋不已的想法，陈光标敲开了南京大学和省各大医院专家的大门，他请他们为这一计划做评估，再做出临床报告。确定此举可行之后，他立即去申请生产许可证并且请南京大学的专家为其做广告策划。

生产许可证拿到之后,陈光标马上筹款到上海买了六台胶囊生产机。机器买来之后，他再来到山东泰安，他让当地的农民把灵芝磨成粉，然后跟他们签下合同，大量收购。陈光标把收购回来的灵芝粉经过再次加工制成灵芝胶囊进行销售。

这样一来二去，二百块钱一公斤收购来的灵芝粉，在经过加工制成胶囊以后，售价一下子翻了十倍，卖到了二千块钱一公斤，这次偶然发生的“灵芝事件”，无疑给陈光标带来了巨大的收益。

不仅自己赚了钱，陈光标还因此又做成了一件好事，那就是他开发的“灵芝胶囊”项目促进了山东泰安的“灵芝经济”，让一方百姓富了起来。为此，泰安市政府甚至还亲自找上门来，专门给陈光标颁发了特殊津贴。

既赚了钱，又得了好名声，帮当地人做了一件大好事，这次名利双收、一举两得的灵芝事件让陈光标志得意满，更成为他从商经历中的得意之作。也更让他明确了一个道理，这也是他日后常拿来教育创业者的：“所谓的商机就是市场的破绽，其实无处不在，那些以为创业就是要进入一个全新的行业的想法，可谓大错特错。其实商业的改良比商业的创造要容易得多。”

说这些话的时候，陈光标的银行账户上已经有了五千万的存款，而此时他还没有到三十岁生日。看来，当成功之神开始眷顾一个人的时候，有时也是非常慷慨和疯狂的！

偶像崇拜

陈光标对事业和财富的追求是执著而坚定的，因为他想成为一个成功的人，而在他的脑海当中，成功的典范就是华人首富李嘉诚。李嘉诚是他的偶像，他时刻准备着要成为李嘉诚那样的人，并且从来没有动摇过。

在创业坎坷经历中，陈光标几经挫折，甚至露宿街头，但是他始终都没有放弃过，其中有很大一部分的原因来自于对“要做第二个李嘉诚”的强烈愿望。陈光标曾经在采访中说过：“我那时候做企业最羡慕的人就是李嘉诚。”为了这份羡慕，他必须付出努力，才能跟李嘉诚站在同一行列。

在 1997 年陈光标刚刚注册公司的时候，他就到处打听，看能不能通过某一种方式见到自己的偶像李嘉诚。也许是由于这种愿望的过于强烈，1998 年的时候，他果然得到了一次能和李嘉诚近距离接触的机会。

当时，香港正在举办“工业博览会”，陈光标听说李嘉诚等一些名人都会出席。这让他激动万分，而那时的陈光标已经小有资产，而且有资格去参加这样一个世界级的博览会了。

陈光标立刻买了一张飞机票飞往香港，期待能跟自己的偶像邂逅。幸运的是，陈光标真还没白来，他还真见到了自己的偶像，并且跟他站在一起合影留念。尽管这个华人首富对当时还是“无名小卒”的陈光标一无所知，但是对陈光标而言，能跟偶像站在一起拍照这已经是莫大的荣耀了！

此次的相遇带给陈光标非常大的鼓舞,也给他的人生非常大的推动。他曾经和他站得如此之近,这更加坚定了他想成为第二个李嘉诚的信念。他一直都不曾怀疑过自己的能力，别人不敢想不敢做的他都敢尝试，所以他根本没有想过“成为第二个李嘉诚”是一个遥不可及的梦想，他相信自己有足够的智慧，再加上敢拼的精神，这就没有做不成的事儿。总有一天，他会跟李嘉诚真正站在一起，并且让对方知道自己是谁。

十年以后，他的这个愿望真的实现了。2008 年 12 月 5 日，中国慈善领域最高政府奖项——“中华慈善奖”的颁奖仪式在人民大会堂隆重举行。作为江苏黄埔再生资源利用有限公司董事长陈光标跟华人首富李嘉诚共同获得“中华慈善奖”的最高奖项——“特别贡献奖”。

此时的陈光标真的和自己的偶像站到了同一行列，成为所有中国人都知道的“中国首善”，让全世界和自己的偶像记住了自己的名字——陈光标!

第四章 事业王国
DISIZHANG SHIYEWANGGUO

目前，在中国许多人都知道陈光标是“中国首善”，知道他捐了十多亿善款，知道每当国家发生地震洪涝灾害，他总是冲在最前面，然而许多人却不知道这个“中国首善”如此庞大的捐款背后有着怎样的一个后盾做支撑。这个1997年还曾经在南京街头摆小摊的农民的儿子是怎样在短短十来年的时间里聚集起了如此多的财富的呢？他的公司究竟靠什么挣钱，而且能发展如此迅速？他的成功到底是一个特例，还是可以复制的呢？我们有没有可能成为下一个陈光标呢？

关注拆迁

一种循环经济的模式开始在陈光标脑中成型，他逐渐将这一循环经济模型，移植到废旧家电、电脑、生产设备甚至高速公路设施方面，生意越做越大，财富更是不断攀升。

2000年，靠跨世纪家庭CT和灵芝胶囊起家的陈光标，手里已经有了一定的资本。这时他开始向新的领域进发，组建了江苏黄埔投资集团。刚开始，黄埔投资集团的主要业务是投资参与银行不良资产，进行投资、整合、盘活，盘活之后再出让。

2002年一次偶然的机会，陈光标得知为配合2004年在南京举行的第四届华商大会，南京市政府决定拆除原来的老展览馆，重新建造起一座新馆，当时南京市的相关部门还没有找到合适的拆迁公司，准备进行招标。

陈光标对此很感兴趣，只可惜自己的投资公司跟拆迁“驴唇不对马嘴”。正巧自己有一位表弟从事拆迁工作，他就找他来一起商量这件事，他带表弟去看了这个展览中心，表弟看是这么大一项工程，就不相信地说：“表哥，你这个拿不下来，拿下来我给你五十万。”陈光标一听“给我五十万”，原来这里面还有这么大的毛利呢！

在这种想法的趋势下，他决定拉表弟跟自己一起做，他跟表弟说：

“这个工程我来做，你来替我打工，你看你需要多少钱？”

表弟说：“表哥，你要下决心干，那就这样子吧，大工六十元一天，小工三十元一天，然后氧气瓶你自己买，我来做领班帮你搞。”

这样决定以后，陈光标很快成立了黄埔拆迁公司，这便是黄埔再生资源利用有限公司的前身。拆迁公司成立以后，陈光标很快投入到政府拆除旧展馆的招标中来。不久，陈光标顺利地拿下了这项工程。不过，虽然工程拿下来了，但是政府方面提出的条件也是非常苛刻的。他们要求陈光标在一个月之内将旧展馆拆除完毕，而且拆除的报酬是以料抵工，也就是说陈光标干完活儿后，政府不会支付任何金钱方面的酬劳，而是把拆下来的所有废旧原料当做报酬归施工方所有。

这在很多人看来是一件费力不讨好的事情，但是陈光标已经接下了工程，只能硬着头皮往前走。而且这是他第一次接触这个行业，本来也是抱着试试看的心态，即使赚不到什么钱自己也认了。“不夸张地说，2001 年一年就赚了两千万，第二年就赚了将近五千万。到 2004 年我就把它变成黄埔再生资源利用有限公司。”

可是，让他意想不到的事情发生了，很快陈光标就发现这些建筑屋拆除下来的旧东西的价值就是一座“富矿”：拆除下来的废旧钢材可以卖给钢铁厂；拆下来的建筑垃圾破碎后可以用来铺路……仅老展馆仅拆下来的废钢材就卖了二百五十多万元，再加上陈光标的活儿干得漂亮，政府要求一个月，他仅用了二十二天就完成了，这大大节省了工程成本，刨去工人工资和机械租赁费等成本，这项工程让他净赚了一百六十万元。陈光标心里特别开心，没想到拆迁里面还有这么大的油水。

更重要的是，这项工程不仅可以变废为宝，还能够将旧东西最大限度地回收利用，这样就大大减少了污染，非常有利于环保，这跟陈光标的从小的环保理念非常吻合。无论从哪个角度讲，这都是利国利民的好事。再加上利润丰厚，市场广阔，具有非常大的发展空间。

我们重新来看陈光标这一次的拆迁工作。由于这次的展览馆拆除工程陈光标做得非常漂亮，不仅在政府规定的时间内完成，而且还提前了很多天，这也给政府大大节省了时间成本，令他们对他刮目相看。

陈光标二十二天拆除展览馆的“黄埔奇迹”很快在南京不胫而走，

陈光标还因此得到了市长的亲自接见，当时市长拍着他的肩膀说："光标啊，南京城内的拆迁工作才刚刚拉开序幕，把这项任务交给你，全南京人都信得过。"

此后，陈光标又凭着信誉和效率拿下许多拆迁工程。有人统计，当时南京市内80%以上的拆迁工作都是由陈光标来完成的。那个时候，街上到处都是穿着"江苏黄埔"马甲的拆迁队，一时间形成了南京街头的一道独特而靓丽的风景。

值得一提的是，陈光标的拆迁队伍基本都是由退伍老兵组成的，他们训练有素、作风严谨，而且动作麻利。在政府规定的时间内，他们保质保量地完成了南京金陵啤酒厂、南京铁合金厂、南京重油气厂、南京煤制气厂、淮阴发电厂、沪宁高速老桥梁、南京河西奥体中心所在地区、南汽老厂房、南京热电厂等数十家工厂和桥梁的拆除工程。这些工程给陈光标的黄埔拆迁公司创造了巨大的利润，2005年陈光标接到的工程量已达到二十个亿，一个真正的富豪开始崛起。

很快，事业成功的陈光标便成了众人眼中的"大红人"，被授予了优秀企业家等多项称号，作为被选出来的企业家代表，他甚至获得了跟国家领导人一道出访和出国考察的机会。2005年11月作为企业家代表，他随同国家主席胡锦涛出访西班牙；2006年4月，随同国务院副总理吴仪出访美国；2006年5月，随同全国人大常委会委员长吴邦国出访罗马尼亚和希腊；2005年12月、2007年1月和4月，随同温家宝总理分别出访了葡萄牙、菲律宾、韩国和日本。

这种成功让他倍感骄傲，而与此同时他也并没有因为巨额的财富冲昏头脑，他依然致力于慈善事业，而如今他的慈善之手毫不客气地伸到了环保领域。陈光标认为："捐款捐物是一种慈善，而搞好环保，搞好循环经济，造福社会和子孙后代也是一种慈善。"此时的他，更加坚定了成为一个慈善家的决心，他要用多元化的方式报效社会，对他而言环保更是一项最大的慈善。

在别人靠建房子发家时，陈光标却靠拆房子发了家，正像他自己所说的那样，陈光标是目前国内最大的高科技环保拆除公司的老板。当初的一次偶然的机会，让商业雷达灵敏的他组建起了拆迁公司，而这个拆迁公司也非常争气地成就了他事业的辉煌，让他正式进入到富豪们的行列，财富的缔造有时也许只是一个契机，如果你能抓住你就拥有了成功，问题是抓住契机的手你准备好了吗？

热衷再生

垃圾在凡人眼中是垃圾，在智人眼中却是宝贝、是商机、是钞票，是绿色的可再生资源。所以“看山是山”与“看山不是山”，决定了我们人生境界的高与低。

有了拆除工程的成功经验和循环经济的巨大启发之后，陈光标决心将这一行进行到底。陈光标边搞拆迁边总结经验，黄埔拆迁公司原来一直都是主要承担大型建筑项目的拆除工作，然后将建筑垃圾中的钢铁、塑料等可再生资源回收、加工和再利用。而拆除后的建筑垃圾便再也无用武之地，陈光标像其他人一样对其采用了最传统的处理方式——填埋地下。

然而这种处理方式的不科学性是显而易见的，而且这部分垃圾在拆除过程中所占的比例远远超出了可回收利用产品的总和，要用一种怎样的方式才能将这样一大笔建筑垃圾作为资源利用起来呢？陈光标开始思考这个问题。

很快，他找到了解决这一问题的方法。那是一次陈光标被选为优秀企业家代表，跟国家主席一起出国考察。

在德国，他发现德国人并没有将看似无用的建筑垃圾直接扔掉，而是经过一种特殊设备的处理将其变成铺设公路的辅料，从而实现了建筑垃圾的再次利用，这一发现让正为此事头痛的陈光标兴奋不已。他立刻从德国引进了六台这样的垃圾处理设备，并将它亲切地称为“变形金刚”。有了“变形金刚”的加盟，陈光标拆迁下来的建筑垃圾终于有了新的去向，这种“变形金刚”每台每小时可产出路基辅料二百吨左右，产出的路基辅料以每吨二十元卖给第三方，在对建筑垃圾进行合理二次利用的同时，增加了企业的盈利。而陈光标也真的变废为宝，实现了垃圾的二次创收。“人家把建筑垃圾填埋，我把它们分解利用，既环保又能创造经济效益，这也让企业的路子越走越广。”陈光标得意地说。

这时陈光标的循环经济才算是真正开始，但是前面的路还正长。说实话，陈光标当时做拆除工程卖建筑废品的利润并不高。陈光标自己也说：“靠拆除工程赚钱其实很难，难在无法直接拿到拆除项目，只能靠二手承包间接获取业务，这样一来利润点从一手的超过 10% 下降到 4% 左右。”所以，后来陈光标的触角开始伸向了其他领域。

一次在去日本考察中，陈光标看到当地的街道被打扫得一尘不染，而且更让他惊讶的是，他发现日本的垃圾分类做得非常到位，80% 以上的垃圾和废料都得到了回收加工、循环利用。这不仅减少了污染，节约了资源，而且也让人们的生活变得井然有序，环保概念在这个国家发挥到了极致。他又联想到了国内的状况，垃圾被堆成了山，工业和生活废品处理的非常不到位。

这给他带来了新的兴奋点，他觉得自己不能再局限于拆旧卖旧，所谓的循环经济是能切实地实现循环利用，变废为宝。这一次的出行让陈光标收获颇丰，他从日本花了二千多万元，买回几条工业垃圾处理线，决定回国大干一场。陈光标决定打造一个庞大的产业链，实现产业一条龙，让经济得到真正的循环。而此时，陈光标已经将原先的黄埔拆迁公司更名为江苏黄埔再生资源利用有限公司，开始信心百倍的以一种“货真价实”的姿态进入循环经济的领域。在以后的几年中，循环经济的开创式运用也确实把陈光标推向了事业的高峰。

2005 年，陈光标在北京怀柔和山东成立了再生资源利用工厂，主要从事废旧轮胎的处理。在这里，陈光标拥有自动化生产线，全自动的处理机可以将废旧轮胎清洗，然后切割成四半，再进行压扁，压扁之后就可以很容易地将轮胎中的钢丝等非橡胶物质进行分离，最后再通过高温处理提炼出橡胶粉。这些橡胶粉被提炼出来之后，加入不同的化学制剂，就可以形成不同品质的再生橡胶；另外，如果不想制成橡胶，还可以把这些橡胶粉直接加入沥青当中混用，就能形成橡胶改性沥青，在道路施工中派上大用场。对这种创造性的运用，陈光标非常得意：“制造出来的橡胶粉，一等粉主要卖给轮胎生产企业，用来生产农用车和时速在一百公里内的车用轮胎；二等粉主要用于塑胶跑道，三等粉则用于制造橡胶沥青。而用橡胶沥青摊铺的路面，可降低公路噪音，缩短车辆的刹车距离，提高行驶安全性。用其铺设的路面，还可延长使用寿命一至三倍。” 自己的产业真正实现了高科技，而且是环保的高科技，这怎么不让人高兴呢？

到2006年时，这一创举让入行不过两年的陈光标，一举拿下国家体育场十亿元的橡胶粉订单，成为“鸟巢”塑胶跑道的原料供应商。陈光标把生意做到了奥运上——“奥运会期间，全世界的运动健儿都在我铺设的跑道上竞技……也许没有人想到，那都是用废旧轮胎回收利用的杰作……”提起这些，陈光标别提有多骄傲了！

2007年又是一个新的开始，陈光标开始将这种运营模式在全国进行推广。他在上海、天津、江苏、山东、河北、四川和香港等地分别成立了工厂，数量达到十三家之多，回收领域进一步提升，拓展到了医用一次性输液袋、塑料针管、废旧家电等领域。到2008年，陈光标的江苏黄埔再生资源利用有限公司在全国拥有大型设备六百多台，包括推土车、挖掘机、吊车以及近八十台从德国进口的“变形金刚”设备。每年废旧垃圾处理加工能力已达到三千多万吨，净利润二亿八千万元。

“几年来，我们在全国拆迁下来的混凝土打碎作为道渣，八车道的高速公路可从南京铺到杭州，回收的废旧钢材吨数足够造几座长江大桥。我们的队伍以退伍军人为主，也是充分利用了社会闲置的有生力量。”谈起自己现在所从事的再生资源利用行业，陈光标总是显得异常骄傲和自豪。

陈光标的循环经济模式无疑给他带来巨大经济利益，然而最让他感到高兴的是，他所从事的是环保产业，这个朝阳产业不但有光明前景，更表现出强烈的社会责任感，这是一个造福子孙后代的产业，这跟他做慈善有着异曲同工之妙。而且，这远比那些污染了环境再拿出钱来做慈善有意义得多!

倾力环保

名与利，孰重?

独乐乐与众乐乐，孰乐?

利在一时与利在千秋，孰久?

都说三流企业家做生意，二流企业家做事业，一流企业家做理想。陈光标，正是为理想而生的一流企业家。

“我这么多年来一直从事环保工作，十年来我的公司已经成为全国最大的高科技环保拆除公司，也是中国唯一一家能把建筑垃圾二次利用的公司。”对自己的企业，陈光标有自己的一番见解：“捐款捐物是一种慈善，搞好循环经济，造福社会和子孙后代也是一种慈善。留给子孙后代一片蓝天，是我们的责任和义务。”

陈光标曾经语重心长地说：“我看到了现在建筑垃圾包围了我们每一个城市，看到之后心里非常痛心，非常难过。我们不能只看到我们现在每个城市很漂亮，我搞这一行很清楚，每个漂亮的城市周围都被建筑垃圾填埋掉了。建筑垃圾埋在地下污染土壤，占用耕地，对土壤里面的水质污染特别严重，作为每一个有良知的人，都应该看到这一点，都不能为了追求利益最大化，而牺牲我们子孙后代活下去的条件。”

正是基于这种理念和社会责任，陈光标的黄埔再生资源利用有限公司在发展过程中一直牢记“使命”二字，他们也逐渐成为中国再生资源产业里的领军企业。自2003年创办以来，陈光标的事业再上新台阶，2005年荣获“中国诚信示范单位”荣誉称号，2006年成为“中国最具生命力百强企业”。

目前，陈光标的环保王国已涉足新型材料制造生产、再生资源利用、房地产开发、青少年国防教育、电厂配套设施生产，以及智能识别系统研发等诸多产业，致力于发展循环经济、绿色经济，变废为宝，推进城市建筑垃圾、生活垃圾以及泡沫塑料等白色污染的环保化、零排放处理等多个环保领域。该公司现有员工四千六百余人，大型机械设备近五百台，成为全国最大的专业拆除公司，年营业收入近百亿，年净利润超过四亿元，傲居全国第一。

当然，陈光标之所以取得今天这样的成绩，除了当初选对了一个对的行业之外，更令他骄傲的是他内部严谨的管理模式：“外人也许认为我运气不错，选对了一个行业，事实上，我们还打造了一个具有黄埔特色的管理模式，这是保证我们快速扩张和赢利的根本。”

选对行业固然重要，但是选对行业的人多了，不见得人人都能赚到钱，想要获得大的发展，归根到底还是要看你如何运作，而陈光标在这方面无疑是做得非常成功的，因为他是下了“狠手”的：“在我们引进这套世界较为先进的财务系统中，总部每天都监控着各分公司的往来账目，并有视频与总部直接相连，采购多少、出库多少，集团公司十三个财务人员点对点的监督。每个分公司的总经理，总部都派三个人辅佐，因为行业比较琐碎，现实中，我们还用上了一些土方法。比如，分公司总经理身边的人，我不定期地换掉，说换就换，并且从不通知，也防止了一些人串通起来对付总部的可能。”

也许有人会说陈光标太“狠”了，但是作为一个企业，制度的重要性是无可代替的，只有制度完善了，才能保证各个环节不出差错。陈光标的操作模式看起来虽然有些不近人情，但是却最大限度地做到了财务和管理的透明化，什么事情到了黄埔集团都是被明明白白摆在桌面上的，怪不得人们都说：“黄埔没有秘密！”

在自己的事业王国得到空前发展的时候，陈光标又有了更加宏伟的目标——将江苏黄埔的业务拓展全球。“我准备去发达国家调研学习，重点去发展中国家引导再生资源利用。”陈光标说。至于这么做的原因，除了是让自己的事业更上一层楼之外,更重要的是他明白这一行的前景，这么大的资源自己是开发不完的，需要更多的人一起来把“蛋糕”做大：“建筑垃圾再利用是一座看不见的金矿，我一个人做不完，希望更多的人参与进来，我正在考虑到发展中国家找当地的合作伙伴来一起合作，光是拓展发展中国家的业务，一辈子也做不完，量太大了。”

陈光标的产业理念是开放式的，他并不担心别人会抢了他的饭碗，“独乐乐与人乐乐，孰乐？”陈光标毫不犹豫地选择后者。而他的博大胸怀也将他的企业推向了国际化，我们有理由相信，在不久的将来，我们将看到的不再是中国最大的再生资源利用公司，而是全球最大的再生资源利用公司。不要怀疑它的可能性，就像万科的总经理郁亮说的那样：“企业家一旦不创造奇迹，第二天就会被人忘记。”很显然，“重名”的陈光标是不愿意被大家忘掉的，所以他会不断地创造出更多的奇迹！

分文不借

海纳百川，有容乃大；壁立千仞，无欲则刚。因为无所求而显得硬气的陈光标，又因为有所求而显得偏执的陈光标——求与不求，恰似佛家的争与不争。

对于自己的成功，陈光标向来毫不掩饰，因为他有这个实力，因为他挣的钱都能实实在在地摆在桌面上,所以他根本没有必要去掩饰什么。对于自己的商业道德，陈光标像对自己的人品一样自信：“十年来，我严格要求自己，从来没有一次上过歌舞厅、夜总会、桑拿，也从来没有找过任何一个领导做过任何一笔生意，也没有从政府手上拿过一亩地。”

“从1998年做生意开始，我没找过关系走后门做过一分钱生意……以南京为例，2009年南京拆除民房八百万平方米，厂房拆除两百万平方米，加起来一千万平方米，我才拿到了不到五万平方米，仅占千分之

五……我也是一个普通人，之所以取得了今天的成绩，是因为付出了常人难以想象的努力。”陈光标的话一向都说得非常“硬气”，因为他没做过什么犯法的事儿，更没有为了追求成功不择手段，他的成功都是通过自己的努力一点一滴得来的，他当之无愧。

对于循环产业所能产生的利润和为自己带来的丰厚回报，陈光标也一向都不遮掩：“至于成本，其实废旧回收只需投入几条生产线，拆迁只需一次性投入些工程机械就可以了。所以黄埔集团没有向银行贷过一分钱的款，相反，我的利润一年有几个亿。”

这么大一个企业，没有向银行借过一分钱，这听起来实在让人不可思议。当很多企业家为了企业的运作不停地向银行跑关系、套近乎的时候，陈光标却没有任何这方面的苦恼，因为他根本不需要，他赚的钱已经足够他运作的了。不仅足够他运作，而且还能让他每年为中国的慈善事业，为国家灾难和贫困人口作出巨大贡献。

陈光标的公司是一个不借贷的公司，所以到目前为止，他也没有打算过让公司上市。一方面，他没有融资的需求，另一方面他认为一个上市公司做起慈善会有难度。因为，陈光标觉得公司上市后，所有行动都要董事会研究决定，那个时候如果遇到突发灾难，再想这么快速直接地捐钱做慈善，就没有现在这么容易了。董事长即使权利再大，也不能代表全体股东的意愿，没有权利像陈光标那样每年拿出公司利润的50%以上去做慈善。基于这种考虑，陈光标不打算让自己的公司上市，他当然知道上市之后自己会有更多的资金可以操作，可以让企业有更大的发展，但是如果因此影响了他做慈善，他宁愿不要这些。

陈光标的想法就是这样特立独行。一个把慈善当做终身事业，甚至高于一切的人，他“偏执”起来有时候也是很可怕的。不过，其实陈光标也并不吃亏，他这样做一方面可以让自己问心无愧，另一方面，慈善本身带给他的巨大回馈也是看得见摸得着的，这也许就是人们常说的“好人有好报”吧！

好人好报

是做慈善给企业打了广告，还是做企业给慈善提供了资金，这在陈光标看来并不是相悖的命题，正如他所擅长的循环经济原理一样——“我为人人，不正是人人为我？”

有人会好奇地问陈光标，你对慈善做这么多，每天有那么多求助信、求助电话和上门求助的人，会不会影响你公司的发展和正常运营？对此，陈光标的回答是：“不影响，我的事业本来就是一半在做慈善。做慈善的目的就是影响带动更多的人，来保护环境，来为缩小贫富差距加强社会和谐作贡献。而且，我的捐赠数量和我的产值，基本上是一年翻番。我总结了，就是‘好人一定会有好报，善有善报恶有恶报’。我这些年陆陆续续给社会回报，我也感觉到社会对我有很大的回报。”

陈光标帮助别人的时候，也许从来没有考虑过别人的回报，但是社会却实实在在地回报了他。社会是怎样对陈光标进行回报的呢？陈光标说：“现在大家都知道，我在江苏捐款是最多的人，我的荣誉证书真的也不少，在一些工程招标过程中，我会把企业的国家认定资质放在前面，把我所有荣誉证书复印附在后面。结果在投标的时候，有时即使我们比人家高个20%，专家在评判的时候，会充分考虑到我们的信誉，技术水平，同时也会考虑到我们给社会作的贡献，这就是我感觉社会对我的一种回报。”

陈光标也从来不避讳，自己高调做慈善在很大程度上也是在为自己的企业和品牌做广告。陈光标的公司在他的名声带动下无形中也“火了”起来：“现在我搞拆除行业，业务是应接不暇，现在有四千六百名员工，马上还要招聘，还要招聘五百名。全国各地大的化工厂、火力发电厂基本上都打电话来让我去拆除，让我参与进来。因为我没有噪音，是高科技环保拆除，采用高科技的液压、水压、金刚锯等拆除办法，没有噪音没有污染。国庆60周年，长安街的街道改造，奥运会之后最后的辅助拆除工作，以及央视过火楼的网架拆除我都能参与其中。”陈光标一面说着社会给自己的巨大回报，一方面还不忘继续替自己“伟大”的产业做着广告，陈光标的算盘也打得精着呢！

就这一点而言，有人认为陈光标的高调慈善透着他商人的精明和功利，不过对这一点他却毫不讳言。因为在他看来这是一种“双赢”的选择，他直言：“十年来，我们坚持把企业利润的近30%捐赠慈善事业。这种爱的奉献得到了社会的高度评价，也为企业投资新材料制造等事业赢得信誉和发展良机，企业利润一直以60%以上的速度递增。这不是一种‘我为人人，人人为我’的再生循环式和谐发展吗？”

这种带有很强功利色彩的发言不正是陈光标的可贵和可爱之处吗？他做了好事之后也讲了真话，这总比那些伪善的光说不练的人要强上百倍吧？有几个慈善家能做到陈光标这样坦诚的呢？

陈光标之所以敢这么说，更加说明了他的问心无愧，而问心无愧本来就是一种可以拿来炫耀的资本！他相信“好人有好报”，而且这种“好报”他每天都能感受得到，他就是要把它们炫耀出来，让它们也来晒晒太阳！

经济猛士

记住人生箴言——“富而有德，德富财茂。”

陈光标已经连续四年获得中华慈善奖，2008年更获得了中华慈善奖的特别贡献奖，2009年又被评为最具号召力的中国慈善家。这些还都不够，2009年1月20日，“2008CCTV中国经济年度人物”评选的最终名单揭晓，在这个被誉为中国经济领域“奥斯卡”的颁奖盛典上，江苏黄埔再生资源利用有限公司董事长陈光标一举夺魁，获得“2008年CCTV年度经济人物”首榜大奖——“年度人物大奖”，成为最引人注目的年度经济人物。陈光标一下子成了经济领域的奥斯卡男主角，迎接来自世界的瞩目。

陈光标向世人证明自己不仅是一位慈善家，更是经济领域一位前途不可限量的新星，势必要照亮世纪的长空。陈光标的当选成功注解了当年经济年度人物评选标准——责任、探索、远见和凝聚力。正像评委会专家组认为的那样："陈光标总能给人以一种向上的、人道的精神品格力量，这种精神力量体现在陈先生身上则是他对'富而有德，德富财茂'理念的坚守，是他长期以来对我国慈善公益事业的身体力行。执著于企业社会责任和慈善文化的陈光标缔造了2008年度最佳商业模式，让我们在经济的冬天里感受到了春天的希望。"

在回答主持人王小丫的提问时，陈光标说："一个人活在世上能影响更多的人幸福和快乐，我认为这是有意义、有价值的人生。俗话说，吃饭是为了营养，喝水是为了止渴，如果钱留下来，我们应该回馈给社会那些需要用的人，有了财富不会使用，我认为是一种负担。在巨富中死去，是一种耻辱。"朴实又坦诚的回答体现的却是一种至高的人生境界。

所以，陈光标当选"2008CCTV中国经济年度人物"，在很大程度上说明了社会对企业家责任意识的尊敬和赞扬，同时也表现出中国经济成长中所凝聚的精神力量和正在进行的心灵求索。陈光标的成功代表了经济和精神结合下的新的财富观，"富而有德，德富财茂"，是新时代的企业家应该缔造和恪守的全新财富标准。

在这一点上，陈光标做得非常出色。他的事业包括慈善和环保拆迁产业两大部分，慈善的成功是有目共睹的，而环保产业的成功也是不可磨灭的。因为他所从事的环保产业本来就是慈善的一部分，资源再生原本就是再造福社会。陈光标用造福社会的环保产业创造了巨大的经济效益和社会价值，他再用社会价值去回馈社会，做慈善，这种滚雪球式的经济模式，无疑会将社会财富越滚越多，也让社会的再次分配得到实现——无论从哪一个方面讲，陈光标对这个"最佳男主角"都是当之无愧的。

在当选经济领域的"最佳男主角"之后，陈光标又立刻马不停蹄地投入到他的慈善事业当中去，对于财富的创造和慈善的追求，他是一刻都不能停的……

生财有道

抗震英雄也讲钱？没错，没有钱，哪来的实力做慈善呢？陈光标用一只手掌的道理，给象牙塔里的北大学子生动地上了一堂财富课，更重要的是，一堂社会课。

的确，在陈光标的字典里慈善和财富是同等重要的。除去慈善家之外，陈光标毫无疑问是一位成功的企业家。每一个人的成功都是有他的成功经验，陈光标也不例外。除了我们看得到的努力之外，还有什么是人们不知道的呢？也许从下面的一段演讲中你可以找到答案。

2008 年 7 月，作为抗震英雄，陈光标应邀来到全国的著名学府——北京大学，来为同学们作报告。当时，演讲台下聚集了近千名的学子，他们对这位从汶川走来的英雄既感动又好奇，他究竟是怎样一个人，有怎样的经历，是什么力量让他义无反顾地走向抗震第一线，在那里他经历了怎样的生死考验……所有的问题汇在一起，大家本来认为自己会听到一曲煽情、丰富、感人的挽歌，可是让他们意想不到的是，他们听到的竟然是一堂财富知识课。

当时因为震后不久，大家还都沉浸在一片伤感之中，陈光标看到满脸伤感的天之骄子，决定跟他们做一个游戏，让他们重新振作起来。他先伸出一只手指问大家："这是几？"

"一！"台下的同学异口同声。

陈光标接着又把手掌摊开，伸出五根手指，问大家："这又是几？"

"五！"台下回答得非常整齐。

紧接着，陈光标两只手齐上阵："我伸出一个手指，又张开一个手掌，这意味着什么？"

……

台下顿时沉默了。

这时，一个热血青年站了起来，他慷慨陈词："你其实是想告诉我们，一个指头的力量很小，但整个手指的力量联合起来，力量就会无穷大，这就如我们在灾难中爆发出来的民族团结精神。"

台下掌声雷动！

然而，陈光标对这个答案似乎并不满意："除此之外，你还能想到什么呢？"

同学们顿时傻了眼，刚才的回答难道还不够精辟和精彩吗？

陈光标看出同学们的疑问，于是直接答道："我们为什么不能认为这是一块钱和五块钱？"

这个回答让同学们一下子都懵了，钱？他们听错了吗？抗震英雄是在跟他们讲"钱"吗？

没错，陈光标就是在跟他们讲"钱"："其实我的道理再简单不过，作为商人，要想到钱，要把一块钱变成五块钱。而在这个过程中，你又需明白，有了钱的时候，就要去帮助别人，每个指头捐一点钱出来，联合起来，这又是另一股强大的力量。当然，你还应看到，其实这都是在一只手上紧紧相连的事情。"

掌声顿时充满整个会场，陈光标给大家上了一堂财富课，那就是要竭尽所能地把一块钱变成五块钱，积少成多，然后可以拿这些钱来做慈善，而慈善又能给财富带来巨大的回报——因为，其实他们是在同一个手掌上，是紧紧相连的。我们的手掌就像是这个社会，我们从社会当中获得财富，然后再用来回馈社会，其实我们回馈的不是别人，而是自己！

第五章 财富如水
DIWUZHANG CAIFURUSHUI

中国首善

陈光标常说："财富如水。如果你有一杯水，你可以独自享用；如果你有一桶水，你可以存放家中；但如果你有一条河，你就要学会与他人分享。"在陈光标看来也只有分享才能实现"水"的价值，也只有分享才能让更多的人体会到得到"水"和传播"水"的快乐。分享无论于人于己于社会都是一件大好事，而好事总是不嫌多的！

"首善"源自于中国传统的教化思想。《汉书·儒林传序》有此名句："故教化之行也，建首善自京师始。"古人认为，首善即为表率，首善者，第一善也，上上善也。但凡称呼中带上一个"首"字，便极易引发争议。一个"首"字意味着在数量上和质量上都达到了最高的位置，这个"最"显然需要经过相当范围的比较。

而"善"是符合一定道德原则和规范的行为或事件，它是社会事物特别是人的行为的伦理价值属性。善是道德范畴之一，其最高目标是德性善，达到这一最高目标取决于人们对德性善的认识高度和实践程度。在经济高度发达的中国社会，对"善"的狭义理解是道德上合乎规范，行动上符合潜在的社会规范；广义上理解它包括人在自然和社会关系中经济的、政治的、道德的、文化的等方面的需要得到满足的实际价值，即是说功利和道德上的正价值都可以称为"善"。在此意义上，"善"在全球化的激烈冲击下成为一种价值观。它是人们在道德规范原则的约束而产生的行为和事件的伦理价值属性，是市场经济高度发展而法治与社会不可能同时进步情况下的一种潜在约束，成为人们追求最高生活目标的指导。

少年极度贫困的经历和父母的谆谆教诲，使成功以后的陈光标总是竭尽所能去帮助别人，做好慈善事业。早在1996年创业之初，陈光标就开始投身于慈善捐助活动之中。那年陈光标刚刚创立南京金威利电子医疗器械公司，一年的收入不到二十万元，就拿出三万元资助安徽一个

九岁的重病女孩。2000 年，陈光标组建了江苏黄埔再生资源利用有限公司，随后着手利用循环经济模型，他在为自己带来倍增效应的同时，找到了自己的价值所在——“创造不止、回报社会”。他认为，捐款捐物是一种慈善，而搞好环保，搞好循环经济，造福社会和子孙后代也是一种慈善，他决心做一个慈善家，用多种方式报效社会。

2002 年以来，陈光标领导下的江苏黄埔公司向南京市公安消防局捐助近千万元，用于消防公益宣传。

2003 年“非典”期间，陈光标又向全国部分省区及江苏各市捐赠了一千三百万元的远红外温度检测仪，而这一年他的公司盈利也不过二千万元。

2003 年以来，陈光标先后捐建了希望小学、光彩小学、博爱小学五十二所，其中江苏丰县四所，江苏泗洪二所，青海玉树藏族自治州四十六所。

2004 年底，东南亚发生海啸，陈光标积极响应国家号召，向海啸灾区捐出了三百万元。

2005 年 6 月，在江苏省“迎十运、献爱心”捐款仪式上，江苏黄埔公司向苏北中小学及贫困地区捐赠教学用电脑二百台，向基层公安系统捐赠警务用车七辆和接待用车一辆，价值人民币二百多万元。

2005 年 7 月 14 日，陈光标参加了“光彩事业巴中老区行暨巴中市纪念红军长征七十周年活动”。在活动中，江苏黄埔公司慷慨解囊，捐资建立了首个“江苏黄埔红军基金”，帮助解决那里的老红军的生活、医疗、住房等方面的困难。此后十年内，江苏黄埔将为该基金每年注入资金三十万元以上。此外，黄埔投资集团还在当地援建一所“老红军文化活动中心”，供老红军休闲、娱乐和健身。

2005 年 11 月 18 日，在江苏慈善总会成立揭牌仪式上，江苏黄埔公司向江苏省慈善总会捐赠六百三十万元款物。

2006 年 1 月 25 日，江苏黄埔公司又向江苏省光彩事业促进会捐赠五百台电脑、三万套校服、二千台助听器及一百万元人民币，捐款、捐物共计九百二十万元。当时的江苏省委副书记张连珍和副省长王湛出席了捐赠仪式。对陈光标的善举，张连珍给予了充分肯定和高度赞扬。

2006年2月1日（农历正月初五），陈光标又到南京市儿童社会福利院看望孤残儿童并捐款二十万元人民币。

2006年4月29日，江苏黄埔公司向江苏省红十字会提供了该会建会以来的最大单笔捐赠——价值一千三百万元的款物，其中教学电脑七百台，校服三万五千套，现金五百万元。这些实物和现金将分别捐赠给青海、四川、重庆、湖南、安徽和江苏等省市贫困地区的希望小学。

2006年6月1日，陈光标再次参加江苏省、南京市慈善总会联合举办的“社会关爱、情系孤儿”慈善活动，并在活动中向南京儿童社会福利院捐赠二十万元人民币。

2006年7月初，江苏黄埔公司向江苏省慈善总会捐款十万元，定向用于“江苏省交通意外专项救助金”的筹备。这是他对自己的慈善事业的又一次领域扩展。经江苏省人民政府支持，江苏黄埔还捐资兴建了“江苏黄埔青少年国防教育基地”，坐落于南京市江宁区禄口镇机场高速公路右侧，占地近二百亩，累计捐资达五千万元，是南京地区进行青少年国防教育的重要场所，对青少年免费开放。陈光标希望通过对青少年进行国防教育，达到寓教于乐的目的，同时积极向社会各界普及国防知识，增强民众尤其是青少年的国防观念。去部队看望战士、慰问官兵，是陈光标常做的事，他热爱国防事业，热爱人民军队。在他的公司里，退伍军人是最先被录用的人员。对于国防教育上的奉献，陈光标有着他自己独特的理解——国家安定才能够专心搞建设，因此促进国防教育的发展，同样也是在为经济建设作贡献。

2006年7月20日，陈光标董事长与长三角投资考察团企业家一行，在青海玉树藏族自治州玉树县第三完小举行捐赠仪式，为玉树州的教育和卫生事业提供了二百八十万元援助，并捐赠了二百套学习用品。

2006年12月，陈光标捐资二千万元发起了“共同的阳光”大型系列公益活动，重点为农村捐建全国一流的古建式老年活动中心、捐建光彩学校、红十字医院、警用弱电监控系统等，还联合江苏省文联组织送戏下乡演出六十场。

2007年5月，陈光标又向江苏省光彩事业促进会、江苏省红十字会和江苏省慈善总会捐赠价值二千六百万元的款物，为江苏公益事业的

继续发展注入了活力。

2008年5月12日四川汶川地震发生后两个小时，企业家陈光标分别从武汉和安徽调集六十辆的工程车，连同一百二十多人的救灾队伍全力向灾区进发。这支队伍日夜兼程，几乎与军队同时抵达了灾区，成为自发抗灾抵达地震灾区的首支民间队伍。他冒着余震、泥石流和山体坍塌的危险，参与打通了通往北川、汶川和映秀的生命线，推出了映秀镇的直升机停机坪。他帮助清理楼板、废墟，救出群众一百三十余人，掩埋遇难者遗体近万具，给沿途遇到的灾区群众发放一百万元现金。他还组织部分机械参加唐家山堰塞湖导流明渠开挖，并在救灾结束后将所有工程机械设备捐给当地政府。“中国首善”之称是这样来的：救回一百二十八条生命，共捐了七百八十五万元现金、二千三百顶帐篷、二万三千台收音机、一千台电视机、一千五百台电风扇、八千个书包……这一个个数字透露的正是被各界称为“中国首善”的企业家陈光标及他的救援队为灾区所做的贡献。

2009年，受全球金融危机下，许多企业经营受到影响。陈光标和他的江苏省黄埔再生资源利用有限公司克服重重困难，再次交出沉甸甸的特殊成绩单：2009年在全国十多个省市拆除、回收、再利用创造的年产值近百亿，净利润四亿一千万元，2009年捐出款物三亿一千三百万元。

2009年1月，陈光标捐资一亿三千万元在南京捐建防灾减灾培训中心，免费为大中小学生、民兵预备役人群普及防灾减灾知识共八十六期，现已超过二万人。培训费用全免，约四百五十万元。

2009年春节期间，陈光标率领一百多位企业家向四川灾区送去近三千一百万元慰问金和近四千万元物资。此外，向全国贫困地区开展送戏下乡活动，共举办六十场，约六百万元。这一年春节，陈光标还在全国欠发达地区送戏下乡六十一场，共计人民币六百万。

2009年2月16日，陈光标通过江苏省教育厅，捐赠一千万人民币及五千台电脑。江苏省政协副主席张九汉、省委统战部副部长李熙诚、江苏省教育厅副厅长祭彦加出席接受捐赠。

2009年3月28日，陈光标与中央电视台著名主持人崔永元到新疆考察，捐赠五百台教学电脑和部分课桌椅。

2009年4月2日，中国人权发展基金会与陈光标共同发起创立了“光标榜样基金”，陈光标捐赠二千万元。全国政协副主席、全国工商联副主席黄孟复出席并接受捐赠。

2009年4月9日，意大利发生地震，陈光标第一个通过中国人权基金会捐赠一百万现金。

2009年5月26日，陈光标通过江苏省红十字会向苏北地区、云南、贵州、四川、新疆、西藏等欠发达地区，捐赠六千台电脑及一千万现金和十部依维柯汽车。江苏省政协副主席、统战部部长周岷，江苏省红十字会党组书记、副会长单加海出席并接受捐赠。

2009年7月5日，陈光标陪同全国政协副主席、科技部长万钢到贵州毕节，捐赠五百台电脑，三辆依维柯汽车，被当地百姓称为“民族骄傲”。

2009年8月8日，台风莫拉克重创南台湾，陈光标闻讯后，在第一时间通过红十字会捐出五百万元给台湾莫拉克台风受灾地区，以表达对台湾同胞的关切和支持。

2009年8月19日，陈光标在南京通过国务院新闻办向内蒙古兴安盟科右中旗人民政府捐赠二百台电脑和一辆依维柯公务车，用以支持当地教育事业发展。

2009年9月16日，陈光标向陕西省延安市捐赠五百台电脑。延安市团委书记张剑接受捐赠。

2009年10月26日，陈光标向青海玉树自治州捐赠六百台教育电脑。教育局副局长肖玉平接受捐赠。

2009年11月23日，陈光标通过中国人权基金会向西藏、内蒙古、青海、贵州、云南、四川等省区捐赠教育事业一千一百万整，教学电脑四千一百台。中国人权基金会副秘书长刘威出席并接受捐赠。

2009年12月5日，陈光标为南京百万空巢老人关爱志愿服务捐赠二十万元，用于关爱空巢老人志愿服务项目。南京市委常委、宣传部长叶皓出席并接受捐赠。

2009年12月底，针对江苏冰雪灾害天气来袭，公路、机场等主要

交通枢纽堵塞造成的危害，陈光标提前购买了20台铲雪车以备应急使用。

2009年解决了公司部分特困家庭孩子上学费用、医疗资助费、父母医疗帮扶费等三百八十一万元。

2009年，陈光标为全国各地拿到大学录取通知书却无力支付学费的贫困学生和因贫困无力治疗的病患青少年儿童以及养老院、孤儿院、残疾人捐赠，约五百一十六万元。

2010年1月13日，通过中国人权基金会向海地地震灾区捐款一百万元人民币。

2010年1月14日，通过江苏省慈善总会向八名海地地震遇难中国维和警察家属捐赠四十万元人民币。

2010年春节期间，陈光标带领全国企业家光标榜样爱心慰问团，分五个小组共二百三十七人，分别在云南、贵州、四川、新疆、西藏等五省区进行了春节慰问活动，总共发放红包近十万个，合计人民币七千一百万元。此次活动共有二千七百八十人捐款，包括企业家、公务员、普通农民等。陈光标个人捐赠了三百万元。

2010年春节期间，送戏下乡五十场，花费约五百万元；向江苏省特困家庭捐赠食用油二百五十吨。

2010年2月28日下午，陈光标通过中国红十字会向智利地震灾区捐赠一百万人民币。

2010年西南抗旱，捐款捐物共计约六千七百万元。

玉树地震，捐款捐物共计约四千三百万元。

2010年舟曲特大山洪泥石流灾害，共捐款捐物约三千三百万元。

2010年江西、福建等地发生洪涝灾害，江苏黄埔公司提供了二十七台设备、五十三个操作手参与到抢险中去，仅大型机械所消耗燃油费就达到约三百万元。

2010年5月28日，向江苏省光彩事业促进会捐赠一千万元现金，用于支持西部地区教育事业。

2010年8月，通过中华慈善总会、江苏省光彩事业促进会公益中国爱心联盟向舟曲泥石流捐赠一千万元、五千台电脑。

2010年8月11日，为支持新疆教育事业捐赠电脑一千台。

2010年8月13日，向贵州安顺市西秀区七眼镇夏官小学捐赠电脑五十台。

2010年8月31日，通过中国光彩事业促进会向巴基斯坦水灾捐款一百万元人民币。

2010年9月28日，捐款一百三十万元修建南京紫金山登山道。

2010年10月18日，捐款六万元资助大学生发明智能交通信号灯。

2010年10月26日，通过中国光彩事业促进会向福建台风灾区捐赠一百万元现金。

2010年11月12日，支持西北地区教育事业发展，捐赠五百万现金、一千台电脑。

2010年11月12日，向高邮市菱塘回族乡人民政府捐赠二十台电脑。

2010年11月12日，向南京市六合石竹镇小学捐赠二十台电脑。

2010年11月12日，通过个人微博向网友捐赠电脑五十台。

2010年11月13日，向江苏省慈善总会捐款六十万元。

2010年11月29日，给南京环卫工过生日发红包及羽绒服约四万元。

2010年12月17日，向香港志愿者黄福荣家属捐款十万元。

2010年12月29日、30日，在有近九千名企业家参加的上海“亚洲超越极限年度盛典”和北京“学习型中国—世纪成功论坛”上，作为演讲嘉宾，陈光标呼吁企业家们：在新春佳节即将来临之际，共同关心社会弱势群体。仅仅一周时间就有数百名企业家积极响应号召，捐赠了近两万件羽绒服，以及人民币约三千万元。

2010年12月31日，在云南卫视《地球之声》大型跨年晚会上，捐赠十万元，用于支持生态环保项目。

2010年，陈光标还向一些集体和个人提供了数额不等的捐赠：向中国青年基金会捐赠八百万元；向阳光文化基金会捐赠五十万元，用于中国企业家慈善培训工作；向南京市总工会捐赠五十万元，用于奖励特困劳模、帮助特困户；向“关爱空巢老人”志愿服务项目捐赠二十万元；向南京广电集团捐赠十万元，用于环保公益宣传；向中国志愿服务基金会捐赠五万元；奖励“文明之星”先进个人十万元；解决了来自全国各地求助的贫困大学生一百七十六名，帮助他们顺利入学；解决了八十三例全国特困家庭孩子生病治疗难题，计五百七十万元。

由陈光标捐建的南京黄埔防灾减灾培训中心，2010 年免费为大中小学生、民兵预备役人员普及防灾减灾知识培训，培训近二万人，培训费用全免，花费约七百万元。今年以来新增大型救援设备器械共花费一千七百六十五万元。

上海世博会期间，陈光标组织全公司四千六百名员工分批分期参观世博，每人一千元，花费四百六十万元。此举既让员工们开眼界长见识，了解世界及高科技，又培养了团队凝聚力，员工们都表示很开心。

创业十二年来，陈光标累计向社会捐赠十六亿元，约六十万人从中受益。

2008 年 4 月 26 日，“2008 中国慈善排行榜”在京揭晓。在中国富豪榜排不进前八百名的企业家——江苏黄埔再生资源利用有限公司董事长陈光标，却以一点八一亿元的年度捐赠额获得“中国首善”的称号。

2009 年 4 月 24 日，“2009 中国慈善排行榜”在京揭晓。陈光标荣膺中国慈善排行榜的最高奖项“最具号召力的中国慈善家”称号。

2010 年 5 月 10 日，“2010 中国慈善排行榜”出炉，全国道德模范、江苏黄埔再生资源利用有限公司董事长陈光标再次荣获“中国首善”称号。

俭朴本色

权贵中的“非主流”，富人堆里的“穷人”——陈光标每年捐出收入的近50%做善事，不断挑战着同类人的神经。陈光标正以自己的实际行动，改写着既得利益者的形象。

随着“富二代”阶层的高调“崛起”，他们的父辈也被带到了镁光灯下。这些“富一代”是中国真正意义上的富豪，只不过他们行事往往低调，不像他们的子女那样喜欢把富贵摆在桌面上。

不爱炫耀并不代表他们没钱，更不代表他们的生活没有品质，其实市场上大部分的奢侈品都是为他们和他们的子女们准备的。富人的生活越来越高端化，“豪门”的概念逐渐回到人们的视线当中。

和这些生活在豪门中的富豪相比，陈光标虽然也很有钱，但算不上一流富豪。而且和他们相比，他的生活俭朴，思想单纯，个性张扬，悲天悯人，显得尤为与众不同。

说他生活俭朴，是因为他是那种一个鸡蛋、一粒米饭都吃的很认真很干净的人，平常最多的时候就是跟自己的员工一起吃食堂，吃的饭菜也别无二致。

说他思想单纯，是因为在这个经济生活高度发达，人们思想活跃的多元年代里，他却一心想成为“雷锋”，成为时代的楷模，他把做好事当成己任，并且想把这种想法发扬光大，让所有的人改变自己的财富观念。

说他个性张扬，是因为他总是高调做慈善，而且屡屡挑战那些为富不仁的富豪。他自掏腰包给村民放电影，放的全是革命英雄；他为了保护青蛙而跟同学打架，用“武力”威胁别人不再做坏事；他用鼻涕黏贴象征荣誉的小红心；他做了好事到处说，别人忘记送证书锦旗他还直接要；他身为富豪却不抽烟不喝酒不逛夜店……跟主流的富豪们比起来，陈光标的行为无疑太土太怪异了些，没有一点富豪的样子，完全可以称为富豪中的“非主流”！

但正是这么一位“非主流”却不断挑战着富豪们的底线——鼓动所有富人放弃中国“子承父业”的五千年传统，把自己辛苦建立的家业赠与社会。这种行为当然会引起巨富们的“反感”，他们会想：“他陈光标算什么，凭什么要求别人放弃自己的家业，跟他一样玩儿‘裸捐’？”

的确，在比尔·盖茨和巴菲特邀请的五十多位富豪中，陈光标的确是最“穷”的一个，他所拥有的财产远没有那些真正意义上的富豪多。不过，无可否认的是，这最穷的一位捐出来的钱财却不比他们任何一个人少。

陈光标用自己一次次的壮举挑战着一些“守财奴”和“铁公鸡”的极限。他要的不是 1% 式的细水长流的捐款方式，他身体力行的是每年近 50% 的豪捐；他做的不是象征性的口头承诺，而是亲赴现场，直接给钱的最原始也是别人看来最“费力不讨好”的给钱方式。

有人评价，陈光标这个不小心扎进富人堆里的“穷人”，搅乱了他们的生活，挑战着他们的神经。他在他们集体装聋作哑的时候挺身而出，给他们一记“当头棒喝”，让他们的私心无处躲藏。面对别人的质疑，他回答地很诚恳：“作为一名企业家，我认为有责任和义务去回报社会。牢记恩情，为他人、为社会做些事情，这将是我人生最大的快乐和最明智的选择。”

不论别人怎么看，他都义无反顾地做着自己认为正确的事情，并且希望自己的行为让那些真正的富人转变思想，拿出更多的财富跟大家分享。这样做究竟是对是错，不同的人有不同的看法，这跟每个人的思想境界有关，但是如果大家硬要指责他的行为是错的，那只能说明你的视野还不够开阔，境界还不够高，也许你需要好好检讨一下了！

天壤之别

哪里有灾难，哪里就有陈光标！这铁一般的定律背后，熔铸着陈光标数十年如一日的慈善情怀。一个连南京首富都算不上的商人，却能以对社会巨大的贡献成为中国首善，这其中的差距，令人感佩，亦令人深思。

一元八角是陈光标人生当中捐出去的第一笔善款。它的直接服务对象是“邻居家的小喜子”，他帮他交上了学费，让这个差点因为交不起学费而辍学的小伙伴重新回到了课堂上。当时的陈光标刚刚十岁，而那也是他所挣的第一笔钱。

陈光标为所有的人所熟识，是从2008年的那一场天灾开始的，他不仅亲赴抗震第一线，而且更因为年度捐赠一亿八千一百万元款物成为“中国首善”。当时的陈光标既不是中国首富，也不是江苏首富，甚至连南京首富都算不上，可是就是这样一个什么“首富”都不是的人却成为了中国首善，这让所有的人感到震惊。

从一元八角到一亿八千万元，陈光标在他的慈善之路上越走越远，越走越宽。当然，人们看到了他的一亿八千万元，却并不知道他的一元八角。而在这相差一亿倍的捐款中间，还有多少的捐款是人们所看不到的呢？

毫无疑问，陈光标的捐款不是从一亿八千万元才开始的，更不是从他成为有钱人以后开始的，而是从一元八角开始的。而一元八角之后，和一亿八千万元之前呢？抛去成为企业家之前的那些不算，单是后来有记录的捐助，陈光标到2010年上半年的捐赠总额已经超过十三亿。这其中包括，公司第一次盈利不足二十万时就捐出去的三万元，包括第二年盈利六十万时拿出去的二十八万，包括2002年向南京市公安消防局用于消防公益宣传捐助近千万元，包括2003年抗击非典时捐赠的八百台远红外线温度检测仪和二百万元现金，包括2004年东南亚海啸捐赠的三百万元，包括2003年以来捐建的希望小学、光彩小学、博爱小学，包括向贫困地区捐赠的电脑、校服、助听器等各种钱物，包括后来的汶川地震、玉树地震、舟曲泥石流等各种各样的捐助……在灾难发生后陈光标也总是第一时间捐款和赶去救援，他似乎对做好事有一种天生的敏感，每次都是当别人还没反应过来时，他已经冲出去了老远。怪不得大家都说他做好事已经“上瘾”了，哪里有需要，哪里就有陈光标！

陈光标觉得一个人来到这个世界，就是“赤条条地来，赤条条地去”，来的时候一无所有，去的时候也带不走分毫。在自己活着的时候多做点好事，死去之后把身外之物捐献给国家，这对国家和社会都是有意义的事，虽然自己没有把财产留给子孙，但是却让子孙活在他的荣光之下，而且自己现在做的事情已经是在造福后代了，对于后代子孙不也同样是有意义的事情吗？

所以，陈光标似乎天生就有一副菩萨心肠，只要有人需要他就会情不自禁地伸出援手。不管是一亿八千万元的大事还是一块八毛钱的小情，陈光标一直是在用自己挣下的真金白银实实在在地做着好事，泽被越来越多的人。尽管这些人偶尔也让他感到“头痛”……

收藏烦恼

求助，求助，求助！超过陈光标承受范围的民间求助如潮水一般涌来，除了让我们的英雄感到不堪重负外，不也折射出这个社会里能够济贫扶弱的力量实在太稀少了！

陈光标每天都会收到来自全国各地的各种各样的求助信超过一千封。很多求助的人甚至经常堵在他办公室门口。全国各地单是直接上门求助的每天就有二三十个，连南京当地的出租车驾驶员几乎都知道陈光标公司的地址，只要人家一说陈光标的名字，出租车驾驶员就会直接把对方带到他公司的楼下。

求助的人太多了陈光标有时也难免会苦恼，他苦恼的不是求助的人多，而是求助的人和事有时候太不靠谱。陈光标举过这样一个例子：

一天中午一点钟，我接到北京的一个电话，说是要把我的名字刻在长城上面。对方说："喂，你是陈光标吧？"

我说："请问你哪里？"

对方说："我是北京什么什么协会的，听说你是大慈善家，我们要把你的名字刻在长城上面，费用不多就是八十万，以后所有到长城的人都能看到你的名字。"

我说："这个事情我跟陈总汇报下，我是陈总的秘书小杨，但是我告诉你，我们公司陈总有个规定，除了去帮助家庭比较贫穷的孩子，上不起学的孩子实在有困难的，比如说你自己一些好朋友，上不起学，你可以马上跟我们讲，我马上跟陈总讲，这个我们一般都解决的。其他的

费用公司一般都不付，我希望下次这个电话你不要打了……”

每当遇到这样的情况，陈光标都会“冒充”自己的秘书，拿秘书做挡箭牌来拒绝对方。这还只是电话要钱的。遇到上门求助的就更麻烦了。

有许多上门求助者甚至拉着他不让他走，有时候钱给的少了还遭遇破口大骂，有的人张口就要几十万，如果陈光标给的少了，对方就会不满意，甚至出言不逊地加以指责，骂他伪善，骂他名不副实。由于上门求助的人实在太多，搞得陈光标有一段时间都“不敢”到公司上班去了。

陈光标“不上班”不要紧，远在老家农村的父母却因此受到了“牵连”。很多求助者找不到陈光标就直接去找他的父母，陈光标的父母要免费接待这些求助的人，还要支付来回的路费，每年仅吃饭和路费就支付二三十万。这些钱陈光标当然会额外给父母拿出来，但是老人受到困扰也是那么让人无奈。

陈光标并不愿意把自己的这些困扰说出来，因为他害怕别人知道之后，会觉得“原来陈光标做慈善有这么大的烦恼”，从而放弃做慈善的念头。

毕竟一个人的力量是有限的，有时候陈光标也会感到力不从心和别人不理解的失落，但是只要一想起自己有那么多的荣誉，想起自己曾经帮助过那么多的人，他就又会立刻开心起来。毕竟瑕不掩瑜，烦恼只是慈善道路上的小插曲，慈善带给他的快乐才是最主要的，因为有那么多人等着他去帮助，还有那么多人在他的帮助下获得了新生！

传播爱心

五万块钱就改变了一个失足青年的一生。

让爱传递下去，正是陈光标的慈善目的。

陈光标一直这么说：我在传播的是一种理念，通过这种理念来唤醒人们的灵魂与良知，并且唤醒这个社会的公平与正义。在陈光标的理念感召下，一些在社会上曾经不务正业的人被感动了，很多人真的按照他的指引走上了正途。

一个山西青年，一度违法乱纪被关进了监狱。出狱之后本来想改邪归正，但是苦于大部分的人都戴着有色眼镜，不肯对他敞开大门。这个青年找了一年多工作都没有找到，期间还遭受了很多的白眼和中伤。他开始对这个社会失望和痛恨，而且自己一直没有工作，没有收入，再这样下去非得饿死不可。于是为了报复社会和解决生计，他决定重操旧业，买来一把菜刀磨得锃光瓦亮，准备第二天出去抢劫。

说来也巧，就在他准备抢劫的头天晚上，他一边喝酒一边看电视，刚好看到央视对陈光标的专访——《陈光标：人性的光辉》。这个年轻人看了之后哭得稀里哗啦，他深深地被陈光标感动了。后来他通过别人查到了陈光标地址，给他写了一封信。陈光标的下属看完信后立刻交到了他的手上，因为陈光标特别交代过，凡是情况特殊的信件一定要交给他亲自过目。

陈光标看完信后，了解了对方的具体困难，然后按照对方的联系方式亲自打电话给这个年轻人，这让年轻人激动万分。虽然自己心中也有期待，但是他万万没想到陈光标对自己的事情这么重视，还亲自打电话给他。

在电话中，陈光标邀请他到南京来，承诺给他提供帮助。见面之后，陈光标进一步认识了这个年轻人，他相信他的经历是真实的，更相信他的本质不坏，愿意拉他一把。陈光标亲自陪这个年轻人在南京逛了一天，

临别的时候拿出五万块钱来让他去创业，做些小本生意。年轻人感动得说不出话来，但他坚持要给陈光标打个借条，日后一定把这笔钱还上。陈光标拒绝了，他表示，给他钱不是要他日后回馈什么，也没打算要回来，如果对方能够改邪归正就是对他最好的回报了。

年轻人还真没有辜负陈光标的期望，他回家之后用陈光标给自己的钱做起了小买卖。他拉着板车不辞辛苦地跑到市场上去进来蔬菜水果和一些小商品，走街串巷地叫卖。他把和陈光标的合影放大放在自己的板车上，把受陈光标的影响和帮助的实际写在上面，让大家知道当初是“中国首善”陈光标帮助了自己，才没有让他再次走上邪路，才让他有了独立创业的资本和重新做人的机会。

这是一个非常聪明的年轻人，做生意也懂得变通，他把批发来的蔬菜，在普通小区每斤赚一毛钱，到了高档小区就每斤赚三毛钱，由于自己的勤劳又肯吃苦，每天都有两百元左右的收入进账。一年之后，他的经营有了起色，成本都收了回来。他给陈光标打来电话汇报自己一年来的生活和成绩，并且要把当初陈光标借给他的钱还回来。陈光标说：“这钱我不要了。你现在还没找老婆，这些钱留给你继续积累。你好好干，吸取经验总结教训，想想怎么把小板车换成大货车，继续做大做强。有需要我支持的地方你不要客气，一定告诉我，我会继续帮你。”

年轻人听了感动的不得了，他再一次领略了“中国首善”的胸怀和品德。陈光标不仅把他从歪路上拉了回来，解决了他的温饱问题，还让他有了自己的事业和生活，尽管这事业不大，生活也还很朴素，但这绝对是一个良好的开始，他的人生因为陈光标的出现彻底改变了。这是他的幸福，也是陈光标的希望，更是慈善的最终目的——让更多的人过上好日子！

善解人意

三万块钱与不肯露面的受助人。

求施不求报，乃是陈光标的慈善态度。

作为一个慈善家，陈光标无疑是善良的，但是人们却不知道在这份善良背后还藏着一份善解人意。他愿意帮助那些上门求助的人，更愿意看到他们的心愿达成后的那份快乐，当然，如果这份快乐他们不愿跟人分享，陈光标是绝对不会强迫的。

曾经有这样一个安徽女孩，她患了白血病，家里的经济状况并不太宽裕，加上已经住院好长时间，家里的积蓄几乎花光了。最后她实在没有办法，只好向社会求助。陈光标知道这个消息后立马带着三万块钱赶到医院，亲自交到了女孩父母的手中。女孩的父亲接到钱后，扑通跪在了陈光标的面前，感激的眼泪流得满脸都是。

当时是 1997 年，陈光标的公司刚刚渡过危机开始盈利，他当年的收入大概是二十万，却毫不犹豫地拿出三万块钱去帮女孩一家。而且他临走的时候连姓名电话和地址全都没有留。那时的陈光标还不像现在这样尽人皆知，而且当时给女孩的三万块也是他创办企业之后的第一笔善款。

因为是他作为企业家之后的第一笔捐款，所以陈光标在后来接受媒体访问时提起过此事。记者知道后就开始查访这家人，希望在后面做节目的时候可以把他们找来，一起讲一下当时的感受，谈谈这些年的生活和感悟。当媒体找到这个女孩表达自己的来意后，女孩承认自己就是陈光标当初帮助过的那个白血病患者，但是她拒绝了记者的邀请，并不打算跟自己的恩人一同出镜，女孩的父母也非常反对女儿再出来说这件事情。

记者感到非常郁闷，也替陈光标感到不值。他后来问陈光标："当初你救了这个孩子一命，她现在却不愿意站出来在电视前接受采访，你对此感到吃惊和失望吗？"

陈光标非常淡然地回答："这样的事我听到不吃惊。为什么呢？因为当时她得白血病在省中医院的时候，只有九岁，那时是 1997 年，现在是 2007 年，她已经十九岁了，她可能会出于自己的考虑，不愿意把小时候得病的事情让大家知道，她这种考虑应该也是对的，她在心里面感激我，这种感激之情，我想应该有的，她会永远记住有这么一位叔叔，曾经在她得白血病的时候，帮助过她三万块钱，她在心里面会记住我，这就够了。"

当时在场的嘉宾感慨地说："您的这份善良里面确实还包含着一份善解人意，就是对对方、对各种人内心感受的那种理解。我想这也是你后面这些行为的一个解释，为什么会是这样？"

陈光标是善良的，他是那么善解人意，能理解别人的难处和苦衷。他并不认为把别人的感激当做自己炫耀的资本是一件多么光彩的事，更何况如果这种"光彩"是建立在别人的难堪和痛苦之上的话，那他就更加不能允许了。这就是陈光标，一个善意又善解人意的慈善家。

多重身份

做好人难，做高调的好人难上加难。陈光标这些年来屡屡遭遇“好心没好报”的责难与非议，非但没有凉了他的一副热心肠，反倒更坚定了他扭转不良习气、树立道德典范的决心。

以做好事出名的陈光标，如今真的成了这个时代的“标杆”，他的善举被越来越多的人认可，他被当成全国的道德模范成为人们交口称赞

和竞相模仿的对象。

当陈光标把慈善当成终身事业，并且为这一事业而奋斗的时候，慈善也同样回赠给他，他得到了无数褒奖：“全国抗震救灾英雄模范”、“全国五一劳动奖章”、“中国十大杰出志愿者”、“抗震救灾英雄志愿者”、“抗震救灾先进个人”、“中国光彩事业突出贡献奖”、“中国红十字勋章”、“中华慈善事业突出贡献奖”、“中华慈善人物奖”、“支持红十字事业突出贡献奖”、“中华慈善奖特别贡献奖”、2008CCTV“经济年度人物”等大奖、2009年“最具号召力中国慈善家”……

陈光标被无数的荣誉光环笼罩着，这些荣誉是很多人梦寐以求的。不过大部分的人都只看到了荣誉本身，看到了陈光标一人独占了这么多项的荣誉，却不曾想过陈光标为此付出的代价。

陈光标说自己只是一个普通人，但是一个普通人一旦有了荣誉想再普通下去自然也就很难了。他无时无刻不活在阳光之下，而活在阳光之下的人是不能有“阴影”的。这也让陈光标时刻“如履薄冰”。他说：“我这个人做人比较低调，做好事很高调。我每天只有进了家门以后心情才能完全放松下来。只要出了家门，我就认为东南西北有四个探头在对着我。为什么？因为我想做一个好人的榜样，我的言行举止要引领带动更多的人做好人，这是我所要追求和所要做的，所以我不能让自己出错！”

是的，陈光标要做一个好人，还要做好人的榜样，榜样又怎么能够出错呢？但是这样严格的要求搁在每个人身上都难免觉得累，但是陈光标却觉得这是值得的。

做好人是要付出代价的，做一个高调的好人更是如此。除了要时刻保持最好的形象和最佳的状态之外，还要承受来自各方的“考验”。这种考验包括全国各地的求助者，包括各种各样的怀疑和人为制造的各种麻烦。

陈光标的给钱方式是非常直接的，他一般不会把钱交到各种慈善机构，而是直接送到需要帮助者的手中，他觉得这种方式是最快最见成效的，而且他也能亲眼看到钱的去向和钱起到的作用。不过这样做也有一个麻烦，那就是求助者的良莠不齐甚至鱼目混珠，其中也不乏一些混吃混喝直接骗钱的。陈光标曾经也受过不少骗，好在他现在学聪明了，学会了对求助者进行“甄别”，而且专门成立了一个五人的甄别小组，对求助信件进行筛选，对求助者的身份进行调查，最大限度地保证那些真正需要帮助的人得到实惠。陈光标根据实际情况力所能及地解决了其中许多问题，为此共花费二千一百多万元。他说：“我捐赠的对象主要定位在只雪中送炭、不锦上添花，定向在基础教育、孤残儿童、老少边穷和突发灾难四个方面。”

可是这样一来问题也来了，一些不符合要求的人开始不满意了，在他们的意识当中，陈光标就是有钱人，不差这仨瓜俩枣的，你有钱给我是应该的。但是如今却被拒之门外，或者达不到自己的预期目标，那他们当然就不痛快了，我不痛快又岂能让你痛快？于是谩骂、指责什么难听的话也就来了。

难听的话还是小事，更有许多人开始对陈光标的人品产生怀疑，人们觉得他短短几年时间就能赚到几十个亿，里面肯定有“猫腻”。有人甚至造谣说他是走私毒品，贩卖军火的。老家一些邻居和乡亲觉得他给外地动辄几千万地捐，为什么不把钱都捐给家乡呢？于是，也有人觉得他做好事是在作秀，甚至怀疑他的钱来路不正。于是，一出让人哭笑不得的事情发生了。陈光标拿钱给家乡修路，搅拌泥沙时人家不给他用水，让他从几公里之外的地方买水。更有甚者，少数人还去当地执法机构举报他。陈光标说：“我这么多年做好事，可能会得罪一些人。每年都会有工商、国税、地税去查我。”

诸多的指责、不理解，甚至使绊子都没有让陈光标退缩，因为他知道自己是清白的，自己赚的每一分钱都是干干净净清清白白的，他不怕别人去查，政府每查一次只能又一次地证明他的清白，如果他真的有问题现在也就不会这么理直气壮地站在大家面前了。所谓“真金不怕火炼”，真正强大和有实力的人是应该理直气壮的。

陈光标对自己展现在世人面前的形象是满意的，因为他问心无愧。对于以往被资助者中不懂感恩的，陈光标并不计较：“反正是贫苦人家的，多要点就多要点吧。”一向笃信佛缘的陈光标并不要别人都感恩，因为感恩之心并不是所有的人都具备的。所以这么多年来他一直致力于

慈善，尤其是教育事业，因为他明白一个民族道德的缺失教育是最大的根源，也是最终的解决方案。

陈光标会一如既往地致力于他的慈善事业，他说：“我想告诉大家的是，我捐的不是钱，而是一种理念，通过这种理念来唤醒人们的灵魂与良知，并且是在呼唤这个社会的公平与正义。因为，我看到了这个世界上越来越多的人睁眼闭眼就是钱和权，忘记了什么是尊严，失去了人性，这让我非常寒心。我所捐的十三个多亿，帮助了七十多万贫困人口，其实，我看重的并不是这些钱，我捐十三个多亿跟普通百姓捐十块钱是一个道理，主要想通过个人的亲力亲为来影响带动更多的人行动，让更多的人得到帮助，这才是我觉得无比快乐的事。”

上善若水

用行为影响一帮有影响力的朋友去行善，遭遇冷落与指责却从无怨言——陈光标以身体力行将老子的“上善若水”论诠释得淋漓尽致。

老子说：“上善若水。水善利万物而不争，处众人之所恶，故几于道。”

陈光标说：“财富如水，应该学会分享。如果你有一杯水，你可以独自享用；如果你有一桶水，你可以存放家中；如果你有一条河，你就要学会与他人分享。”

都是说水，只不过一个说的是善良，一个说的是财富。陈光标的财富观就是把它变成水，而且是能够跟别人分享的河水。而他的这种善良和义举却印证了老子的“上善若水”理论。

“我认为一个人活着，能让更多的人得到幸福，他的人生才是幸福的。”陈光标说，“我陈光标今年四十二岁了，算是中国的富人，但我绝不做财富的守财奴。我个人觉得，如果在巨富中死去是一件很可耻的事情。我要做一个富而有德的人。”

“富而有德”是陈光标对自身的要求和他做慈善的初衷，也是一个富人的良知。他希望所有的人都像他那样去做慈善，他认为慈善事业不应该是“细水长流”的，而应该是“波涛汹涌”的，他真的很愿意自己的财富之河能够泽被更多的人，更愿意看到所有的“财富之源”都能够开放出一条河流，跟他汇合一起汇入大海，形成巨大的社会财富，分配到真正有需要的人手中。

当然，这只是他的期望，他并不强迫别人都跟自己一样去这么大手笔地做慈善，尽管他是多么期待看到那样的结果。但是他也知道这是强迫不来的，所以他只希望通过自己的身体力行让更多的人去认识他的慈善理念并投入到慈善事业当中来。

在他的带动下，确实也有越来越多的富人受到了正面的影响，他们对陈光标说：“你总是这么三六九、二五八地捐钱，我们再不捐都不好意思了。”每年春节，都会有一批志同道合的企业家与陈光标一起远赴我国贫困地区进行慰问。

当然，如此高调的行善很多人也不理解，说他这是作秀，说他是沽名钓誉。他自己一点也不在意，继续他的行善之路；自己帮助过的人不懂得感恩，嫌不给了，嫌给钱给少了，或者问题解决就销声匿迹了……所有这些，陈光标都没有抱怨过。他的善良、善意和善解人意支撑着他继续按照自己的理念去做自己认为正确的事情。即使在被别人公开指责和批评的时候，他都不曾怨恨过对方，也从来没有对社会和人性失望过。这恰恰印证了老子的话：“水善利万物而不争，处众人之所恶，故几于道。”他的善良像水一样滋润万物，却不与万物相争，身处众人都不喜欢的地方也毫无怨言，遇方则方，遇圆则圆，蕴伟大于无形，不拘一格、自然从容，所以他的品质才能最大限度地接近正道，成为时代的楷模。

第六章 浪漫老公

DILIUZHANG LANGMANLAOGONG

所有的人都知道，陈光标从汶川大地震中亲自背出二百多具遇难者遗体；所有的人都知道，陈光标是一个在短短的几年当中就捐赠了十几亿款物的大慈善家，所有的人都知道，陈光标凭借自己的高调行善感动了中国，但是未必所有的人都知道陈光标还是一个对妻子一见钟情，十几年如一日地把“我爱你”挂在嘴边的不折不扣的浪漫丈夫。他跟妻子从相识到相知到相守的每一段经历都是一首首浪漫的恋歌，只要听了的人都是会被感动的，比如看到下面故事的你！

一见钟情

桥头的一点火，竟然是从一对漂亮的耳朵那里点燃的。首善的爱情奇遇记，开始得也是那么与众不同。

1996年对于陈光标来说是意义非凡的一年，在这一年他认识了自己的妻子张婷，展开了一段浪漫而美好的恋情。他们之间的爱情故事是从一次奇妙的邂逅开始的：

那是一个夏天的傍晚，陈光标拿着一副彩色胶卷兴冲冲地来到路边的一家照相馆去洗相片。在等待的过程中，他开始研究身边站着的同样在等着洗照片的女孩儿。那是一个长得非常漂亮的女孩儿：宽宽的额头、白皙的皮肤，以及一对漂亮的耳朵。

陈光标是这样形容女孩儿的耳朵的：“我从来没有见过有女人的耳朵比我夫人的耳朵还大的。”当然，这并不是说陈光标的夫人长着一对大大的招风耳，见过张婷的人都知道，她的耳朵的确生得非常漂亮，柔软而圆润，尤其是耳垂更是可爱饱满，陈光标说她耳朵大指的恐怕是她那对漂亮的耳垂。

看到这样一个漂亮的姑娘，陈光标很是心动，他决定跟姑娘搭讪，而姑娘的耳朵恰恰成了最好的话题。陈光标以耳朵为题对张婷说：“小姐，你这个耳朵长得蛮大蛮漂亮的嘛！”

张婷转过头好奇地看向这个陌生人，说道："你会看相？"

陈光标顺水推舟，立刻说："是，我会看相。"

说着就用手去摸张婷的耳朵，这个有些"轻浮"的举动却并没有吓到张婷，或许她真的以为眼前的这个男人是个看相的吧，于是就任由他摸着自己的耳朵足有五六分钟的时间。

陈光标一边摸着张婷的耳朵，一边"瞎掰"："你这个人啊非常的善良，非常直爽……"陈光标捡着好听的话去夸这个让自己心仪的女孩。

而张婷却非常单纯并且深信不疑："对，我这个人就是非常直爽……"

两个人越聊越投机，还互相留了联络方式。因为那个时候没有手机，所以相互留的是Call机号码。而这也正是他们以后传情达意最有利的工具。

临走的时候，陈光标乘胜追击约女孩去马路边的茶馆喝茶聊天，就这样两人认识了。在以后的日子里，陈光标一有时间就约女孩喝茶、看电影，两个人逐渐坠入爱河……

可以说，陈光标的爱情来得非常自然，远比很久以前的那段无果而终的"初恋"要顺利得多。照相馆里的一见钟情让两颗年轻的心走到了一起，不要以为一见钟情只是一时的心潮澎湃，这次一见钟情并不像多数爱情故事里那样不了了之，它是真正开了花结了果的，它的出现为以后那段温馨、浪漫而又美满的婚姻正式拉开了大幕……

旺夫美人

一个成功的男人背后，必然有一个伟大的女人。一位大度的慈善家背后，必然有一位更为慷慨的慈善家的妻子。很难想象如果当年与陈光标结合的不是张婷，他还能否成就今天的一番令名？

照相馆里的一见钟情让陈光标和张婷走到了一起，也让他第一次尝到了真正的爱情的滋味。像所有恋爱当中的情人一样，两个人的交往充满了甜蜜的爱情回忆。

不过，好景不长，在交往了一个多月后，当时正在做医疗器械的陈光标生意变得很不景气，连工人的工资都发不出来了。这让正在品尝甜蜜爱情的陈光标心里掺杂了苦涩的味道。自己赔钱不要紧，拖欠工人工资却不是他陈光标该做的事儿。

张婷看到发呆发愁的陈光标，了解具体情况后，二话没说从银行里取出自己的所有存款，三万五千块钱全部交给陈光标。这根本是在陈光标没有做任何要求的情况下去做的。不仅如此，她知道这些钱还不足以弥补陈光标的资金漏洞，又跑到家里去游说自己的父亲说："我看到一只非常好的股票，现在投资稳赚！"聪明的张婷以炒股之名成功地从父母那里"骗"来五万块钱帮陈光标顺利渡过了难关。

当时那个炒股借口虽然只是骗人的幌子，但是如今看来，陈光标的的确确是一只升值空间超强的"潜力股"，不是吗？

陈光标用女友张婷给的钱把当月工人的工资全都发放了下去。可以说，在很大程度上张婷就是他的贵人，她的慷慨、大方比陈光标有过之而无不及，从某种意义上来说，她比陈光标更加具备慈善家的潜质，她的倾其所有和完全信任不正是一个地道豪放的女慈善家所为吗？这也是为什么张婷在以后陈光标发家之后，动辄几百万，几千万，几亿地往外捐款时，从来都默默支持的原因所在。陈光标说她对金钱没有概念，其实更重要的原因应该是她本身就是一个豪爽又善良的女孩，陈光标当初的“相面”果然是没有相错。

这样一个善良的女孩儿彻底虏获了陈光标的心，如果说当初只是被她的容貌所吸引，交往的过程当中是被她的性格所吸引，那么现在则是真正被她的品质所折服，这么好的一个姑娘不赶紧娶回家还更待何时？

陈光标要求去见女孩的父母，女孩的父母看到陈光标之后也是非常喜欢，觉得这个小伙子不错，看着像个好人，而这一家人毫无疑问欣赏的就是好人。所谓“不是一家人不进一家门”用在这里再恰当不过了。而且女孩和她父母的大度程度远远超过了一般人的想象。两个人连结婚酒席都没摆，领了个证就算是结婚了。没有任何的仪式，连婚纱照至今都没有照过。而妻子却从来没有抱怨和要求过，这种魄力和大度恐怕现在的女孩是没有一个能办到的吧！所以，才有人对陈光标说：陈光标是全国人民的慈善家，而张婷是陈光标的慈善家。张婷对陈光标的无条件付出让周围所有的人感动和羡慕着，她用自己的一笔笔金钱和情感的“善款”支援着陈光标的事业和家庭，免去他的所有后顾之忧，让他能够自由地全身心地投入到自己的事业、慈善和环保当中去，能娶到这样一个“女善人”，不知道是不是陈光标上辈子修来的福分呢？

贫贱夫妻

贫贱夫妻不相怨，富贵夫妻不相疑。陈光标夫妇十几年如一日恩恩爱爱，为当代年轻人提供了一个可供学习的范本。

陈光标曾经不止一次地对采访自己的媒体宣称：“我每天看她真的是看不够，只要一看到她，跟她说说话，就会觉得心里很快乐！”

跟现代人的感情淡漠不同，陈光标对妻子张婷的爱从来都没有随着岁月的流逝减损过分毫。他爱自己的妻子，不仅仅因为她外表的美丽，更因为她内心的善良。“我的夫人，最吸引我的，是内在和外在一样美。”对妻子的赞美陈光标从来都是毫不吝啬的，“当我不开心的时候，只要一想起她，我就会高兴起来。”

张婷也的确是一个内外兼具的美丽妻子，老天也似乎对这个女人非常眷顾，结婚十几年来，岁月几乎没有在她的脸上留下任何痕迹。尽管她比陈光标小六岁，而且年过三十五岁，但张婷看上去的确非常年轻。如果说脸上的痕迹可以通过高科技的美容产品来掩饰的话，眼睛里的岁月和沧桑是无论如何都不可能被掩饰得了的。但张婷的眼神到现在为止都一样的干净清澈，也难怪陈光标跟妻子一起逛街的时候，路人会把他们当成父女。

这种称呼虽然表明张婷看上去的确很年轻，但是另一方面也同样在映射陈光标的“苍老”。然而，性格开朗的陈光标却一点也不生气，他为有这么年轻美丽的妻子而感到开心和自豪。而张婷对他的爱和信任让他一点都没有会失去对方的危机感。也的确，张婷对于丈夫的爱是无需用语言表达也是有目共睹的。

在很大程度上，张婷和陈光标算得上是“贫贱夫妻”，因为在他们刚认识和刚结婚那会儿，正是陈光标事业刚刚起步也最为艰难的时候。张婷却从来没有计较过丈夫有没有钱，能不能给她一场像样的婚礼，有没有钻戒、汽车和洋房。相反，她不仅什么都不要求，还主动往里头倒贴钱。这样一个漂亮和善良兼具的女孩儿，哪个男人会不心动呢？也许当初是有很多人不看好这段婚姻，或者说两个人不般配，但是张婷却从不在乎，她爱的是这个人，而不是他的财富，正像她自己说的那样：“我最欣赏他的，就是他的爱心和责任感。”

也正因如此，在陈光标成为亿万富翁之后，张婷也从来不会感到自卑；在丈夫大把撒花似的把成亿的资产眼睛不眨地捐出去的时候，她也从来不会感到心疼。一个不为金钱所累的女人，当然不会成为金钱的俘虏和奴隶，当她的心中没有物质的阴霾的时候，她才可能真正沐浴到幸福的阳光。

所以，无论陈光标是亿万富翁或者穷光蛋都无所谓，她只要知道他是她的丈夫就足够了。这样的女人，丈夫又怎么可能会看得够呢？

爱你在口

表达、沟通与适时的讨好，乃是陈光标维护夫妻之道的不二法门。“因为你是男人，让你所爱的女人幸福是你当仁不让的义务。”掷地有声的宣言，展示了属于一个男人的铁骨柔情。

对于陈光标来说，张婷不是他生活中的一朵鲜花，而是他生命中的一抹阳光。鲜花再美都会凋落，而生命失去阳光就无法存活。所以，对于自己的老婆，陈光标总是看不够。因为他是那样爱她，离不开她。作为一个不吝表达自己内心想法的男人，陈光标做善事是高调的，而他对妻子的爱同样是高调的。

跟中国大多数含蓄内敛，认为沉默是金的男人不同，“爱你在心口难开”这样的事情绝对不会发生在陈光标的身上。既然那么爱，那就要让她知道，因为有人爱的女人才是幸福的，他要让自己的妻子幸福，所以他要她知道这个世界上有个男人是多么爱他。“中国男人婚后最缺乏的就是爱的表达。而我爱我的妻子，我就要时时表现出来，让她知道。”陈光标说。

结婚之后，陈光标一直在全心全意忙他的事业和慈善，家庭和孩子几乎全都丢给妻子去照顾。对于妻子所付出的一切，陈光标非常感动和感激，而且会将这份感激表达出来：“你对孩子付出那么多，把他们教育得那么好，我真心谢谢你！”

陈光标不仅会对妻子说“谢谢”，更会经常把“我爱你”挂在嘴边。在结婚后的十几年里，无论自己身在何处，陈光标始终坚持每天给妻子发至少三条短信，而且内容让很多热恋中的年轻人看来都有些肉麻：老婆，我闭上眼是你，睁开眼还是你，我非常想你，非常爱你……诸如此类的语言在陈光标给张婷的短信中极其稀松平常。

除了嘴上的浪漫，陈光标还把爱意付诸行动，只要自己一有时间就会见缝插针地带着妻子出去旅行。而且在每次出差回来，他都会雷打不动地给张婷从各地带回各种小礼物。要是时间紧或者没有什么可买的，他也会在回家的时候买一枝鲜花送给妻子，并且不忘甜言蜜语："我觉得送一束花有点浪费了，送一枝花表示一心一意爱你。"这个时候花的多少哪里还是问题，谁送的和代表的心意才是最重要的。

每次，陈光标对妻子说这些的时候，张婷都会心花怒放，又是感动又是甜蜜。而陈光标自己却并不觉得这有多肉麻，他并不认为"老夫老妻"就应该面无表情，就应该沉默严肃。或者对于很多人来说，那是一种心有灵犀的默契，只要一个眼神就知道对方心中的所思所想，所以关于爱，大多数的人选择了"沉默"。但是沉默的时间久了难免会产生嫌隙，谁也不是谁肚子里的蛔虫，难免有猜错的时候，猜错的结果是麻烦、误会、争吵……

而善于"表达"的陈光标却完全可以不用有这种顾虑，他就是爱自己的老婆，而且是发自肺腑的，他不怕让她知道，更不怕别人知道！男人不会因为说了"爱"就会矮半截的，毫无疑问，在爱的领域陈光标是个智慧的男人。

陈光标的另一个非常大的优点就是，对于爱他不仅懂得表达，更加懂得倾听。因为爱的随时传递，陈光标和妻子之间的感情才会那么融洽。即使是有了矛盾或者意见相左，他也能从善如流地听妻子把话说完，而不是跟她争吵："让她把话说完，就是不对，也要听完放在心里，不要直截了当去批评指责，要找到合适的机会巧妙地沟通交流。"

陈光标觉得倾听并不代表沉默，巧妙沟通才是最重要的："我从没有选择过沉默，我善于用甜言蜜语哄她，先把她哄开心，再给她讲道理。"

对于自己的妻子，陈光标既爱又重，甚至愿意为她付出一切，更别说说句好听的话哄哄她了。他说："如果需要，我坚决能做到为她付出一切，哪怕生命。相比之下，这个时候哄哄她，不是很容易的事吗？"

他始终觉得，夫妻之间的矛盾，男方永远都应该负主要责任，这种观点虽然听起来有些偏激，很多男人可能会撇嘴，很多女人也会觉得他是有些大男子主义，但是陈光标却把这当成维护家庭幸福的标准："因为你是男人，让你所爱的女人幸福是你当仁不让的义务。"

在这个家庭责任感已经逐步缺失的年代，陈光标的一番话是不是让所有的女人感到振奋人心呢？

睡着笑醒

因为做“善事”而导致他们分居，这里面究竟隐藏着怎样不为外人知的秘密？当谜底掀开的那一刻，我们对于陈光标的敬佩就更加重了。

陈光标爱老婆是众所周知的，他把对老婆的爱整天挂在嘴边也是尽人皆知的。可是就是这样一对恩爱夫妻，却已经经历了三年多的分居生活，这究竟是为什么呢？不用问，肯定还是为了慈善。

陈光标坦言，自己跟妻子的感情好得很，但是妻子却受不了他晚上睡觉的一个奇怪的毛病，那就是经常半夜毫无预兆地便开始大笑，自己笑醒不说，还经常把妻子也折腾起来，有时甚至还会笑得滚下床。第二天还要早起工作的妻子对此不胜其烦，对陈光标更是没少批评。可是，批评又能有什么用呢？难道你能阻止一个睡着的人做梦吗？这显然是不现实的。无奈之下，妻子只好跟陈光标“分居”，以免再被丈夫的笑梦惊醒。

究竟是什么样的梦让陈光标每天晚上都睡得如此高兴，笑得如此“热火朝天”呢？原来是他又梦到自己帮助别人了，梦到自己受到表扬了。用陈光标自己的话说就是——帮助别人，快乐自己。

陈光标说：“我每个礼拜夜里睡觉都会大笑醒。为什么笑醒呢？因为会回忆起这些大学生拿着大学录取通知书，却没钱交学费，我帮他们交了圆了大学梦；我会梦到很多孩子在医院里得了重病没钱治，我帮助他们恢复了健康出了院……尽是梦到这些东西。梦到人家拿着锦旗啊，拿着感谢信啊，买的土特产啊，送到我公司去。我一看一个孩子得救了，一个孩子圆了大学梦了……一做梦梦到这些就会笑，每天都是这样。可以这么说，这种情况间隔不会超过三天，到夜里就会哈哈大笑，自己就笑醒了……”

陈光标把帮助别人彻底当成了一种快乐，所谓“日有所思夜有所梦”，一个人的梦境往往更能反映他内心真实的想法和声音。一个每天晚上做梦都能梦到自己做好事儿的人，又怎么可能只是为了虚伪的作秀而已呢?

传说，两千多年前，庄周有一天在山间走累了，就找个舒服的树荫，躺下来睡个午觉。他梦见自己变成了一只蝴蝶，在花丛树林间自在飞舞，梦中的庄周得意着、微笑着，根本忘记了庄周的存在。庄子并没有梦见自己发财，而是梦到了蝴蝶。这表示他向往的不是物质生活的富裕，而是心灵可以摆脱世俗的牵绊，自由地与万物亲近。

两千多年后，整日为慈善而奔忙的陈光标，因为快乐、高兴、兴奋，在夜深人静之时经常做梦，梦中哈哈大笑，手舞足蹈，不能自禁，一次次睡着笑醒。

是啊，帮助别人，快乐自己，高调行善，广行善施，陈光标到处撒播善的种子，并因此而获得快乐的心情。

陈光标做善事毫无疑问是发自内心的。尽管他内心的声音有时过于强烈，以至于惊扰到了心爱的妻子，让妻子每天晚上都睡不好，甚至闹到“分居”的地步。但是妻子对他的爱却丝毫没有因为“睡眠不足”而有所减损，相反她心爱的丈夫本来就应该是这样，他的慷慨和善良不正是她最最欣赏的部分吗?

虽然“分居”，但是彼此的心却是在一起的，而且越靠越近，也许正是应了那句话——距离产生美！总之，夫妻之间的感情并没有因为丈夫热闹的梦境或者分居而眠而改变，彼此的信任、理解和包容在相濡以沫的岁月中变得更加淡定从容、历久弥坚。

夫唱妇随

一件连二千元以上衣服都舍不得买的女人，却可以支持丈夫每年拿出利润的30%以上去做慈善。难怪古人会说：“家有贤妻夫福多。”陈光标的勋功章里自然也有张婷的一半。

陈光标对慈善表现出的豪爽和热情是出了名的，而且这种习惯不是从自己真正有钱之后才开始的。从他挣的第一笔钱开始，他就慷慨到可以分给别人一半去帮助邻居家的小孩儿去交学费。他自己也说，在他的计划当中，他每年都准备拿出公司利润的百分之三十来做慈善，可是事实是每年他所捐出去的钱物往往远远超过这个比例，基本上都在百分之四五十以上。

把自己所赚的一半的钱财都捐出去是什么概念，这可能对于收入不高的人没有什么概念，一个人偶尔挣两千捐出去一千，这好像也没什么不可以的。问题的关键是，陈光标常年这样往外捐，别人的一两千块到了他那里就是一两千万，甚至一两亿，而且像陈光标公司这样的大企业，一年纯收入的百分之四五十又是一个什么概念呢？现在你知道陈光标捐出的十三多个亿是怎样的一个天文数字，而这些钱对于整个家族和企业又是什么意义了吧？

就是这样的大手笔捐赠，妻子张婷却从来没有干预和过问过。对于丈夫慷慨的慈善行为，作为妻子，张婷从来都是支持的。张婷从来都不是一个对物质有太多计较的人，更不会因为自己的丈夫是亿万富翁而有任何骄奢之态。

相较于丈夫的慷慨，张婷表现出更多的则是一份质朴和勤俭。陈光标说自己妻子买的衣服从来没有超过二千元，凡是有超过二千元的也都是他亲自买来硬送的。这就是陈光标的妻子，丈夫的慷慨捐款她从来都不眨一下眼睛，但是对于自己却不肯有半点的骄奢。对于她来说浪费是可耻的，即使丈夫再有钱也是一样。

一件两千块钱的衣服对于一个大城市的小白领来说都不是什么负担，而且按照大部分城市女孩子眼光，两千块钱实在不是什么了不起的大数目。何况，作为坐拥数十亿资产的“豪门贵妇”而言，这就更是小菜一碟了。

可是，张婷并不是一般的女孩，她对于物质没有过高的追求，也不认为自己穿的衣服高档了，人就会变得高贵。何况那些奢侈品对她而言根本就没有什么意义和必要。又贵又不实用的东西，难道买回来要供起来不成？

所以，张婷的美丽绝对不是来自于物质的填补和装扮，她的青春常驻来自于一颗真诚善良的心，来自于丈夫的一句情话，一朵鲜花，一个香吻和一颗真心……这些就是她年轻美丽的秘密处方——女人有爱才更美，而毫无疑问，张婷心里的爱已经是满满的了！

“三不”守则

与当下社会“不拒绝、不负责、不主动”的三不男人相比，优质老公原来也有“三不守则”，那就是不抽烟，不喝酒，不进娱乐场所。

丈夫热衷慈善，张婷从不阻拦。但是这并不代表她对丈夫漠不关心。相反她对丈夫的牵挂从来都没有停止过。然而，她从来不把这一切表现在过自己的脸上，汶川地震那次，丈夫要奔赴第一线去救灾，张婷像以前一样没有阻拦，尽管她知道地震过后的灾区此时是多么危险。但是一直到丈夫临走之前，张婷都没有表现出过多的担心，因为她不想让丈夫因为自己的担心而分心。在走之前，张婷来到丈夫身边，把一张护身符悄悄放进丈夫贴身的衣袋里。一个小小的举动足以将所有的情意全都注入其中。当别人问起她时，她说：“怎能不担心？但我更希望他看着我的笑脸放心上路。关键是，我相信他的能力，相信他会平安。”

张婷对丈夫的关心不仅仅表现在默默的支持和担心上，当陈光标的慈善义举感动了中国，成为全国知名的慈善家，成为公认的“中国首善”时，张婷害怕丈夫被大家宠坏冲昏了头脑，所以每次当他出门演讲或者接受采访时，总不忘提醒他：“光标你现在这么有名，你要更加保持清醒的头脑，谦虚谨慎，戒骄戒躁。出了家门，就要当做东西南北都有摄像头对着你，不能做一点不利于社会的事。”

对于陈光标来说，张婷既是自己的支持者也是自己的监督人。妻子对他的爱令人动容，而他当然也要用最好的表现回馈妻子。不仅平常经常做一些浪漫的事哄妻子开心，对妻子的父母也是尽心尽力，让岳父岳

母对这个姑爷非常称心。

张婷的父母身体不是很好，有时会生病住院。令张婷感动的是，忙得四脚朝天的丈夫总会抽出时间到医院照看老人，甚至日夜陪护。也许在很多人看来，陈光标这样的大老板只要花几个钱就能雇来最好的看护来照顾老人。然而陈光标却认为，请陪护当然没有问题，也非常简单，但是作为老人，当然更希望亲人陪伴在自己身边。尤其是看到自己的女婿这般尽心，老人当然会更加欣慰和放心，老人开心了，病好的当然会更快！

这就是陈光标，他的想法非常简单和实在。这样一个优质老公，张婷的父母还有什么不满意的呢？不仅如此，除了孝敬老人、尊重老婆之外，陈光标的优质表现还体现在他多年养成的良好习惯和对老婆的忠诚上面。

谁都会觉得，像陈光标这样的大老板日常的应酬当然不会少。而有应酬就不免抽烟、喝酒、泡吧……不良嗜好肯定少不了，即使并非自己自愿，但是为了交际需要，这些总是在所难免的。然而，陈光标还真是个例外，他对自己的要求非常的严格，即使交际应酬，也严格遵守对妻子的“三不”守则，即：不抽烟，不喝酒，不进娱乐场所。他说：“我从没去过 KTV 或桑拿等娱乐场所，平时既不抽烟也不喝酒。你看我穿的衣服都是从夫子庙大市场花几十元买布自己做的，穿的鞋也是几十元一双。我一年到头是没有周末概念的，吃的非常简单，就爱吃点土菜，出差到外地，经常吃一块五一碗的面条……”这一点他的员工们也可以证明，他们经常看到自己的老板跑到食堂跟他们吃一样的饭菜！

和妻子一样，陈光标是一个对生活的物质要求极低的人。这也使他具备了成为优质老公的所有条件：事业成功，个性好，疼老婆，懂浪漫，有责任心，无不良嗜好……这是不是也是所有女人心目当中的完美丈夫形象呢？

第七章 代代相传

DIQIZHANG DAIDAIXIANGCHUAN

当“富二代”逐渐成为这个社会关注的敏感话题的时候，有人幸运地成为“富二代”，有人抱怨没有当成“富二代”，有人立志让下一代成为“富二代”。而已经成为“富一代”的陈光标却并不打算让自己的孩子跟“富二代”有任何瓜葛。他不但决定将自己身后的所有财产捐出去，甚至还想给儿女制造点“债务”让他们承担。这究竟是怎样一个父亲呢？他究竟在想些什么？

很简单，他不想让自己的子孙因为自己留下的财产成为不思进取的寄生虫，他要他们继承的财富绝对不是他的财产，而是他的善心，他要他的孩子摆脱“富二代”的帽子，戴上“善二代”的勋章！

善良基因

善是陈家世代相传的最大基因，是父母留给子女最大的财富，也是陈光标准备留给儿子唯一的遗产……

陈光标能成为“中国首善”绝对不是什么“基因突变”造成的结果，他的善良和慷慨传承自自己的父母；而他也绝对不会让家庭的优良传统发生“基因突变”，因为他会毫无保留地将它传给自己的儿孙。

陈光标的善良绝对跟他的家教有关，毋庸置疑，他的父母都是善良的人。而那份善良曾经是他一度不能理解的。陈光标小时候家里有多穷我们已经知道了，穷到哥哥姐姐被饿死。这种经历让陈光标有着非常深的恐惧，他知道饥饿是怎样的一种滋味。但是，在那个饥饿的年代，自己的父母却无比慷慨。襁褓中的弟弟饿得哇哇直哭，但自己的母亲却抱着邻居家的孩子喂奶；自己家明明都快要揭不开锅了，碰到乞丐路过还无一例外地请到家里吃饭，到最后连乞丐都不好意思在饭点儿从他家门口路过了……

正是这样一户人家造就了陈光标的菩萨心肠，很小的时候他就在父母的感召下懂得去帮助别人，除了帮邻家小孩交学费这种光荣事迹之外，

他的善良更反映在平常的一些小事上，很小的时候自己吃馒头，看到别人家的小孩饿得直哭，他就知道把自己的馒头分给人家一半，虽然连自己都还没有吃饱，还非常饿……

可以说陈光标的善良是从父母那里传承过来的，而他的父母对他的慈善行为更是大力支持。汶川地震的时候，为了不影响自己的儿子，他甚至都不给他打电话："你可能都不相信，这么多天里，我的家里人怕影响我，没有给我打过一个问候的电话，还是我主动给父母妻儿打了两个电话。"

对于自己的父母，陈光标是敬畏和尊重的，他说："我从小是被父母打大的，所以很怕他们，到现在和他们的沟通也不多。这次在灾区我给父母打了个电话，说我在灾区救人呢，父亲只说了一句'你做得对，一定要多救两个(人)啊！'然后就把电话给挂了。"当时，陈光标的父亲身患肺癌，正在准备做手术，但是知道儿子在前线救灾，重病中的老人一句要求他回去的话都没提。他觉得自己的儿子做的是对的，有更多的生命在等待他去救助。这样的一个父亲留给儿子的当然不仅仅是敬畏，更是一颗质朴慈悲的心。

陈光标当然知道父母的用心，他的善良传承自父母，他也决定将他们传递给自己的儿孙，而他也正是这么做的。他深深明白父母的言传身教对孩子成长的影响，所以在儿子很小的时候他和妻子就对他进行爱的教育，让他知道善良的可贵。而儿子在他身体力行的耳濡目染下，也变得非常的善良可爱。这在汶川地震当中也得到了充分的体现。

陈光标给妻子打电话，最后儿子要跟他说两句。儿子拿过电话后，用稚嫩的声音对他说："爸爸，你一定要多救几个幼儿园的小朋友啊。"

陈光标问："你想让我救多少呢？"

儿子说："二十个吧。"对于儿子来说，二十是一个非常大的数字了，他的意思当然是希望自己的父亲救出更多的人。

陈光标答应道："爸爸已经救出很多小朋友了，你放心吧……"儿子听了非常高兴。

这次的通话让陈光标觉得自己的儿子长大了，他要求自己的父亲多救出几个小朋友，这样的话语让他这个做父亲的觉得非常满足和骄傲，他觉得自己从父辈那里继承来的“慈善基因”已经开始在儿子的血液里流淌，这让他倍感欣慰！

耳濡目染

爱的教育是最好的教育。一个聪慧过人、善良懂事的儿子，也是爱与感恩对于陈光标一家最大的回馈。

陈光标的小儿子小名嘟嘟，出生于2002年。他是陈光标和张婷爱的结晶，更是他们的未来和希望。陈光标当然希望他的未来和希望是美好的。所以在对儿子的教育方面，陈光标夫妻非常重视。在孩子出生以后妻子张婷就放弃了自己的事业，专心做起全职主妇，全身心地投入到家庭和儿子身上来。陈光标对妻子的付出充满感激：“自从生下嘟嘟后，他妈妈就做了全职太太，全力在家教育孩子，孩子现在这么懂事聪慧，全是他母亲不辞辛劳教育的功劳。”

张婷对孩子的教育无疑是非常成功的，每当说起自己的孩子，陈光标的言语当中都会透出无比的骄傲：“我的孩子非常有爱心，综合能力真正达到了德、智、体、美、劳全面发展。六岁的时候钢琴就过六级，七岁上小学一年级的时候，钢琴已经达到十级了。二胡、手风琴、毛笔字、讲故事都非常好……”这个父亲一提到自己的儿子就高兴得手舞足蹈、心花怒放。

一个如此出色的儿子，做父亲的当然非常自豪。但是陈光标也强调，自己儿子之所以各方面都这么优秀，全都是凭借孩子自己的兴趣和努力，他从来都不主张强迫孩子学习，强迫孩子做他们不愿意做的事。像常把“今天你必须给我会什么，明天你必须给我会什么”挂在嘴边的教育方式陈光标是极其反对的。他认为孩子只有在快乐、自由当中才能学到更多更多的知识。

陈光标平时跟自己的妻子交流的最多事情也是孩子的教育问题。虽然因为自己工作很忙，孩子基本都是妻子在照顾和培养，但是对孩子的教育的重视程度，他并不亚于妻子。

陈光标知道自己因为太忙跟孩子相处的时间不多，然而他对两个孩子的爱从来都没有少付出过。陈光标像爱自己的妻子一样爱他们的孩子，也像对待妻子一样，对两个孩子采取多鼓励、多表扬的沟通方式，从不轻易责怪和批评他们。因为他要用正面的教育来树立孩子们正确的人生观和世界观，这其中包含一个心理学问题，人的思想和心灵是根据画面运作的，当我们告诉自己“我一定要忘掉这件事”的时候我们往往会把这件事记得更牢，这是一种思想的魔力，它会指导人的身体按照它提供的画面和方向去做，即使是不想做的事情，出现的却是正在做的画面，而人的潜意识只会接受画面带来的直观信号。比如，如果你觉得你的孩子很吵，你应该对他说“请安静”，而不是“不要叫”，这就是给他灌输积极心灵画面的作用，多使用正面的语言，吵闹的情况就会改善。同样的道理，陈光标希望自己的孩子从小接受的就是善良的正面教育，所以他从不轻易批评和指责，而是告诉他们怎样做是对的。

所以，孩子一过三岁，只要条件允许陈光标就带着他们一起去参加一些慈善公益活动。做爸爸的在台上慷慨陈词，做妈妈的就在下面非常耐心地告诉孩子们，爸爸为什么要捐钱，捐这些钱去做什么用的。

到了孩子七岁的时候，陈光标不仅带他出席慈善活动，还会带他到贫困山区去身体力行亲自帮助那些需要帮助的人。渐渐的这些正面的善良的思想慢慢地灌输到孩子们的意识当中去，他们从似懂非懂，到对父亲的事业充满崇敬，再到立志要成为父亲那样的人……

可以说，陈光标对孩子爱的教育是非常成功的，从汶川地震中儿子对他的叮嘱和期待就能看得出来。他带着儿子做慈善的方法也非常值得肯定，这样既开阔了孩子们的眼界，又让他们懂得什么样的举动是正确的，对社会和人们有利的，怎么做才能帮助更多的人。用陈光标自己的话说："我要用我的言行来感化他、引导他，让他懂得感恩社会和包容社会。我希望他长大了和我一样一辈子从事环保产业的同时不忘回馈社会。"

"捐钱公司"

童言无忌，一句发自稚子之口的"超越爸爸，成为世界首善"的豪言壮语，让人看到爱在希望中传递的光亮。

陈光标夫妻对于孩子的教育无疑是非常成功的，而儿子的聪慧和可爱也为这个以"积德行善"为本的家庭带来了无限的快乐。小孩子的童言无忌和语出惊人，每每让这个小家笑声一片。

儿子把陈光标的"大撒花"的善举看在眼里，到目前为止已经有十三亿以上的慈善捐赠。虽然儿子对这个数字没有什么概念，但是在他稚嫩纯真的心里，自己的父亲就是为慈善而活的，父亲的事业就是慈善，别无其他。所以当有一次，中央电视台采访陈光标时，顺带问坐在一旁的儿子嘟嘟："你爸爸开的是什么公司啊？"

嘟嘟小胸脯一挺，非常自豪地回答："我爸爸开的是黄埔捐钱公司！"

小家伙不假思索又精辟独到的回答逗得在场所有的记者哄堂大笑。可不是吗？爸爸一年到头就往外捐钱了，让他看的也是捐钱帮助别人的事，开的不是"捐钱公司"又是什么？

嘟嘟的经典对白可不止如此。2009 年的除夕夜，大家一起围坐在电视旁边看春晚，当小沈阳以一句"你知道人生最大的痛苦是什么吗？人生最大的痛苦就是人死了，钱没花完"经典的台词震惊四座时，嘟嘟更是语出惊人："我爸爸是不死就把钱捐完了。"鞭辟入里的总结让大伙笑得前仰后合，这么一个小毛孩儿就把父亲的一生总结地如此智慧和精辟，实在不得不让人大人们叹服。

还有一次，他外婆在农村盖了一座房子，装修费需要二十万。当时已经快十月份了，陈光标觉得装修时间很长，而且冬天转眼就来，天气很快就会上冻下雪，在装修的凝固度上等各方面都会受到影响，就说等明年开春再装吧。结果嘟嘟年纪小，不知道爸爸的想法，还以为爸爸是嫌装修费太多，不肯给外婆家装修呢。嘟嘟从小就经常跟外婆在一起，跟外婆非常有感情，听到爸爸说不给外婆装修当然不肯了，所以立刻起来反对："不行，一定要装。"

既然爸爸不肯出钱，那就自己出，他跟妈妈说："妈妈，你把我的压岁钱都拿出来，拿给外婆装修。"

妈妈逗他说："你这个压岁钱就几千块也不够啊。"

嘟嘟灵机一动，决定找爸爸"交涉"："爸爸，我给你打个借条，你借二十万给我，行不行？"

陈光标笑着说："这样行啊，但你要在借条上写上二十年还我。"

嘟嘟立刻说："不行！我得给你打五十年还清的借条。"

妈妈立刻好奇地问嘟嘟："为什么要五十年才还给你爸爸啊？"

嘟嘟狡黠地说："再过五十年，我就可以用火把借条烧掉了，到时候我烧给爸爸就行了。"

调皮的小家伙认为爸爸应该活不到五十年之后，到时候自己就可以正大光明地"赖账"了！童言无忌，嘟嘟的言论出于无心，大家当然不会怪他。但是他灵活的小脑袋和奇妙的想法的确有父亲当年想办法做生意赚钱的影子，这也算有其父必有其子吧。

儿子虽然老是直戳父亲的"软肋"，但是陈光标对自己的儿子喜爱却是溢于言表的。有这么一个聪明又善良的儿子，而且在做好事儿的时候还不忘动些"歪脑筋"，总是出言不逊地说些出人意料的话，但是这些却只会让周围的人更加喜爱，并且认为他的前途不可限量，甚至可以超过他的父亲呢！连儿子看到父亲成为"中国首善"的时候，"扬言"自己一定要超过自己的爸爸，成为"世界首善"，如此豪言壮语足以显示出小家伙超越父亲的豪迈和志向！

俯首为牛

中国的大多数富人都是快到死了，才给后人留下一堆可以物化的财富，陈光标虽然也有常人的舐犊情深，却已早早决定只给孩子留下精神的财富——而且是在日常生活中，一点一滴地赠予他们。

对自己的两个孩子，陈光标除了给他们灌输“善”的理念，给他们最好的教育环境之外，更像是一个慈父，从来都不打不骂，一有时间就和妻子带他们一起出去游玩。他不希望自己的孩子因为自己的忙碌而造成父爱的缺失，同时也希望他们不要沉溺于物质，而是从家里走出来去开阔自己的眼界。

孩子的活泼可爱也是陈光标生活中的最大乐趣和动力。每次回家都是陈光标心情最为放松的时候，他可以卸下所有的身份、地位和光环，轻轻松松做自己。这个时候，这个坐拥几十亿资产的企业老总跟全天下所有的老爸没有两样：和他们玩儿捉迷藏，玩儿射击游戏，游戏输了还倒在地上装死，他们可以随便抓着老爸的头摇来摇去，可以爬到他身上把他当马骑……他总是有那么多的新鲜花样陪他们玩儿，总是有那么多的笑话讲给他们听，总是有那么多的办法让他们乖乖听话。总之，自己的老爸就是一个超级可爱，超级好玩，又超级搞笑的超级好爸爸。

相比自己父亲的严肃，陈光标对自己的孩子无疑是慈爱和随性的。他不介意自己的孩子对自己“没大没小”，他更希望跟自己的孩子成为朋友，让他们知道自己对他们的爱，希望他们在爱心当中茁壮成长。同时他也希望通过这种方式跟孩子们走得更近，让孩子们真正了解自己的父亲是一个怎样的人，让他们把自己当成榜样，做跟他一样的人。

孩子是他的希望和未来，也是家的希望和未来，更是国家的希望和未来。他希望自己培养出来的孩子是快乐健康积极向上的。他不愿意以事业之名逃避自己做父亲的责任，更不愿意用金钱代替和填补孩子们心中父爱的缺失，他不要他们成为物质堆积起来的金钱大厦里面只懂得骄奢淫逸，而没有父母之爱的不健康的“富二代”，他要他们无论从身体还是从心灵都是乐观健康的，这才是一个父亲真正应该担负起的责任。他不会以为后代创造更多财富之名，留下一大笔财产让子孙后代“感恩戴德”，他也没打算给他们留下任何金钱形式上的财产，属于他们的财富他会从现在一点一滴的相处中直接给他们，而且他已经这么做了，一直都是这么做的！

制造债务

不但不给儿孙辈留遗产，还要适当留点债务给他们！在非常人的教育观背后，蕴含着一个父亲的人生历练之悟：吃亏是福。

陈光标觉得父母是孩子最好的老师，孩子拿到的第一本毕业证书不是任何权威的大学文凭，而是做人做事的证书。孩子上幼儿园开始就应该教他懂得感恩，懂得做人做事。老家最初的那个小土房至今还在，陈光标把它圈起来，当成一座忆苦思甜的纪念馆，让孩子们记住自己的父亲是从怎样一种环境中成长起来的，用自己的成长故事来教育孩子们，让他们懂得现在生活的可贵。

他不想让自己的儿孙因为自己留下的巨额遗产而变得颓废堕落，因为遗产很可能让一个原本善良的人不思进取，甚至道德缺失。陈光标亲眼见证过这样一件事：

陈光标认识的一位六十二岁的福建老板，有一个二十八岁已经结婚两年的儿子。这位老板一直都有糖尿病高血压，需要经常注射胰岛素来缓解病情。突然有一天，这位老板脑溢血过世了。在过世之前，有人打电话通知她的儿媳妇，说她公公不行了，让她赶快回家。

但是儿媳妇一点都不为所动，说："不行啊，我跟我妈妈约好了，明天下午有事儿现在不能回去。"

丈夫知道后非常生气，两个人开始在电话里对骂，骂急了儿媳妇撂下狠话，说："你跟你爸爸一起去死才好呢！"

陈光标当时在她旁边，听到这么说很不理解，说："你怎么能说这样的话啊？"

老板的儿媳妇说是因为两个人感情不好。陈光标听了说："感情不好，你们可以离婚啊。干吗要诅咒老人呢？"

儿媳妇回答得理直气壮："这不行，这两三年他爸爸把所有的资产都过户给我老公了，家里的钱也都转给了他，他家就一个儿子，公公死

了之后，所有的资产不都是我们的了吗？我可不能离婚！”

这就是“富二代”的儿媳妇嘴里讲出来的话，这些话对陈光标触动特别大，更加坚定了他死后不给儿孙留遗产的决心。他会把自己所有的遗产和资产找全中国最权威的公正机构来公正，然后公布出去，把自己的所有财产都捐献给社会。希望自己这样做可以更好的带动人们价值观和人生观的转变，希望大家都不要把财产留给自己的子女，我们留给后代的应该是一种吃苦精神、创业精神和吃亏精神，陈光标始终认为“吃亏是福”！

陈光标不仅没打算在身后为孩子留任何的遗产，甚至还有过给他们制造一些债务让他们偿还的念头。

“我想给我的儿子留下的就是我的吃苦精神，”陈光标说，“我给他留下的是一种精神财富和榜样，我今天的成功是从零开始，我以后也希望我的孩子从零开始。”

“必要的情况下给孩子适当地留一点债务，让他去折腾，对人生只有好处没有坏处。”

他认为自己现在“中国首善”全国道德模范的成功，就是因为小的时候父母给自己留下了一些债务。虽然数额不多，但是在那个年代却也足以让人揭不开锅。自己当初拖板车卖水、卖冰棒、贩粮，去还父母欠下的债务。从自己开始记事起，父母为了养活一家老小就四处举债，东家几毛西家几块地借钱，而这些钱后来都是靠陈光标卖水、卖冰棒一分一分还上的，正是在这个过程中让他逐渐成长起来。所以他希望自己的子女也可以像他一样成功，如果这种成功是通过债务来获得的，那么他情愿让自己的子女吃点苦，给他们制造点债务，让他们成长。

第八章 积善人家

DIBAZHANG JISHANRENJIA

陈光标是“中国首善”，这一名号的成就无疑是要用很多“金子”堆起来的。毫无疑问，陈光标的钱应该是很多的。人们会想这样一个多金的人，一定已经先把自己的小家安排得安安稳稳妥妥当当的了。“自己人”们有这样一个亲戚，肯定也是无上荣光的，“一人得道鸡犬升天”嘛？

可是，奇怪的是，陈光标的家里却远不是这样，父母依旧在农村务农，弟弟还在做他的保安，妹妹依然在做服务员洗着碗——这是怎样的一个家庭组合啊？有谁见过一个大富豪，大慈善家的家庭是这副光景的呢？没见过吧？现在就让你见上一见！

严父慈母

中国历史上的杰出人物往往都有一位特别严厉的父亲和一位特别慈善的母亲。好父母胜过好老师，父母的行为对孩子的影响非常大。

陈光标的父亲陈立胜，是解放初期的高中毕业生，在当时也算得上

知识分子，喜爱并推崇传统文化，虽然当年的高中生在同龄人中学历已经领先，但在当时的历史条件下，他还是遗憾地背负着怀才不遇的命运，只在当地当过乡村教师。陈立胜为人正直豪爽，深得当地人们的尊重爱戴。他的毛笔字很好，逢年过节，给乡亲们写个书信啊、春联什么的从不收钱。也许是自己的志向被现实无情地粉碎，他把希望寄托在长子陈光标身上，并且对儿子的教育方式是令人费解的“严酷”。

陈光标的母亲高献侠，中等身材，长得清秀，圆脸庞，宽前额，聪慧又善良，勤劳又俭朴，乐于助人，常接济穷人，深得乡亲们的赞誉。

陈光标出生以后，父母非常高兴。喜欢舞文弄墨的父亲为其取名“光标”，寓意“光宗耀祖，标（彪）炳千秋”。三十多年后，这个愿望，终成现实。

克己利人

先人后己的母亲，用淳朴而无声的语言，在陈光标幼小的心灵中播下了第一颗爱的种子。

虽然家里一贫如洗，但父母待人的言行举止给陈光标营造了一个真诚善良的环境。

当时他们举家食粥，经常遇到来要饭的乞丐，父母就把乞丐请到家里一起喝稀粥，几次以后，乞丐都不好意思在吃饭时间路过他家门了。

但就是在这样贫困之家里，母亲还是“宁克己，也利人”。在陈光标很小的时候，弟弟还在哺乳期，隔壁邻居的孩子没奶吃，陈光标的母亲把陈光标的弟弟放在一边，却去给邻居家的孩子喂奶。

小时候的陈光标不明白，问母亲：“我弟弟都没吃的，妈妈为什么要喂别人？”

母亲微笑着对他说：“邻居家的小孩没奶吃，不吃会饿死。你弟弟少吃一口不会饿死，所以，我要帮助隔壁邻居。你要记住，我们虽然穷，但也要尽自己所能帮助那些需要帮助的人。”

正是这种“善小乐为”的言传身教成为陈光标一生坚守的道理，并身体力行，多少年来，还是一如年幼时，掉在桌上的饭粒一定捡起吃掉，水龙头滴水一定上前拧紧，无人楼道里的灯一定关掉，街头倒地的自行车一定会扶起……

在贫穷的环境中长大，陈光标从小感受到善良的父母的影响：一方面发愤图强，一方面帮助苦难的人。

“捐赠是一个积少成多的过程，我并没有考虑过我应该捐赠多少，我只是考虑我能够在多大程度上帮助别人，能在我的能力所及的范围内为社会多作贡献，我感到由衷地高兴和欣慰。”陈光标认为，“帮助别人可使自己获得更大的快乐。”

1978年，十岁的陈光标利用“一分钱随便喝”买水的商业理念赚到了一笔“不菲”的收入——四元钱。开学的时候要交学费，也就一元八角钱，但他听说邻居家的孩子还没有钱交学费，就去学校帮他把学费交了。这是陈光标第一次拿自己赚的钱去帮助别人，心里的那种快乐真是比吃了蜜还甜。

少年极度贫困的经历和父母的谆谆教诲，使成功以后的陈光标总是

竭尽所能去帮助别人，做好慈善事业。

当时的陈光标想得很简单：“我小时候，家里很穷，乡亲们帮助了我，给我交了一学期的学费，我不能让大家反过来说三道四；其次，那些人很可怜，我常想起我小时候特别希望有人来帮我的情景。”享受捐赠的快乐、知恩图报成为他行善的原始动因。

遵从父命

勤劳忠厚的父亲，以严厉的管教和及时的指点，推动陈光标走上了高调慈善之路。

《道德经》云：“上善若水。”而陈光标也常常与人分享他对财富的认识，即：财富如水。他认为，如果你有一杯水，你可以独自享用；如果你有一桶水，你可以存放家中；如果你有一条河，你就要学会与他人分享。

在一个尊崇儒家思想、有着“枪打出头鸟”古训的国度，他和大多数乐善好施的富翁们一样，“不想留名，躲着媒体，外界也一无所知。”

这种刻意的低调直到与父亲的一次谈话才得以改变。2003 年春节回老家，父亲把他叫到屋里，父子之间有了他少小离家之后难得的一次谈话。

“你捐赠的目的是什么？”

“帮助别人！”

“帮助目的是什么？”

“希望更多的人好起来。”

“你虽然捐了一千多万，但不算啥，在这么多贫困人口里，这些钱就是一滴水。你一个人能改变全局吗？”

“不能，但总会帮到一些人。”

“你小时候整天唱学习雷锋好榜样，你就应该像雷锋一样做个榜样人物。与其你一个人默默地行善，何不通过自己的行动带动和影响更多的人参与进来？”

从此，陈光标的慈善行动开始变得“高调”。这年，他向青海玉树等地捐建了二十多所希望小学,向革命老区巴中捐建了老干部活动中心，向延安等地的小学捐献了至少一万台电脑……每当有捐建项目建成后剪彩，他必亲自出席，甚至带上媒体，要求媒体将全程记录下来，尽早播出，“以形成良好的社会效应。”

他的高调行善开始为社会所瞩目。

平凡弟妹

身处底层却自食其力的弟妹，用勤劳的双手养活着自己，他们的小安稳与陈光标的大成功之间，实质上仍有着隐秘的近似。

一次，陈光标在接受媒体记者采访时曾说：“我父母是农民，现在家里还有五亩农田。我弟弟在给人家做保安，小学五年级文化。我妹妹在一个菜馆洗碟子洗碗，因为她就这么大能力，就做这么大事情。”

大家有所不知，陈光标的亲妹妹叫陈春华，她十一年来一直从事于洗碗工作，现在一个月能挣一千八百元，最开始一个月甚至才七八百块钱；他的弟弟叫陈景标，至今还在做保安，每个月最多也就二千多元。正是因为当时家境贫穷，上不起学，所以他们的文化程度很低，但陈光标却希望让弟弟和妹妹能够走出农村，开阔眼界，增长见识，便一路提携，把他们也带到大城市南京。

提携归提携，但是陈光标也有自己的原则，他从来不会因为弟妹是自己的亲人，就把他们都揽在自己的公司里。身为哥哥，还是希望自己的弟弟和妹妹能够凭自己的本事赚钱，他希望弟弟和妹妹能够在社会中经受一些磨炼，到了合适的时候，就会考虑帮助他们做些小生意。对此，陈光标说：“虽然他们工资也就一千多块钱，但他们也都自食其力，经

受社会的磨练，等他们在社会上锻炼到一定程度，我一定会资助他们一人开一间小店做点小生意。”

然而，在外人的眼里，却不这样想。曾有一位网友写了一篇批评陈光标的文章，他这样写道：“据媒体报道，陈光标的亲妹妹目前在一家饭店靠洗碗盘谋生，每月工资只有一千八百元，其弟弟是做保安工作，每月工资只有二千五百元。哥哥是亿万富翁，妹妹弟弟却穷得有些寒酸。作为一个民企老板，在自己有能力的前提下，这种近乎‘绝情’的原则，表面看来是对社会的善，却缺少了对家人的慈，是一种并不圆满的慈善。而作为一个掌握话语权的公众人物，在媒体上这样说起弟妹过去和现在的境遇，以突显自己对社会的慈善理念，总归是不太合适。”

如今，我们生活在一个飞速发展的时代，每个人的生活节奏都越来越快，“快鱼吃慢鱼”的竞争中出现了快人快语式的“快讯”、“快报”、“快评”，大家难免会想，既然陈光标愿意帮助社会，为何忍心弟弟妹妹在外当保安、洗碗工？陈光标的做法着实与中国人的固有观念中“一人得道，鸡犬升天”的古训不符，也和一些富豪竭力构建家族企业的努力方向背道而驰，这么做，难免外界会说陈光标亲情淡漠。

对于这样的声音，陈光标却不置可否，他坚信家人对他的做法一定会理解的，他坦诚自己不会直接拿钱给弟弟妹妹，他曾经这样说过：“我的弟弟妹妹从事的行业并不丢人，他们在用自己勤劳的双手养活自己。的确，他们的文化和技能水平确实有限。我的财产也不是父辈留下的，是靠双手打拼来的，精打细算地过日子，我相信家人会理解我的。我不会直接拿钱给我的弟弟妹妹，但会尽力帮助他们的下一代接受很好的教育，我每月会给每个孩子二千元。”

值得一提的是，对于陈光标的赞誉，社会上一直不绝于耳，然而，让陈光标十分痛心的是，有“80% 接受过我帮助的人都没有感恩之心”。

如今，每当陈光标回到村里，衣锦还乡的感觉对他来讲丝毫没有，那些他曾经帮助过的同乡也总会远远地避开他，平时，别人得知他仍住在村里的父母生病，也很少去探望。这些村民认为陈光标的钱赚得容易，甚至有人会想：说不定是非法得来的，所以，他帮助村里是理所当然的事情。

正是因为弟弟妹妹和陈光标曾经帮助过的大多数人一样，觉得哥哥的帮助也是应该的，甚至在他的公司里搞关系……对此，陈光标讲道："我的弟弟和妹妹都已经在公司三进三出了，他们两个人一个是小学三年级文化，一个是小学五年级文化，确实是能力有限。我也曾经让他们进入公司工作，可是他们在公司中不能够完成自己的本职工作，所以就离开了；后来我又架不住父母的唠叨，让他们重新回来，结果证明他们还是不能胜任，现在我妹妹就在一家饭店洗菜，每月工资一千八百块，我弟弟做保安，现在工资刚涨到二千五百块，但是他们生活得也很快乐。我不觉得他们这样有什么不好。"

有多大的能力就做多大事儿，这是陈光标做人做事的原则，也是他对别人的要求，既然弟妹没有这个能力，那即是让他们穿上黄马褂去做"皇亲国戚"，然后封侯拜相，他们自己不会打仗不会治国，也是白搭啊！

别样亲情

"一人得道，鸡犬升天"的时代已经过去了！陈光标对待弟妹子侄的态度，也进一步体现了他"救急不救贫"、"授人于鱼，不如授人于渔"的慈善原则。

有人说：陈光标财大气粗，宁愿雇佣别人，也不愿意给自己的弟妹一个栖身之地或一份稳定的工作。看到弟妹四处流浪，穷困潦倒，他自己已经麻木，当年的手足之情早已荡然无存。

也有人说：陈光标的弟弟和妹妹都是正常人，能自食其力，为什么要把他们变成衣来伸手饭来张口的人，况且，陈光标有时也只花几元钱在街头买大碗面条吃，陈光标能够每年收入几亿元，却能到四川灾区去背死人，你能做得到吗？

还有人说：直接扶贫越扶越穷，为什么呢？形成依赖思想，自己根本不想去挣钱了就等别人给。既然他陈光标都能将多少亿财产捐给社会，

难道就在乎给自己弟妹一点钱吗？我想他应该不在乎。难道他和他的兄弟姐妹有仇吗，我想也不应该，他怕害了他兄弟姐妹一家以及他们的后代。

据报道，阿里巴巴集团创始人马云最近在一个公开演讲中表示：财产一点不留给孩子和全留给孩子都是不负责任的，马云认为“不考虑自己的人，不要相信他会考虑社会”，“无私就是最大的私”。

诚然，在中国人的家庭观念里，对于陈光标的做法，会有非常多的人持反对意见，大家都在质疑陈光标为何不帮自己的弟妹，这看起来有些“不近人情”，但陈光标表示，他很不认同马云的观点。陈光标表示，他不会给弟妹分财产，为此他提出了以下两个问题：“作为亿万富翁，我应该为自己的弟弟妹妹做些什么？有一种传统观念叫‘一人得道，鸡犬升天’。的确，如果我把一部分财富送给他们，弟弟妹妹们也许能过着一种养尊处优的生活。现在不少亿万富翁就是这么做的，把企业变成家族企业。然而这么做就对吗？结果就好吗？”

这么做就对吗？结果就好吗？陈光标的答案是不对，也不好！因为大家有所不知，陈光标也曾经给过弟妹“几十万”，但后来因为他的弟弟和妹妹没有处理妥当，这些钱很快就花光了。经过这次事后，陈光标就认为没有辛勤劳动创造、轻而易举获得的财富往往很难珍惜，也很难守得住。

前文已经提到，陈光标曾经把弟妹三次安排进自己的公司，但后来由于弟弟和妹妹受文化水平限制，两人并不能适应企业发展的要求，先后又离开了陈光标的公司。陈光标希望弟弟妹妹能够自食其力，靠自己的真本领吃饭，他这样讲道：“我希望自己的弟弟妹妹自食其力，靠自己的本领吃饭，同时也在社会上体现自己的人生价值。”

在做这个决定时，陈光标也有过犹豫，但最后他还是毅然决定让他们自食其力，去社会上打拼、磨练，他为自己的弟弟妹妹感到骄傲：“我也犹豫过，是继续让弟弟妹妹留在公司养着他们，还是让他们到社会上寻找适合自己的工作，我希望自己的弟弟妹妹自食其力，靠自己的本领吃饭，同时也在社会上体现自己的人生价值。他们出去找到了自食其力的工作，我觉得他们当保安和洗碗工，做对社会有益的事，不丢人，非常光荣！现在他们做到了，我为他们骄傲。”

呵护子侄

推人及己，陈光标对于下一代的教育观念中，不乏一位民营企业家的真知灼见。

孩子是祖国的未来，是祖国的希望，是民族的希望，未来社会的竞争一定是人才的竞争，所以身为家长，对孩子的成长负有不可推卸的责任。从小就要对孩子进行良好的正面教育，让他们幼小的心灵感受到一切都是灿烂而美好的。

尽管陈光标的弟弟和妹妹生活并不宽裕，但他也没有选择多帮助一下自己的弟弟和妹妹。不过毕竟血浓于水，陈光标也在想通过什么样的方式来帮助自己的弟弟和妹妹，他深知下一代要受到良好教育的重要，于是他决定帮他们培养教育好孩子，他选择了资助下一代的教育。陈光标讲道："因为我弟弟和妹妹小时候不是没钱上学，那时家里是有钱给他们上学的，他们自己不愿意上学。他们现在三十四、三十五岁。我没有义务去帮助他们，但有义务帮助他们家的小孩上学，帮他们付生活费、书本费。救急不救穷。"

"一直在想如何帮助他们（弟妹），最终还是决定帮他们培养教育好孩子。除了每个月给的教育费外，我会常常打电话给外甥、侄子，跟他们谈心、教他们做人道理，每逢寒假、暑假还会组织孩子们旅游以增长见识。"对弟、妹，陈光标并没有帮助很多，但对弟、妹的孩子，陈光标却总是慷慨解囊。他把弟弟、妹妹两家总共六个孩子的学费、杂费、医药费以及平时的零花钱都包揽下来了。陈光标深有感触地说："我的弟、妹被生活的磨难耽误了前程，他们的孩子，我一定要扶持好，让他们读好书，将来有所作为。"

他还说："人非草木孰能无情，更何况血浓于水呀。作为哥哥，我对亲人也是充满感情的，一直在想如何帮助他们。我觉得，如果给弟弟妹妹留下一大堆鱼不如教会他们的孩子钓鱼捕鱼的本领。因为再多的鱼

也有吃完的时候，而钓鱼捕鱼的本领可以让他们的孩子受益终身。所以，我没有给他们很多金钱，而是帮他们培养教育好孩子。教育能够改变一个国家的命运，也能改变一个家庭的命运。这就是我多年来一直坚持不给弟弟妹妹钱，而是每月给他们孩子二千元教育费生活费的原因，当然，在他们家庭遇到困难的时候，我该出钱的出钱，该出力的出力，这是人之常情。所以，尽管有人不理解甚至不认同我这么做，我还是会坚持这么做下去的，我觉得这是对亲情观和财富观理解的不同吧。”

对于下一代的教育，陈光标十分担心。一次，他在接受《新民周刊》记者采访时，针对父母对子女的教育问题，他讲道：“你看现在女大学生跟大老板同居的，那父母教育就有问题了。企业家经常跟企业家交流，我都知道的，他找个女朋友，××学校的，他也找个女朋友，××学校的。下午放学的时候，车开到学校门口，把人带跑了。我看到以后，我真气，恨不得拿把锤子把他车砸了。你说四五十岁带着个十九岁二十岁小姑娘，我心里面还真难过，把人家前途都破坏了。”

“现在的大学生普遍文化水平和各方面能力都是比较高的，但是还有相当部分素质不是很好，他没有良好的心态面对社会，感觉自己了不起，有满足感。”

第九章 汶川救援
DIJIUZHANG WENCHUANJIUYUAN

“矮一点，矮一点！吊那么高干嘛？”救援过程之中，狂躁的陈光标时常提高嗓门大声呼喊，当他看到吊车稳稳地将楼板吊到一边时，又立即后悔地说，“我不该大声的。我应该感谢并向我的员工们致敬！”

“爱不能上锁，爱需要传播。”在汶川的地震中，他用自己的实际行动来诠释他心中的爱，来传播对他人、对社会的爱。有人说：“在抗震救灾英雄中，如果拿三国人物相比照，陈光标应该是‘常山赵子龙’。”

紧急行军

人在做，天在看。作为首支与军队几乎同时抵达地震灾区的民间救援队，陈光标和他的同事们创造了太多惊人的事迹。而这些数据背后，掩藏着的不是一时的心血来潮，而是数十年如一日的慈善坚持。

“2008年5月12日14点28分，这个时间对于我们来说充满了恐惧。当时我们全家人正在看电视，我坐在靠窗户的地柜上，心想怎么地柜都在晃动呢？最先感觉到的是姐姐，她说地震了……”陈光标的弟弟陈景标回忆当时的情景。

2008年5月12日，中国——汶川，8.0级特大地震。顷刻间，地动山摇，汶川、北川、什邡等多个地方楼房倒塌，成为一片废墟。生命在巨压下发出呼喊。这是一个令国人伤心的纪念日。这个日子对全国人民来说，都是一个不愿或不堪回首的日子，但这也是人们必须铭记的一个日子。在这场灾难中有无数顷刻间罹难的同胞，这让全中国上上下下的人们都经历了一场心灵的震颤，无数人们都泪流满面，让人们感受到生命的渺小与宝贵，时间的漫长与瞬失。

而就在2008年5月12日下午，仍在召开董事会的陈光标接到了四川的一位好友电话，好友告诉他汶川发生了大地震，北川、德阳、汶川等地大量房屋倒塌，陈光标在得到这个消息后，立即将董事会现场变成了救灾研讨会。陈光标和公司董事商量：面对灾难，公司能做点什么。

有人说："那就捐款呗，除了这样我们还能做什么呢？"听到此话，陈光标语重心长地说道："我们这些年一直在做拆迁，对于房屋结构、倒塌房屋清除都有丰富经验，我们的破拆队在那里一定能派上用场。"陈光标说，"你们将心比心，如果是自己的家人、孩子压在废墟下，那是什么心情？"

听到这一席话后，在场的人都沉默了。陈光标说服了股东，向正在江苏、安徽等地的六十台准备分别前往山西、北京、天津进行拆迁工作的工程机械下达命令："原地掉头，开赴灾区，将三分之一原有的机械操作人员换下，把能吃苦、技术过硬的优秀员工调上去。"

在第一时间陈光标果断地做出决定，他要将六十台准备派往北京等地的工程机械派发到四川救灾，同时，每辆工程机械配备两名操作手，共一百二十人火速赶往前线。也就是在汶川大地震后的两小时，陈光标就率由六十台挖掘机等大型工程机械和一百二十人组成的抢险突击队直奔灾区。

一路上，由一百二十人、六十台挖掘机、吊车等大型工程机械组成的一支"民间抢险突击队"，从南京、合肥日夜兼程，于三十六至四十七小时内"几乎与部队同时抵达灾区"，并迅速展开大规模救灾行动。而陈光标则担任队长一职，"去现场救灾！"这是他在地震发生还不到半个小时做出的决策。在动员员工时，陈光标不无激动地讲道："四川大地震了，好多孩子、遇难同胞和老百姓都埋到房子里了，我们将心比心，如果说是我们自己的父母和孩子埋在废墟里面我们是什么样的心情？人在做天在看，现在该我们行动的时候到了，我们火速前进。"

至5月13日下午3时，陈光标就已经赶到了都江堰市，他几乎与救援部队同时到达。就在第二天早晨步行进入北川县城，成为第一批到达重灾区的志愿者。同时，另一支队伍携带重型抢险装备，翻越秦岭，进入四川。次日下午3时，六十台工程机械全部抵达四川。这些工程机械包括：挖掘机、推土机、吊机等，到达的地区除了都江堰外，还有什邡、德阳、绵竹、北川、安县和映秀镇。陈光标带领的"民间抢险突击队"成为抵达地震灾区的首支民间自发的救援队伍，其集结速度之快令军事专家都大为赞叹。

而到了汶川后，陈光标顾不上一路奔波劳顿，立即组织同事们进行抢险救灾，全力展开搜救遇险群众的工作。为节省时间，他们吃饭全部在途中解决，食物基本上都是压缩饼干和冷水泡面。民间抢险突击队的每一个人每天都承担着繁重的搜救任务，体力严重透支，但他们没有停歇，只想着多救一个人。陈光标不无感慨地说："我当时丝毫没有感觉到危险，我脑子里想到的是多救一个人……我们拿这个事情也像一场战争一样，尽量做到最好最快，做得更完善一点。"

多难兴邦，天佑中华。"5·12"汶川大地震，给我们带来了巨大的伤痛，同时也极大地激发了中华民族的全体爱心。在灾难面前，中华儿女群策群力，共克时艰。在四川人民饱受地震灾害的危急时刻，陈光标带领着他的抗震救灾的民间突击队第一时间奔赴到地震重灾区四川省汶川县。经过连续奋战，这支民间突击队在废墟中搜救遇难群众，找到现金八万余元，抢救财物三十余万元……这都受到了当地党委、政府和广大人民群众的高度赞扬。可以说，险情就是命令。在险情面前，陈光标及突击队成员表现出大无畏大奉献的精神，那一幕幕感人事迹已成为抢险队伍的缩影。

只身赴险

在大灾大难面前，许多中国人都爆发出了善良的巨大本能，陈光标便是他们当中杰出的代表。亲临现场、只身赴险、捐钱捐物，无论哪一方面，他都体现出一个中国真男人的做派！

“5·12”汶川大地震中，在第一时间，陈光标带领公司一百二十人，调动六十辆重型机械设备日夜兼程奔赴灾区，参加抗震救灾战斗。

陈光标的英明果断决策及雄才谋略，拉开了这场举国哀伤共赴国难的民间力量大整合的帷幕。从江苏、安徽、武汉到灾区，这支民间救援力量不舍昼夜，从中国东部沿海，赶赴西部灾区……这是第一支民间救援队伍。到2008年5月14日凌晨3点，陈光标的先遣工程机械队到达四川，要知道他们刚刚经过一千多公里的长途奔波。陈光标和手下几乎都彻夜未眠，他们顾不上吃饭和休息，也来不及整顿长途跋涉的疲惫，便开始争分夺秒，投入到救人的行动中去。

为此，陈光标还特意给一百二十名操作手开了一个小会，他向员工们承诺：他们在灾区工作的工资，将从平时的每月五千元增加到二万元，而且每五天发一次。这极大地鼓舞了士气。

与此同时，陈光标冒着余震、泥石流和山体坍塌的各种危险，积极参与救灾抢险。一路上，原本山明水秀的所在，处处变作断瓦残垣，这一切都尽收陈光标的眼底。他心痛地讲道："太惨了！真没想到地震如此残酷！"

陈光标只身前往现场，他更加真切清楚地知道灾情的严重程度，也看到了地震的残酷无情。由于当时的救援机械十分紧缺，单单依靠部队官兵人抬手搬是十分吃力的。这时，陈光标和他的员工以及他的大型机械正好派上用武之地：由于多年来他们一直从事拆迁工程工作，因此在清理坍塌现场方面，有着十分丰富的经验。

在沿途行进过程中，坍塌下来的泥石流将山路全部堵塞，救援部队无法前行。看到此，陈光标便指挥推土机开路，一个多小时后，开辟了一条通路。可以说，这是一条重要的生命通道，靠它，来自成都军区的搜救官兵和随后赶来的队伍得以挺进灾区。陈光标打通的，是通往北川、汶川和映秀的生命线。

之后，陈光标还带领队伍推出映秀镇的停机坪，在岷江边修出了几公里的道路，为大部队进入灾区救援赢得了宝贵的时间。

相较于日夜颠簸疲惫不堪的每一个劳累的血肉之躯来讲，那些生命更重要，没有什么比救命这一任务更紧急更重要了。在奔赴灾区途中，陈光标已经目睹房屋成排倒下，如果早到一分钟，就能多挽救一个人的生命。陈光标说："沿途看到民房倒塌，有很多部队官兵正在进行搜救，看到我们，部队领导主动过来打招呼，问能不能支援他们一些机械车辆。"

在都江堰，陈光标也响应领导要求，留下二十台机械车和四十名操作人员，向北川、绵阳前行。2008 年 5 月 14 日上午 8 点，陈光标和汶川地震指挥部取得联系后，工程车被迅速调到都江堰、北川、什邡、绵竹等重灾区。陈光标则亲自带着十七辆吊车、推土机、挖掘机、炮头机从都江堰出发，向受灾最严重的北川县进发。

众所周知，从都江堰到北川县的盘山路是一条险途。当时，在通往北川的盘山公路上，巨大山石几乎将路面堆得满满，而在路两边，一边是乱石纷纷滚落的山体，一边又是四十多米高的悬崖，悬崖下则是波涛滚滚的岷江。一些巨石过大，以至于推土机根本就推不动，这时，只见陈光标爬上一边的巨石，指挥机械用铁臂先把石头砸小，然后再推开。

接连不断的余震、雨水还造成阵阵泥石流，会时不时地从山体滚滚而下，因此被石块击中，瘫痪在路边，遍体鳞伤的大车随处可见。与此同时，救援的队伍随时随地都可能发生危险。

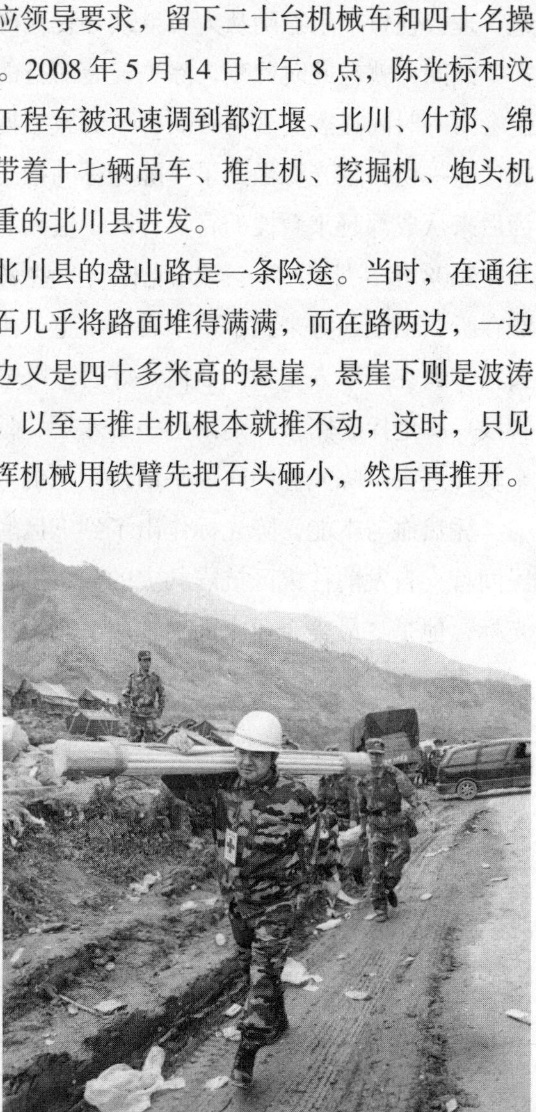

一次，当推土机刚把巨石推下悬崖，路基就发生大块垮塌，垮塌点仅离陈光标两米。尽管发生了如此险情，但陈光标关注

的依然不是个人安危，而是北川县的灾民：环境如此恶劣，北川县的灾民们随时都有可能被死亡吞噬。只见陈光标站在他的车队前，铿锵有力地说："什么也阻挡不了我们！提前一分钟打通北川道路，就能多救出一个生命！"

陈光标脸色沉重，与救援人员奋力抢救灾区的人民，由于忙于救人，石块刺破了陈光标的手，鲜血直流。当救援人员与他一起抬伤者和死者时看到这一切时，急忙地说："陈总，你的手流血了。"而陈光标却丝毫没理会伤口，示意随从人员继续寻找瓦砾下的生命。

试问，就在此时此刻，除去轻装简行的军人，有哪一个成建制的单位会第一时间在震灾现场开展有效的救援搜救工作？还带着大型救援机械？这一切，陈光标做到了。陈光标的推土机逢山开路，遇水搭桥，也为后来从成都赶来救援的官兵开辟了道路。

2008 年 5 月 27 日，当陈光标与一些名人明星，如崔永元、韦唯、濮存昕、王宝强等来到了德阳看望学生。当时，他们被湍急的河流挡住去路，就在一车人不知该如何是好时，陈光标主动下车走进激流，深一脚浅一脚地探起路来，走出了一百米后，他顺利地走到河对面，这才让车辆开过去。陈光标的这一举动使车上的人纷纷鼓起掌来。

凭热血与本能，陈光标作出了到灾区救援的决定，这也成就了中国民间首支自发前往灾区抗震救灾的队伍。瓦砾遍地的废墟上，走出了陈光标，他是"最美企业家"，他用一副肩膀，挽救了百余条生命。

肩托生命

救援现场，死神与你贴身肉搏，生命就在肩头一点一点消散，时时面临着生与死的拷问，这也许是陈光标一生中所做过的最为艰难的"慈善"。

早在八年前，也就是 2000 年，陈光标就已开始涉足废旧建筑物的

爆破与拆除。几年下来，陈光标积累了丰富的拆废经验，有了拆除行业的专业背景，陈光标有足够的底气喊出：“让我来！我是专业拆迁的！”

从 2008 年 5 月 14 日开始，在整个汶川大地震的拯救区域之中，这句话出现的频率最多，也最让灾区的人敬畏，它已成为守望亲人的受灾群众的振奋剂。而陈光标所带领的团队，则是一个专业的机械操控队伍和六十台大型机械设备，这个队伍一大半由退伍军人组成。

在 2008 年 5 月 12 日灾情发生后的两小时内，陈光标的一百二十名员工就火速从江苏、安徽两地赶往灾区。由于任务来得太突然，好多员工连衣服都没有准备，当他们到了成都以后，还是陈光标为他们统一买的。虽然一直吃不好睡不好，但却丝毫没有消磨他们救灾抢险的斗志，一个个员工干起活来毫不示弱，他们曾同声对陈光标说：“我们一定同甘共苦，坚持到底！”

一路上，陈光标和他的员工救助灾民无数，而且成为救援的主力军之一。在进入北川中学的一公里、二公里、五公里路段上，分别都有山石或土方挡路，正是他们开动十几辆推土机、铲车，将土方推掉，打通道路。

陈光标怎么也不会想到，当初他决定进入的拆废行业会在多年后把他推向历史与生命拯救的最前沿。让陈光标更意想不到的是：他一向秉承的退伍军人为主的用人观念也在关键时刻展示了巨大的力量。

历尽千难万险，陈光标的救援队伍终于到达北川县城。这是受灾最严重的地方，在北川中学，有一千多个孩子被埋在废墟下。只有片刻的歇息与停留，陈光标及他的员工立即展开了与死神赛跑的援救工作。

废墟之上，陈光标及他的团队以专业经验呵护珍贵的生命。值得一提的是，陈光标带来了一些看似并不起眼的东西：一两平方米左右的小木板，它们究竟是用来做什么用的？陈光标讲道：“吊楼板时，基本上都会扬起大量的灰尘，而孩子们大多数是头朝上的，一旦这些灰尘冲进孩子们的气管，他们很容易会窒息或被呛死……”

在现场的救援战士们无不惊诧万分，大家都没想到陈光标如此地细心与专业。在现场，但凡遇到难题，人们的目光便会齐刷刷地投向陈光标：仿佛在问怎么办？

救援现场，由于没有生命探测仪，陈光标就用喇叭喊。喊完后，陈光标会立即趴下，去听有没有回应。如果有，他会不顾余震的不时发生，自己顺着声音的地方去寻找。然后钻进废墟，向里面的生命伸出希望之手。当陈光标一旦听到有微弱的呼救声传来时，他就建议道："如果用吊车直接吊走钢板，很容易使钢板滑下，砸伤下面的孩子。我们可以先用钻机在水泥板上钻孔，再用钢丝穿进去，拦腰捆住，然后用吊车抓住钢丝。"

凭借专业经验和谨慎操作，陈光标和他的员工，从废墟中挖出二百多个人，其中救活一百三十一人，而被陈光标亲手营救出十四个人，对此，陈光标觉得远远不够！据一起奋战在现场的员工统计，陈光标在地震灾区共计背过二百多具尸体。一想到北川中学罹难的一千余名师生，他就无比遗憾。

当一个高中女生被陈光标背出来时，将女生放在操场上，她拉着陈光标的裤管，发出微弱的求救声："叔叔救救我！我不想死……"孩子的声音很微弱，眼神却用了很大的力气，她不想松开自己的手，她怕一松开陈光标就会丢下自己，怕一松开自己就会死……看到孩子的眼神，陈光标非常难过："你放心，叔叔一定把你救活。"看孩子还是不肯松手，陈光标说："你坚持一下，医务人员马上就到了，让叔叔再去多救几个你

的同学吧。”话音刚落，孩子的手一下子就松开了，她知道还有很多同学被埋在下面，他们跟她一样也想活下来！

看着孩子这样，陈光标心里一阵难过，但是他很快就清醒过来，他必须多救几个孩子出来。于是他毫不犹豫地奔向了废墟……

然而，半个小时之后，当陈光标再去找这个女孩时，她已经停止了呼吸。陈光标很心酸，他找来一本书，将书本摊开，遮盖了女孩子的脸。他说：“孩子走了，也要走得有尊严。没有条件，只能用书本去遮盖孩子的脸。”

工作上一向低调的陈光标，这一次他却十足地狂躁。这支汶川大地震发生后最快抵达现场实施救援的民间机械化队伍，在极力抢救生命的同时，突然发现自己正日益陷入更深的心灵之痛中。

“矮一点，矮一点！吊那么高干嘛？”

救援过程之中，狂躁的陈光标时常提高嗓门大声呼喊，当他看到吊车稳稳地将楼板吊到一边时，又立即后悔地说：“我不该大声的。我应该感谢并向我的员工们致敬！”

最后，陈光标和他的员工执拗地从废墟中挖出了二百多具孩子的遗体。只见陈光标那身深绿的野战服被遗体的鲜血染红，他不停地将这些遗体从废墟中背出，他哭喊，他怒吼。对这名有着多家企业且身价几十亿的创业型企业家来说，此时他只是一名志愿者，一名深刻体味生命脆弱的普通人。

最亲的家人得到了陈光标的庇佑，那些与他没有任何血缘关系的陌生人，也得到了他的慷慨解囊，作为中国慈善的领跑者，他一马当先，用多种方式报效社会。

不能停歇

在瓦砾中搜寻幸存者，与死神争夺生命，陈光标用罕见的执著与坚韧，诠释了中国企业家高度的社会责任感。

“5•12”汶川大地震发生后的两天内，也就是2008年5月14日晚6点，陈光标便已前往北川老城。一路上遭遇山体滑坡，将路堵得水泄不通，短短三公里的路程，陈光标和员工却非常艰难地行走了四个小时，直到晚上十点才到达北川老城。家园尽毁、大地开裂、千年文物毁于一旦，这一切，陈光标尽收眼底，但当时的他却感觉无能为力。在参加一次访谈节目中，他回忆说：“当时的北川县城已是一片废墟，几乎看不到一个活人，但我能听到此起彼伏的呼救声……当时感觉不寒而栗，从脚麻到头上。因为大型设备都还没到，又是晚上，面对废墟里的呼救声，我也无能为力。”

救援现场，陈光标不停地用扩音器向灾民喊话，鼓励受灾群众要坚强、要坚持。陈光标用扩音器不断地喊道：“乡亲们，你们保存体力，我们的救援部队马上就到了，你们要坚持住。你们不要说话，保持体力，也不要睡着了，全国都知道这里发生了灾难，救援人员马上就到。”

每经过一个废墟，陈光标就先用喇叭喊话问里面有没有人，然后再趴在地上，将耳朵贴在地上听有没有声音。一旦发现里面有回应，他就立即沿着声音的方向寻找。

尽管救援条件异常艰难，但陈光标却一刻也没有停留。在北川的曲

镇幼儿园，陈光标把孩子的小衣服小玩具放在孩子遗体边，开始掩埋。陈光标忽然觉得自己精疲力尽，不是因为几十个小时没有休息的连续挖掘，而是“每一次挖出死者，我都觉得心里会垒上一块大石头，堵！沉！”

而更惨烈的一幕再次呈现于陈光标的眼前：在众多厚重的楼板下，孩子们头挨着头，脚并着脚，有的面部青紫，有的四肢被泥沙掩埋；有的小手，无力地伸向天空，挣扎着，渴求着命运的垂怜！

看到这一幕后，四十岁的汉子陈光标一头扎进了救援工作。他，不再是什么企业老总、指挥者了，心里只有一个念头：多扒开一块砖石，多争取一秒钟，就有可能多救一条命！他身穿的墨绿迷彩服已被血浆染成了乌红，但他心中只想到珍惜每一分每一秒，救助更多的灾民，他一分钟都不想停下来：“我恨自己没能再早点赶到灾区，那样也许能拯救更多人的生命。”

“在救灾第一线，我一分钟都不想停下来，一停下来就觉得愧对灾民，就想哭。”这是陈光标的肺腑之言！

虽然陈光标经常参加类似的救援，但从未体验北川的残酷。他说：“在北川，我全身都是血，累得走不动了。我不知道自己背过多少遗体。”

“我亲手从废墟里救出十二位幸存者。聚源中学二人、北川中学五人、北川曲山镇幼儿园一人、北川茶场职工二人、北川宾馆职工一人、汶川百花小学一人……”陈光标数着，每一个生命对他来说都是如此的珍贵。

不知过了多久，经过连夜抢救，陈光标已经体力不支，又困、又渴、又饿。每天，陈光标和他的员工们只休息三四个小时，一有困意，大家就唱《团结就是力量》。由于在灾区缺少大型机械设备，所以很多士兵救援时只能用手刨石块并用肩膀扛楼板进行救人。这时，陈光标带来的工程车则大显身手，救援前几日，挖掘机几乎每天都能挖出二百多人。17日，在北川中学，陈光标与他手下的两位员工在救援一个孩子时，是先通过千斤顶将楼板顶起，之后，再用一块块砖头将楼板垫起来，最后终于从废墟里救出了孩子，短短两个小时内，陈光标就救出了五个孩子。

媒体人王安曾这样讲："在抗震救灾英雄中，如果拿三国人物相比照，陈光标应该是'常山赵子龙'。"为了争分夺秒地救人，陈光标困了就在车上躺一会儿，饿了就啃一口面包，喝一点矿泉水。在瓦砾中搜寻幸存者，与死神争夺生命，他用罕见的执著与坚韧，诠释了中国企业家高度的社会责任感和民族大义。

生死攸关

劫后余生，不作停留，继续奔赴救援现场，陈光标用罕见的担当与奉献，展示了中国企业家的高风亮节。

在争分夺秒的现场救援中，陈光标也面临过生死的考验。有一次他独自一人翻越山头前往救援点，因为山路崎岖，无法驾车，只能步行。就在他快走到山顶的时候，突然发生余震。山体崩塌，他不仅受了伤，还因为道路被掩埋而耽误了行程。他只有等到余震过去才能前行。看天色已晚，便在山顶一棵树下露天而眠，休息了一晚。第二天一早的时候，第一缕阳光还未洒向山头，陈光标就被咕咕叫的饥饿之腹抗议而搅醒了。几乎一天没有吃东西，他已经饿得头昏眼花，加上腿上的伤，很难行走了。彼时的陈光标只觉得生机渺茫。前无村落，后无援兵，在那个人迹罕至的山顶，有时几个月都不见人来。难道自己就要葬身在这片荒芜的山顶了吗？想到自己遇难后父母妻子可能连尸首都找不到，他不禁悲从中来，但陈光标从来就不是向命运低头的汉子。冷静思考之后，他决定要活下去，想尽一切办法也要活下去。自己要做的事情还有很多，要实现的理想还有很多，这些都要求他要活下去。于是他环顾四周，看到有棵树上还有不少绿叶，便没加多想，抓下几把就往嘴里塞。狠命地塞了好几口，终于暂时止住了饥饿。他凭借这暂时得来的力气支撑着向山下走。走了没多久，他开始觉得嘴里有奇怪的反应，仔细一感觉才发现嘴里不知何时长满了小泡，不小心一咬还咯吱咯吱响，一时间痒痛难忍。这时他意识到可能是之前吃的树叶有问题。最后，实在受不了的他在一处小店的废墟里找了一瓶白酒，猛地喝了两大口消毒。烈酒的刺激痛得他龇牙咧嘴，但忍耐了几个小时后居然真的消炎了。就这样，几天后，他终于一瘸一拐地重新出现在大家面前。而此时，已有很多人以为他遭遇了不测，几乎放弃了他生还的希望。

派发温情

李白曾诗云："千金散尽还复来。"一千多年后，一个江苏人来到他的故乡，果真做到毫不吝惜散尽千金。他，不仅逢山开路、遇水搭桥，不仅身先士卒、救人危难，还把一沓沓钞票送到灾民手中——"我就是想大难之后，给他们一点切实的、温暖的安慰。"

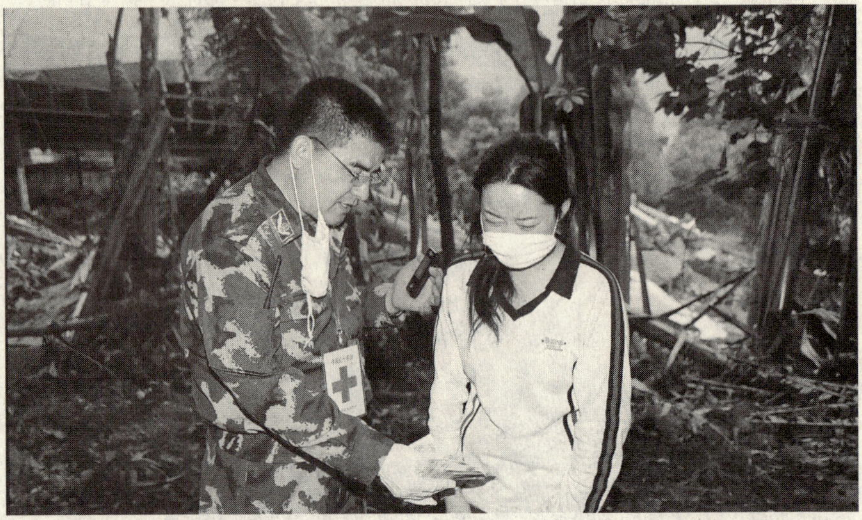

2008年5月13日晚上10点，陈光标到达都江堰。当他满眼望去，到处都是废墟，周围人群的哀号声音缭绕于耳，此情此景，陈光标忍不住哭了。他拿出现金开始向周围的人们直接捐赠。随后，陈光标驱车几乎跑遍都江堰每一个他所知道的有受灾群众的地方，陈光标将他的悲悯之心通过捐赠现金的方式直接表达出来。陈光标捐给灾区人民现金，一直持续到14日凌晨1点。仅在都江堰，陈光标就已捐出现金约二十万元。

至5月14日上午，在擂鼓镇，这个距北川约五公里的地方，陈光标刚路过此地，当他看到百余名受灾群众正在路边等待救援，他立即跳下车去，从车的后备箱取出数沓百元现钞，逐一发到在场的受灾群众手中。眼前的这一切，无不令在场的很多受灾群众感动落泪。而上车后的陈光标则轻声地说："他们太可怜了，我能帮多少就帮多少吧。"捐到慈善机构的钱需要一个过程才能到灾区人民手中，但现在他们什么都没有了，这点钱能让他们买吃的喝的，也是最直接能帮到他们的。

当时有记者看到，三万余元的现金一下子就发完了，而陈光标二话没说，又冒着余震登车前往北川县城。

陈光标在废墟中艰难地跋涉，在那些无情的钢筋混凝土之下，则不时露出遇难孩子的身体，每每如此，陈光标总会停下脚步，从废墟里抽出一本本教科书，《化学册》、《作文集》、《英语》，然后拍去上面的灰尘，将书翻开来为孩子们遮住因痛苦和惊恐而变形的脸。只听陈光标的嘴里在默默地念叨："这下没有苍蝇来叮你们了，也没有太阳晒到你们了。"

或许，此时的陈光标想起了自己五岁的儿子和他的童年。这个一碗方便面便能撑一天一夜的铁打汉子陈光标，刹那间已是泪流满面。在灾区，这样的动作，他不自觉地已经做过了很多次。

一路上，陈光标和他的队伍除了清理坍塌房屋，他还一路马不停蹄地及时捐助。在去北川途中，一批批向安全地方转移的群众经过陈光标车队。看见流离失所、缺衣少穿的灾民，陈光标又忍不住停下车，将同事从成都取出的二十五万元现金开始向灾民发放。每人一百元，二百元，三百元……累计现场救助一千多人。

“在地震中，灾民们的财产几乎毁于一旦，当触摸到现金，相信可以让灾民感到一点温暖。”陈光标这个“散财”的人，他坚信，受难群众会感受到重新建好家园的信心和力量的。据了解，在震后二十多天里，陈光标共向受灾群众派发了百万余元的现金，为此，陈光标说：“有时，因为人太多，发钱都发到手软。”

在这次抗震救灾过程中，有一封信令陈光标至今都难以忘怀，这是一封从废墟里捡出来的信。那是陈光标参与北川中学救援的第二天，一名北川中学的老师找到了陈光标，说从北川县教育局尚局长遗体上找到一封信，竟然是写给他的。原来，这位教育局局长早在四月份时，就在电视上看到中央电视台报道关于陈光标优秀事迹，当时他荣获“中国首善”的荣誉称号，这令局长感动不已，于是写了这封信，希望陈光标能给北川中学捐赠二百台电脑，让山里的孩子也能触摸到外面的世界。局长准备于5月底去南京亲自拜访陈光标。然而令人遗憾的是，5月12日毁灭性的地震发生了。局长没能亲手把信交给陈光标就在地震中遇难了。关于这段不愿回忆的往事，陈光标都会饱含热泪地说：“每当想起这封信我都感到特别遗憾，恨自己没能再早点赶到灾区，那样也许能拯救更多人的生命。”

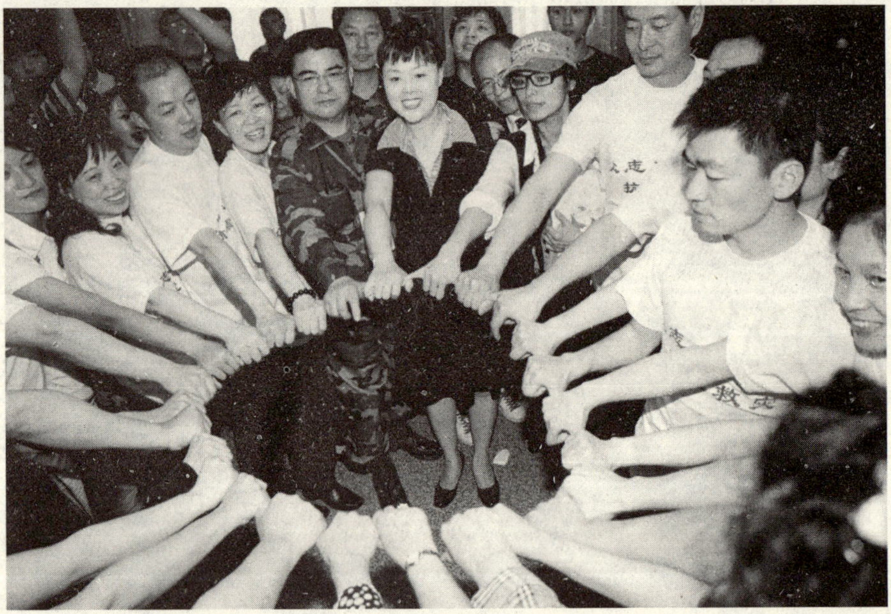

为了完成尚局长最后的心愿，6 月 22 日陈光标再次来到北川中学，为那里的孩子们捐赠了六百台电脑。北川中学的孩子们留下了激动的泪水，当天，陈光标被授予了北川中学荣誉校长的称号。

而截至 2008 年 6 月 22 日，陈光标为地震灾区捐赠了七百八十五万元现金，六十台机械设备，二千三百顶账篷，二万三千台收音机，一千五百个电风扇，二千台电视机，一百七十吨大米，总共捐赠款物多达七千三百多万元人民币。

众所周知，陈光标既不是中国首富，也不是江苏首富，但是他多年来却能始终坚持不遗余力地帮助那些需要帮助的人们，这对中国公益事业的发展起到了很好的推动作用，陈光标在抗震救灾中的壮举，深深感动着灾区乃至全国人民，他在用实际行动履行了一个民营企业家的责任。

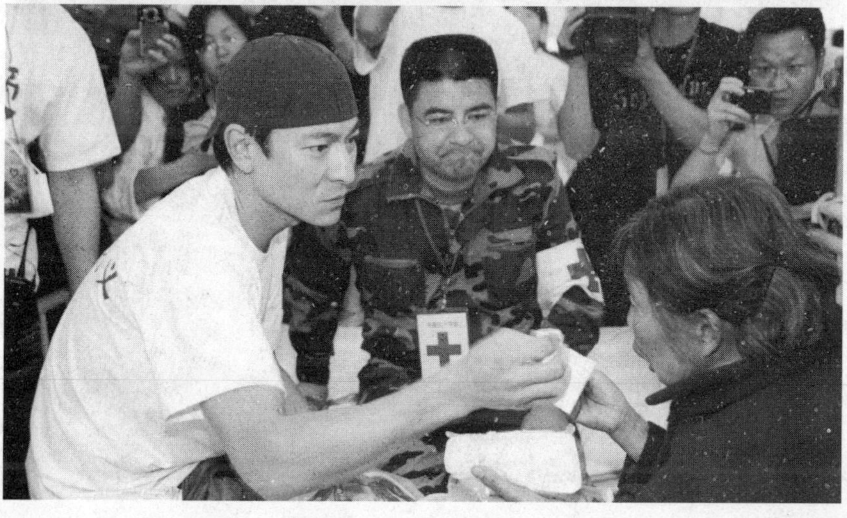

2008
5.12
奠

江苏黄埔与西

支援灾区
大灾献大爱 传递人间真情
风雨同舟

第十章 名震华夏
DISHIZHANG MINGZHENHUAXIA

“向你致敬！”

付出总会有回报，陈光标十几年如一日的慈善行为，在汶川赈灾中集体爆发了。当然，他的收获也是超过预期的，温总理代表全国人民对他说：“我向你致敬。”

无法用数字去统计，温总理有多少次走到田间、地头与老农们共话农时的身影；也数不清多少次，温总理关心生产、关爱工人，到工厂、车间、矿井与一线工人共进午餐的真情和细节；而更无法忘记的是风里雨里那位老人的身影，那是在抗洪的大堤上，温总理举着雨伞的坚毅和镇定；在汶川地震的灾区，我们忘不了温总理这位年近七旬老人的热泪、倦容和半白的头发……还有他那为了挽救生命而沙哑、焦心的“喊话”，和他“废墟下哪怕还有一个人，我们都要抢救到底”的高度负责。

值得一提的是，温总理的亲民爱民，不是装出来的摆出来的，而是发自内心的，用行动做出来的。

生活中，但凡有幸与总理握过手的无论是孩子抑或老人，无不为之感动，认为这是三生有幸。有网友这样写道：“那是一个星期五，一个值得纪念和回忆的日子，在这天的15点40分左右，我与尊敬的温总理亲切握手、合影，零距离的肌肤相接，让我直接感受了国家领导人的个人魅力，也更加崇敬我们的平民总理。”还有另外一位网友这样写道：“命运总是在你意想不到的时候给你一个小小的惊喜，也算是苦难人生中的巧克力。在温总理参观时，我们热烈鼓掌，总理走到我们近前逐一和我们握手，在与总理握手的瞬间心跳明显加速，这双手虽然苍老但却充满温暖的力量！这次见到总理，确实体验到了他亲民的一面，轻车简从，随员不多，谦虚和蔼，上车后还专门起身和我们挥手道别，虽然只有短暂的三十多分钟，却让我再次感受到了总理的一份真诚！”

温总理的手，是一双苍老但却充满温暖的手，总理的谦虚和蔼以及真诚，无不印记在人民的心里。身为“中国首善”的陈光标也有幸与温总理握手，而令陈光标意想不到的是，总理向他致敬！

在2008年5月23日的清晨5时，陈光标决定从成都市赶往绵阳发放收音机，上午9时，在绵阳市九洲体育馆安置点，陈光标恰好遇到前往九洲帐篷学校看望复课师生的温家宝总理。温总理对陈光标说：“你是有良知、有感情、心系灾区的企业家，我向你表示致敬。”在讲这一席话的过程中，总理紧紧握着陈光标的手，这一字一句无不深深温暖了陈光标的心。

随之，陈光标对总理说：“我们企业家能有今天，都要感谢党的改革开放政策。国家遇到了危难，正是考验我们企业家的时候到了。帮助灾区人民，是我应尽的义务和责任。我们应该冲在前面，分担困难。我给灾区送物资，就是要把全国人民的深情厚谊传达给灾区的父老乡亲。”

总理点头说：“企业家要有经营的理念，还要有爱心，有灵魂。谢谢你们！”

时至今日，陈光标仍然清晰地记得和总理交谈。他说：“企业家做慈善，重要的是要能被政府、社会所认可。总理对我说的话就是对我做慈善多年来最大的认可，让我觉得所做的一切都值了。”

对于温总理的“致敬”，无疑一方面展现出了总理高尚的人格魅力，另一方面也说明了陈光标的义举感动了总理，感动了亿万中国人民。

有着五千年悠久文明历史的中国，一向发扬“一方有难，八方支援”的救助精神。而那些企业及企业家在此次抗震救灾中则倍受关注，他们大都以迅及的行动、慈善的姿态、大爱的精神赢得了社会的称赞，用他们的无私援助、真诚奉献向社会交上了一份令人满意的答卷，陈光标就是其中的杰出代表。而陈光标们的义举，就是一根标杆，一种示范，一面镜子，理当得到社会的“致敬”。

对一个人抑或对一家成熟的企业来讲，“人生的价值，并不是用财富，而是用深度去衡量”。企业及企业家能在社会最需要的时刻，能够积极奉献出自己的爱心，并树立起自己的道德风范，才是真正意义上的现代企业，才是真正意义上的现代企业家。可见，温总理的“致敬”，代表着亿万人民的心声，这也在向整个社会呼吁要出现更多的陈光标们。

女孩留诗

陈光标的救灾事迹不胫而走，一位在中国银行一家分支机构工作名叫葛维屏的江苏作者由此撰写的短诗《一个北川女孩对陈光标最后的话》广为流传，催人落泪：

我在北川长大
不知道江苏在哪
抱在你温暖的手里
我才知道江苏四川是一家

你拂去压在我身上的垮塌
原谅我无法给你一声回话
生命的温暖在悄悄地离我而去
我能听出你焦急地把我向生的彼岸牵拉

不是我有意忽视你的牵拉
更不是我故意不听你的话
你一刻没有停息向我迈进的步伐
瞬息间你缩短了东部与西部的时差

只是废墟截断了我结着蓓蕾的枝丫
枯萎着疼痛着憔悴着我无法给你以成活的报答
静静地躺在你那宽厚的怀里
我能做的就是让你感到其实我很听话

请你轻轻地放下我那已不属于我的躯壳
别再用你的眼泪把你的歉意表达
有缘在最后的时刻获得你的拯救

我要深深地感谢你给了我尊严的面纱

我不会忘记灾难发生的那一刹
从遥远的长江口你发出了同样震级的惊诧：
救人去，救人去，兄弟们集合吧
我们一起奔赴四川去抢救可怜的娃

让六十辆忙碌的挖掘机停下手中的计划
掉转方向以统一的姿势向西部开拔
你带着你的一百二十名叔叔们还有你的爱心
开始了浩浩荡荡穿越半个中国的横跨

从长江之尾逆行着长江的落差
你日夜兼程走进四川盆地搭起生的脚手架
冲进瓦砾与泥石里寻找着像我一样的娃
把活的孩子洗洗干净重新放回他们快乐的年华

即使我无法走近那生的队列里一起与他们玩耍
我至少明悟了啥是世界上最美的企业家
如果来生还有一次机会与你一起并肩
我愿成为你手下的员工去善待更多不幸的娃

有记者问你走过废墟可曾感到害怕
你说：怎么会，那都是一些孩子啊
即使花朵凋谢了她们的花
她们的芬芳依然会证明她们是天下最珍贵的奇葩

轻轻地将我放下
谢谢你将我的课本盖上我的脸颊
让它陪伴我走过我永不递增的年华
我会永远记住一个来自江苏的最美企业家

救灾将军

虽然没有当过兵，但自幼崇拜将军的陈光标，集军人的忠诚、勇敢、谋略于一身，四川地震救援，充分展示了他义不容辞、料事如神、决策果断、足智多谋的风格。

“灾区最需要重型机械！”这是将军式的判断。

“什么也阻挡不了我们！”这是将军式的勇猛。

几乎是一刹那决定组队救援，这是将军式的决策。

挑选平日表现优秀的操作手，并承诺在灾区救援的日子里，一周发五千元薪水，这是将军式的战前动员。

号令三支人马火速集结，这是将军式的训令有素。

携带大量物资和现金，这是将军式的后勤保障。

亲自率领重型机械队千里驰奔，这是将军式的身先士卒。

不顾个人安危，多次面临险境而不退缩，这是将军式的品格。

车辆印上抗震救灾专用车和中国红十字会的标志，所有救援人员都穿上迷彩服，戴上临时制作的中国红十字会标牌，以便保证工程机械以最快速度到达，这是将军式的沉稳和智慧。

用史上最牛中国军校的名字“黄埔”注册自己的企业，这是将军式的追求与信念。

你说这辈子最大的遗憾是未当过兵
你常在办公的间隙
凝视坦克、导弹、舰艇和飞机模型
这是一种思考
也是一种培养
培养将军的指挥力、调度力和决断力

汶川大地震
震骇了所有的表情
震碎了所有的心情
你却把我震得热泪盈眶

5月12日下午3时
地震过后的第一时间
中国所有的救灾系统
尚未启动
你却在千里之外
已果断地下达了命令
你以士兵的英勇
更以将军的远见
洞穿了战争的本质
把握了时间的基点

于是，六十台挖掘机
——整整一个装甲旅的兵力
在江苏、安徽集结，整编
远程奔袭四川

你在震后三十六小时之内
跨越二千五百多公里的长距
以第一时间，抵达灾区
此时，中国最快速的伞兵部队
尚在研究空降的可行性

三十六小时，慢如蜗牛的挖掘机队伍
一样面临着下雨的天气
一样面临着阻断的交通

但慢牛奋蹄，捷足先登

陈光标，你这个不起眼的名字
竟令所有的网民震惊
竟令所有的将军羞愧
从此，关于速度的辩解不攻自破
我知道你不是天兵神将
只是道义当先，苍生为急

三十六小时，二千五百多公里
世界机步师史上的投送记录
可供运用的只是三十六小时的劳动强度
可供指挥的却是粗笨的重工机械队伍

挖掘机太慢，你把它拉上平板车
平板车太慢，你亲坐驾驶室督车
一个驾驶员不够，要两个
一双眼睛撑不住，撑两双

我不去计算如此重装队伍的运费
我只计算三十六小时你所受的疲劳
三十六小时的故事曲折动人
三十六小时的结局是你瘫倒在驾驶室

陈光标，我不知该怎样去赞美你
你让一切的豪言壮语
你让一切的帷幕运筹
都黯然失色

如果，我有权赏封一种勋号

请接受这样一个名号：

“中国救灾将军”——陈光标

英雄礼赞

陈公讳上光下标，以字行，苏北徐郡人也，少贫甚，兄姊皆以饥亡，公幼时日担水售于市，以敷家用，复好学，每于长夜燃灯苦读，漏尽不倦。性聪慧，通格物之变，及长，入商贾行，恪直勤勉，赖以立，查世之弊，为耗材复用之道，遂大富。

公貌伟甚，方面宽颔，虎项长躯，言辞磊落，有侠义风，性复慷慨，轻财好义，少有邻伴困不能学，公暗济之。及富，养遗孤，抚老弱，立学堂，数年间施赈数亿金。远近称之。

红朝五十九年四月，壬子，蜀中汶川大震，川西及于陇南，山崩河堰，千里成墟，死者枕藉，生民流离，惨不能言，时公适巡于鄂州，闻之骤然起，招麾下而问曰：“国难遽兴，未可安坐，蜀中父老，引颈待救，某欲入川以赈之，君其助我乎？”众轰然曰：“诺！”乃集壮士百余，发重机六十，金帛二百万，趋车径往。鄂州去蜀可二千里，公路不暇息，食寝于车，昼夜疾奔，二夜一日而至绵阳，为震后入蜀之第一人也，讯到，举国惊佩。时川中震犹未息，路桥多毁，余民惊恐，公率众冒飞石，堙危罅，堑山开道而进，途逢余民辄慰济之。及入北川，公亲荷锸版，率众遍掘残垣以求生者，不眠不休，凡三日，负尸二百余，全活五人，或问曰：公惧否？公闭目良久，惨然云：彼尽童子矣！公性纯良，邑庠有蒙童陨身壁下，面目全非，公拾书覆其面，盖其状惨甚，不忍视也。后闻震中死伤之重，悲不能抑，掩面泣下。蜀民感其德，乃有生祠之议。

太史公曰：天下有大者，不可夺也！光标起于寒微，以才识自富，虽行商贾，未忘大道，富以济困，至仁也。及蜀难作，锐身赴险，千里纾难，何其壮哉！今之君子，每以世道日颓而叹，或有吝财而自矜者。及光标出，乃知世自有义者，唯名不彰也。子云：德不孤，必有邻，当此蜀难之时，冒死救生者有之，倾家以济者有之，万里入援者有之，赤县南北，振臂以助者，不可胜记，是以陈公之义，将及天下乎？幸哉！幸哉！

——《陈光标列传》

陈光标汶川救援的英雄事迹感动了千千万万的中国人，一位古文专家奋笔写下如上的《陈光标列传》。

另一位署名陈咏华的先生，写下了长达三百一十多行的叙事诗：

2008年5月12日
中国西部汶川地陷了
东部立起一位顶天的汉子
你的昂然立起
汶川就移来一座山冈

你叫陈光标
你要用手扼一扼命运的咽喉
你要用心暖一暖民族的胸口
你出发了
黄埔出发了
谁也拦不住地出发了
爱情和真诚出发了
慈善和坚强出发了

车上立着座座山
要去填汶川的灾难
车上揣着着团团热
要去燃汶川的希望
祖国大地上
从未见过这样的车队
用心旋转车轮

用情旋转车轮
用命旋转车轮
生命在 车不停
车不停 用命行

六十台机车
一百二十名操作手
在陈光标的口令中
从施工中的各地向汶川云集飞驰
都想生出春天的翅膀
都想成为生命的起搏器
你 陈光标
容不得半分一秒
在你身边打盹
容不得半点迟疑
在你面前摇晃
容不得丝毫虚情假意呀
容不得半点贪生怕死
你 陈光标
谁也找不到你
谁都知道你
你在最前列

这世上的千好万好，
能抵得上为饥饿欲绝
及时送上救命的米粒
能抵得上为这汶川艰难
捎上一句慰藉
能抵得上为这汶川天灾啊
洒上汗一颗

泪一滴

我的兄弟姊妹啊
站在这位标哥面前吧
站在这位中国首善面前吧
对天对地扪心自问
此时此刻
都想了些什么
都做了些什么
你们有没有想到富有
到底是什么含义
你们有没有想到做人
到底该得怎样站立

几乎与驻川部队
同时站立在灾区都江堰
希望和温暖也同时站立
眼前的惨景让你热血和热泪
一齐涌流
你和一起先期到达的两名助手
用车上仅有的千斤顶
顶起危难
顶走痛苦
顶起一个个生命

你将带来的二十万元现金
一百元二百元地发给灾民
不论老少人人有啊
见一个发一个
你说这点钱解决不了什么

此时的人们最需要关顾
哪怕一点一滴
一点一滴啊
此刻就是一江一河
你流着眼泪更流着深情
流啊流啊
你实现着如果有了一条河
流向别人呀
情也多多意也多多

你不顾任何劝阻
爬进摇摇欲坠的废墟
可你与孩子们对话却救不了他们
你几乎要急疯了
你拼命打着电话催赶你的车队
泪水汗水血水
浸透了你的迷彩服
也浸透了你的心

救人救人救人
你的善良让你
饿了忘啃一口面包
渴了忘喝一口水
你救起一个个孩子
你背着一个个尸体
问一问大地问一问苍天
世上有这样身价亿万的董事长吗
别家离子啊父亲重病
国家有难匹夫有责
八千里路云和月啊

一腔腾腾男儿血
为国为民
心中只有一个个他呀
恰恰忘了你自己

处处是呻吟
处处是呼救
北川中学一个被你背出的叫婷婷的女生
紧紧拉着你的手
幼小的生命怎么也不肯松开你
可你为救更多的孩子
只得狠心劝她松手
并嘱咐她千万别睡着
她听话地松开了
可当你把第四个孩子救出时
她却没了呼吸

你哭成了泪人
你一遍遍自责着
你几乎是眼睁睁看着她死去的
你说你那一刻真的要疯了
你甚至自责着自己的渺小、苍白
你奔跑在废墟上
救起一个个孩子
背起一个个尸体
几百个孩子呀
此刻无声无息地躺在烈日下
你用散落的课本盖着孩子的脸
不忍心啊你想到了
天下之美尊为善

天下之美善为尊

你的车队到了
你跳起来如同摘到了月亮
你身先士卒配合部队
参与打通北川 汶川 映秀的生命之路
抢修了近四公里断路
为大部队前进扫除了障碍
这开路先锋的作用
可谓一举一动都是汶川大幸
这时你发现机械严重不够
你想到了你四川的老朋友黄总
让他设法租调机械
可黄总找到的同行周老板就是不肯
你情急中驱车三小时赶往温江说服对方
可对方任凭租用条件优越
硬是一百个不同意
无奈之下你做出了在场人谁也想不到
也是你平生从未有过的举动
你向周老板下跪了
为灾难下跪了
为拯救灾难中的不幸下跪了
为巴山蜀水下跪了

顿时
你身后的山向高天长去
顿时
你面前的地向无垠展去
男儿膝下有黄金
上跪天下跪地中跪父母

可此刻你为周老板跪下了
周老板震惊了
在场的人都震惊了
终于周老板被感动感悟
同意出租几十台机车
这几十台机车
将又链起一座拯救生命的新城

你让一百二十名操作手
轮番上阵保证机械不停
你亲临指挥
一夜间推出了映秀直升机坪
这生命的平坦 开阔
六万多方土石啊
你成了一夜愚公

出力出钱出物
数百万元数百吨大米数千顶帐篷
收音机 电视机 电风扇
成万成千……
你的团队直接救出了一百三十多人
抬出了数百遗体掩埋上万
你陈光标一人就救出十四人
亲自背抱出二百多人
在那样的艰苦条件下
有的外国救援队数天也只救了一两人
有的甚至未救出一人
可见救人之难
你几经艰险
涉水探路 困在山谷

将仅有的面包和水给了灾民
你的轻度低血糖在饿得出冷汗时
就拔起草根拼命咀嚼
是草根的清苦让你挣出了虚脱……

在汶川这块摇晃的大地上
你 陈光标
是座不摇不晃的山
是条奔腾不息的河
你给艰难以信心和支撑
你给困苦以滋润和抚慰
有人称你是民族英雄
我想这未尝不是民意民愿
温总理在汶川再遇你时握着你的手
称赞你：有良知 有灵魂 有道德 有感情……
你是这样的企业巨子啊
你这堂堂的中国汉子

一个北川女孩给陈光标留下一首诗：
“我不知道你的名字
也不知你住哪
静静地躺在你宽厚的怀里
其实我很听话
我要深深感谢你呀
给了我尊严的面纱……”

好个尊严的面纱
陈光标的人文精神
不仅源自延扬了中国的美德传统
也有新时代世界先进理念

他的行为已震撼烙印了年青一代
这美丽而充满阳春的光华
珍视和尊重生命啊
陈光标开启了一个时代精神
意义远远不是一个民营企业家
也远远不是汶川的抗灾
而是人啊人
无论富活还是穷活都是生存
只是要掂量陈光标借用的一句名言：
在巨富中死去是一种耻辱
在中国 在这
在正走向富裕而还不先进的中国
你用行动伴着语言
向世人开诚布公
你呀陈光标
你是中国精神的富翁

数十天你在血泪中度过
你不惑之龄得到了一生的清楚
你获得了真正不惑的人格
你那身沾满灾区血泪的迷彩服
该是世界上最美的装束
如果在财富交易会上
一眼认出你来
迷彩服的光影定是你人生
最耀夺目的鲜亮
巴蜀大地上啊
你的那身迷彩服
已成了山冈的茂盛
家园的纷繁

人们脸上的笑容啊
人们心中的期盼

你似乎已离不开汶川
繁忙中你数十趟飞往灾区
你一次次的飞往
是一次次的捐献
你为了却北川一中学校长生前心愿
为一所中学捐了六百台电脑
是校长心愿的三倍呀
是否你对贫苦的援助
是否你对社会的回报
总要翻倍才会心安

你不断飞往汶川
天空熟悉你
为你开阔
大地熟悉你
为你敞怀
星星熟悉你呀
为你个挨个儿的亮
月亮熟悉你呀
缺如嫩芽圆如鲜果
是品赞你丰盈的人生哲理
少也是多呀多也是乐
太阳当然熟悉你呀
将一丝一丝的金线
绣成你面前不尽的锦绣

向前的流水

退却的山石
熟悉如同熟悉自己
晶莹的晨露
熟悉你为你洗尘
傍晚的霞光
熟悉你为你接风
你不要什么什么也不要
你只要灾难退场
你只要汶川平安
你为灾区先后捐出了一个多亿钱物
而你的心意情怀
更是汶川和中华民族的
无价财富

2009年的春节
你带着妻子和一群企业家
带来巨额慰问金
来看望灾区来灾区过年
红包发得手软
你让妻子 儿子发
你有意让儿子十岁生日在灾区过
你甚至把自己的生日改成了5月12日
这是一种何等纯朴的真善
你儿子说你开的是“黄埔捐钱公司”
人群中爆发的笑声
让世上的金钱有了童稚的单纯

你看着可爱天真的儿子笑了
你看着亲爱相依的妻子笑了
看着周围热切的人群

笑了笑了
你的笑和泪水
都是未来和希望
中国汉子啊
要哭就哭出月亮的光彩
要笑就笑出太阳的光芒

据传说
天崩地陷时
一个真汉子的一滴热血
就是一轮太阳
一个真汉子的一滴热汗
就是一颗月亮

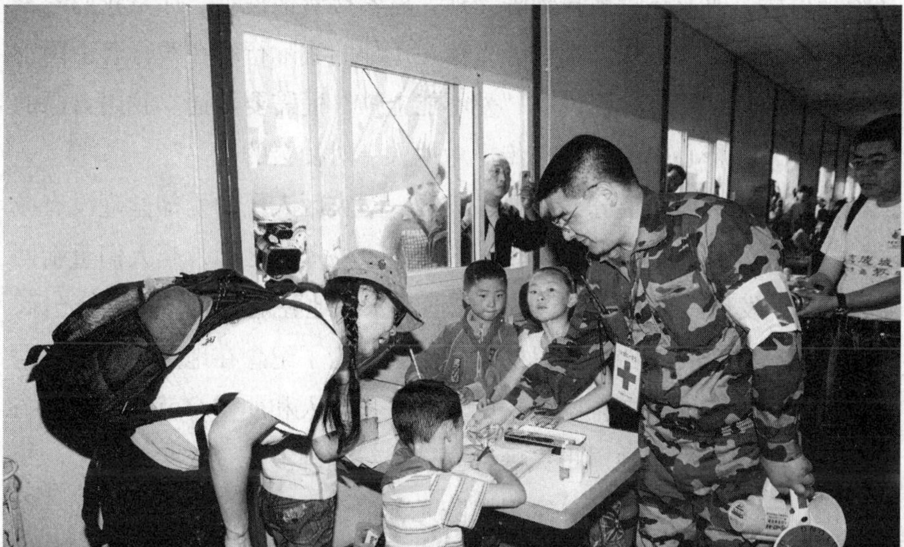

爱在延续

陈光标在四川地震一举爆发出超人的能力，实在是“冰冻三尺，非一日之寒”。而永不知足的他，还势将推动慈善的常态化，把慈善变为企业的核心精神之一。

陈光标除了动用大量人力物力抗震救灾外，从2008年5月25日起，他就与演艺界的明星、北京的心理学专家到都江堰、什邡和绵竹的数家中小学，与学生们做互动游戏，让他们忘掉灾难带来的痛苦。2008年5月29日，有一个场景感动了很多人，这就是陈光标和刘德华一起给灾区老太太喂饭。在2008年5月30日的“以生命的名义”抗震救灾大型义演结束后，成龙还特地找到陈光标，紧紧搂着他说：“你是我们陈家兄弟的骄傲。”这一切，都是陈光标在用他的实际行动在践行着中国首善的至善之举。陈光标曾说：“爱不能上锁，爱需要传播。我用自己的实际行动来诠释心中的爱，来传播对他人、对社会的爱。”

虽然伤痛逝去，但陈光标心系灾区、对灾区人民的爱却丝毫没有减弱，这种大爱一直在延续。在汶川地震过去一周年之际，当人们重新回首的时候，发现有很多值得珍惜的东西将永久地驻足人们心间。陈光标，这个一直关注和支持四川灾民的中国首善，为了纪念在地震中死去的遇难同胞，进而方便来自全国各地的人们祭拜亲人和朋友，就有了这样一个念头：他要在十个地震重灾区各立一块纪念碑。

随之，著名雕刻大师林家卫被陈光标请到，经过林家卫设计和一个多月地制作后，耗资近四百万元的十块石碑均重达十五吨，高二点九米，宽二点一米，厚零点六五米，这些石碑由福建厦门分别被送往北川、汉旺、汶川等地震重灾区。

这十块纪念石碑都是以一张撕裂的2008年5月12日日历为原型，两只手从撕裂处伸出，紧紧握在一起，寓意着“一方有难，八方支援”，表达了全国人民对地震灾区的牵挂和关爱。陈光标曾回忆说：“开始制作的三块石碑刻有由我捐赠的字样，我觉得不好，这十块捐献给灾区的纪念石碑，不是代表我个人，而是代表全国人民的心意。于是，十块价值近百万的纪念石碑全部报废。”

一向言语朴实的陈光标并没有食言，他一直在用实际行动践行着自己对灾民们的承诺或者说是责任。在地震周年祭的回访中，陈光标心中怀有很多希冀，他希望：“在地震一周年祭的时刻，我衷心的祝愿灾区人民能够健康、快乐、幸福地生活；早日住上新房；同时，我也呼吁全国的企业家和富人朋友，在地震灾区兴建企业，尽量解决当地的就业问题。”

然而大家有所不知，慈善公益已被陈光标列为江苏黄埔公司尤其重要的战略发展发向，它是江苏黄埔公司企业文化最为重要的组成部分，是践行“发展、创新、高效、共赢”和“诚信为本，勤奋为基”理念的动力之源和重要体现。陈光标曾坦言：“因为慈善的本质就是诚信、共赢、回报社会，而且，只有勤奋创业、不断创新、高效运作、谋求发展才能更多、更好地承担社会责任。否则，我们不可能看到江苏黄埔这些年的快速发展，也不可能看到第一时间做出专业反应、与救援部队同期到达汶川灾区的江苏黄埔人。”

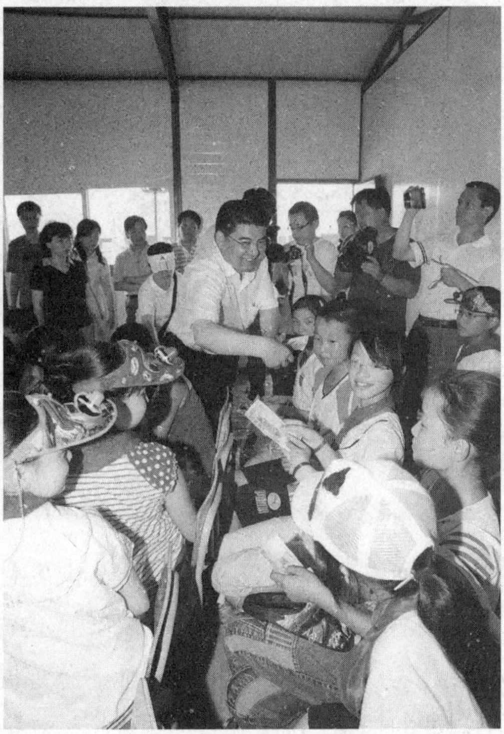

诚然，企业家是企业文化的第一倡导者、奠基者、实践者和传播者，企业文化创造是企业家的首要使命。陈光标深刻认识到这一点，并身体力行、率先垂范，更有效带动企业的全体员工向同一个方向和目标努力。

2008年7月9日，云南姚安县发生六级地震后，陈光标又率先倡议全国的企业家捐建抗震住房，他的公司带头捐建十套以上的钢混结构抗震住房。仅2009年，陈光标的慈善捐款总额就已经超过二亿元，加上以往的捐赠，目前陈光标累计捐赠款物超过十三亿元。在陈光标看来："钱财如粪土，生不带来，死不带走……人生很短暂，一个人在世上一定要活得有意义和有价值。我现年四十岁，四十年后将八十岁，到时回过头来看，会想想为人类作出了什么贡献。”

陈光标，这位在四川抗震救灾中首支民间救援队的队长饱含深情的说：“四川，我曾与这片土地、这里的人民同甘共苦四十多天，这里留下了我太多难以忘却的伤痛和感动。今后，我将继续关注四川灾区的灾后重建，尽力为灾民的朋友们解决实际困难。”

第十一章 低碳达人

DISHIYIZHANG DITANDAREN

陈光标不仅是一位亿万富翁，也不仅是一位慈善家，他还是一位地地道道的环保志愿者。从他小时候为了禁捉青蛙跟人打架，从他经商要选择高科技环保产业，从他为环保事业做出的无数贡献，从他把自己儿子的名字改成“陈环保”……这所有的一切都说明一个问题——环保是陈光标生命中不可缺少的组成部分，你可以让他不吃饭，但是不能让他不环保！

马路天使

勿以恶小而不为。在陈光标眼中，哪怕只是走路遵守交通规则、用完水后拧紧水龙头，都是慈善的一种体现，因为它们体现了“与人为善”的道德准则。

继承诺要在死后捐出全部财产的消息后，陈光标又于2010年9月7日，穿上蓝色衬衫红色马甲出现在了南京洪武路淮海路路口，作为“南京文明交通形象大使”的江苏黄埔再生资源利用有限公司董事长陈光标，

在南京这一闹市路口维持交通秩序，他走上南京街头向市民宣传道路交通安全知识。他再一次成为新闻焦点人物。

他积极主动向交警学习交通指挥手势，并向市民发放道路交通安全宣传册。对于上路劝导交通文明，“中国首善”陈光标表现得一丝不苟。

有眼尖的市民认出了这位“不一般”的交通劝导员，不免惊讶地说“这不是陈光标吗？中国首善啊，听说他要在死后捐出全部财产。”陈光标会不时拿出来一叠“致谢卡”，给自觉遵守交通秩序的市民发放。据陈光标介绍，今后他还将抽出时间参与此类活动。他曾说：“准备在明年春节前，通过市文明办和市交管局，选一部分最优秀的交通文明参与者，我个人来奖励他们，最高的五万，最低的一千。”

对于他所热衷的慈善事业，陈光标进一步作出诠释：“勤俭节约叫慈善；一个人做一件好事，你去鼓励表扬他，这也叫慈善；公交车让位、自觉关灯、水龙头漏水把它关紧，你去宣传去传播，还是叫慈善。”

第二天，全国道德模范陈光标积极响应中央文明办等部门关于“做一个文明有礼的中国人”的号召，向全国广大市民发出了一封倡议书，全文内容如下：

亲爱的全国市民朋友们：

为了深化中国文明城市创建，积极响应中央文明办等部门关于“做一个文明有礼的中国人”的号召，值上海世博会举办、喜迎国庆六十一周年等重大活动之际，我向广大市民朋友发出如下倡议：

1、做言谈举止文明有礼的中国人。讲究文明礼貌用语，不讲脏话粗话；尊重他人，以诚相待，互相谦让。

2、做公共场所文明有礼的中国人。保持公共场所整洁卫生，不乱扔垃圾，不随地吐痰，不在公共场所吸烟；遵守公共场所秩序，主动排队，主动让座，不喧哗吵闹。

3、做邻里相处文明有礼的中国人。互相帮助、互相尊重，加强沟通，共同营造互助互爱、融洽和谐的邻里关系。

4、做行路驾车文明有礼的中国人。坚持文明走路、文明行车、文明停车，自觉做文明交通的实践者、参与者和支持者，共同打造安全、和谐的交通环境。

5、做旅游观光文明有礼的中国人。爱护景区景点文物古迹和一草一木，自觉维护环境整洁、保护生态环境。

6、做网上交流文明有礼的中国人。善于网上学习，争做网上文明使者，不浏览有害信息，不破坏网络秩序，不欺诈他人，自觉维护网络安全。

“与文明同行，为中国骄傲”。全国广大市民朋友们，让我们牵手礼仪，相约文明，从现在做起、从自身做起，说文明话、做文明事，向世界展现“文明有礼的中国人”大好形象。

倡议人：陈光标

看来陈光标做这个“马路天使”做得还真是认真负责、尽心尽力，而且是下了工夫的呢！

骑车上班

说得出总比不说好，做善秀总比做恶秀来得高，对于陈光标这种有道德洁癖的人而言，宣言低碳正是他一贯坚持的环保精神的延续。

近年来，城市拥有机动车数量日益增多，车辆的增多给城市环境、道路交通都带来很大的影响。据无锡环保部门的一些监测数据显示，在无车日当天限行机动车路段平均车流量下降了 50.1%，而二氧化氮、可吸入颗粒物和非甲烷总烃浓度分别下降了 21.6%、16.3% 和 29.4%，环境空气质量明显好转。

进而有一些专家建议，如果条件允许的话，大家平时出行尽量乘坐公共汽车；空气质量良好和距离合适的情况下，可以采取步行、骑自行车等交通方式。全社会要努力实现节约能源、减少污染、兼顾效率的出行方式。这样做，既有利于身体健康，又实现了节能环保，营造低碳生活。

无独有偶。2010 年 10 月 7 日，坐拥数十亿资产，拥有多部豪车的陈光标除了高调声明“裸捐”、大声呼吁社会支持青年创业之外，他还要做低碳达人。陈光标高调表示，决定舍弃开豪车而改为骑自行车，这是为了提倡低碳环保。陈光标这一壮举经媒体报道后，引起了市民对环保出行的关注。

陈光标在其微博上与博友分享了几张他自己在路上骑车的照片。照片上的他，穿着一件亮黄色上衣，骑着一辆很普通的女式自行车。对于此举，陈光标解释了原因，他表示，骑车一方面可强身健体，降血压、血脂，对身体大有裨益。另外一个尤其重要的好处是可以为低碳生活节能减排，造福子孙后代，陈光标在其微博上这样写道：“十年前我骑车上下班，十年后，从今天起，继续严格要求自己骑车上下班。”

在第一次骑车上班之后，他又通过微博汇报情况，他在微博中这样写道：“我今天骑车上班感觉心情特好，精神更是好！我还开会要求部门经理和员工都骑自行车上下班。”

一向做慈善高调的陈光标，做起环保来也一点不含糊，也很高调。他提出“欢迎广大网友监督：一旦发现我乘车上下班，就可以获得现金奖励。说到做到！”正如他微博上所言，陈光标在做出这个承诺之后，一直都在骑自行车上下班。他甚至表示：“只要有人拍到我上下班时，车内只有我和司机两人的照片，凭照片到公司找我，就能拿到一万元。”

陈光标说，自己从家到单位不远，最多只要三十分钟的时间："我一般都是早上八点到单位，下班的时间就不能固定了。"

陈光标并不担心有人"蹲点儿"抓他的"现形"，"除非是遇上恶劣天气或者是有重要的客人，我承诺骑自行车上下班就会坚持做到。"他说自己现在骑的是爱人的车，"她骑了六七年了，我骑着它腿都要一直弯着。我自己以后会买一辆男式自行车，这辆车还给老婆用。"

对于陈光标低碳生活的实践之举，很快便在微博上引起了"围观"。有一些人开始质疑陈光标"裸捐"的目的，这次又有网友提出"陈光标现在的言行是在作善还是作秀"的疑问。同时也有网友被陈光标感动而大喊"佩服"，称赞他骑车的形象"很阳光、很榜样"。

对于自己骑自行车上下班的初衷，陈光标还这样解释道："我觉得我们似乎到了一个物质大于精神的时代，亟待对当下文明进行抢救，我希望自己不仅做中国慈善第一人，还要做中国低碳第一人。"

一周后，陈光标在微博上写道："网友朋友们，这两天，七岁小环保正在学习弹唱《低碳——心尔之歌》。希望两天后大家跟着小环保一起学唱《低碳之歌》，学会了这首歌等于你捐了一百万！更可喜的是，他今天只用一个小时就学会了骑自行车，他说他和爸爸学了很多慈善，现在要再和爸爸学低碳。"

《中国青年报》曾刊载过一篇文章，文章中这样写道："陈光标以往的慈善义举一再证明，他言必信行必果，因此，他的个人信用度不容置疑。即使如此，他仍设法为自己的信用指数增加可信度，除了说明他本人严格要求自己的道德洁癖外，也说明在一个浮躁的社会中，要让社会认同自己看似荒唐的壮举，依然知易行难。作为一个普通的公民，他更多的应该是享受权利，而不是承担无尽的义务。倒是一些国家干部应向他看齐，不是学他的裸捐、环保观，而是学他对公众的敬畏，对监督的渴望，以及由此而来的对自我人格的珍视。"

诚然，对我们每个人而言，好多事情都是知易行难，而陈光标不但自己做到了学高为师，而且还身正为范，他用自己的一言一行去为社会做示范做榜样，说他高调也好，说他作秀也罢，他的优秀事迹，值得我们更多的人去尊敬去学习。

“阳光产业”

中国的慈善业尽管起步晚，但是由于有陈光标这种执著的领头羊存在，假以时日赶上西方，将不会再是神话。

早在2010年3月16日，江苏黄埔再生资源利用有限公司董事长陈光标就荣获“江苏省依法经营履行社会责任优秀企业家”称号。之所以获此殊荣，是因为多年来，陈光标一直坚持把企业净利润的百分之五六十来回报社会，十年来向慈善事业捐款捐物累计达十三点八亿元，受资助人数达七十多万，他曾被中共中央、国务院、中央军委授予“全国抗震救灾英雄模范”，“全国道德模范”、“全国五一劳动奖章获得者”、“优秀中国特色社会主义建设者”等。

陈光标在仅仅八年时间之内，一共捐了十几个亿，即便赶上金融危机，他仍旧毅然捐了一点五个亿。这不免让人们想要知道，陈光标的企业到底是做什么的？是不是很赚钱？为什么他捐这么多？有一次，他在接受记者采访过程，曾这样讲道：“我是1998年开始做企业，1998年到2002年我发明跨世纪家庭CT医疗器械，通过这个可以检查身体很多个器官，通过耳穴治疗仪可以显示出来，从1998年到2002年做这个。之后就转行做大型厂房建筑拆迁垃圾再利用，之后又开始做生物垃圾处理。包括这次长安街上迎国庆宽十二米的老房拆迁我也参与了很多。

“北京市建委为什么推荐我来承建呢？因为我们公司采用的是液压拆除、水压拆除，是无噪音、无污染、无灰尘的拆除方式。我们拆下来很大一块建筑垃圾往我们的那个产品里一放就变成了路基的辅料。很多拆迁公司也是追求利益最大化，钢筋挖掉了把建筑垃圾拉到郊区到处乱倒，严重污染了土壤。

“至于生活垃圾处理我们引进的是德国的设备，大家都知道目前生活垃圾处理得最好的就是德国，第二是日本，第三是美国，我们引进的是德国的，现在生活垃圾里面塑料带很多，把这些垃圾放进去以后这边

是塑料制品，这边有玻璃碎片等，这边还有食物废品等；我们就对这些进行分类处理，塑料带分解出来以后就变成了颗粒，分解出来以后我们就做橡胶皮底等等；玻璃碎屑我们可以都再利用，那些剩饭菜处理后可以变成有机辅料给农民再利用。

“这边利润不是很大，但是建筑垃圾和生活垃圾的量很大，所以说我们企业赚钱并不容易。刚才你也问我，在金融危机情况下到八月底款物已经捐出一亿五千二百万元了，因为我是每个月都在捐，这个月我做一千万我会拿出一定比例及时回报给社会，帮助社会里需要帮助的人。”

尽管陈光标的企业赚钱并不容易，但他仍能坚持每个月都在捐款，这实在是难能可贵。

难道陈光标的企业就不会因为“长期”捐款而发生这样那样的问题吗？对此，陈光标不以为然，在他看来：“没有哪个企业家是因为做善事把企业做垮了的。”

如今，已是不惑之年的陈光标做企业也颇有不惑之举。他深谙《孙子兵法》，在他的带领下，江苏黄埔也极具强烈的军队色彩及坚韧的作战精神。陈光标在江苏黄埔的管理曾参考和遵循了治军理论的基本原则，员工军事化的训练以及准军事化的管理无不体现这些原则。他善于用严明的纪律和规章来规范员工的行为，犯了错误坚决按照规章处理。此外，陈光标还乐于录用退伍军人，利用他们的军人气质影响和带动公司其他员工。

他还会经常让员工参加军训，这是江苏黄埔公司的一项经常性活动，通过体验军事化的训练和生活，培养员工们吃苦耐劳和团结一致的精神，从而以更好的精神面貌投入工作。

随着时间的推移，陈光标的慈善事业也在继续，他的“捐狂”企业家之旅还很漫长。他曾慷慨激昂地说：“我们挣的钱都能拿到阳光下去考量，这也正是我们将慈善进行到底的最大底气。”

在陈光标看来，“最优秀”的标准是要以能够实现两个大愿望为前提的，他这样讲道：“我给自己加了一个定语，标准就是要为了实现两大愿望，等我老的时候，第一个愿望就是经得起我子孙的责问：爷爷，你这辈子做了哪些坏事。我要告诉我的后代，我这一辈子没有做过一件坏事，都是要做快乐他人的事情。第二件就是我要像雷锋那样为社会和历史留下榜样，让大家记住我也是好人，也是榜样。我今天为社会做的一切就是我实现自己人生的两大愿望。”

此外，陈光标曾接受了新浪财经的采访，他说自己有一个理想，就是要在未来十年里把中国打造成世界上最具爱心的慈善大国。他这样讲道：“我有一个理想，我要在未来十年里把中国打造成为世界上最具爱心的慈善大国，我非常有信心。虽然西方国家慈善事业已经发展二百多年了，我们中国慈善事业发展几年时间，实际上这个速度已经超越了西方国家一百年。

“所以说中国的慈善事业，像‘5•12’大地震，中国富人捐款突破一千亿，中国慈善事业的发展就像中国改革开放三十年一样，以后都会给世界上很大的震惊。世界任何一个国家，都没有中国改革开放三十年取得的翻天覆地的变化，中国的慈善事业，未来十年也是这样。”

我爱“环保”

一家老小皆环保，“偏执”的陈光标甚至以改子名明志的方式，彰显了他做阳光产业、绿色环保的莫大决心。

除了慈善家这一头衔，说陈光标是一个环保“家”，也很恰当。多年以来，陈光标主要做建筑垃圾回收处理，他自称自己的公司已经成为国内最大的环保公司。2009 年 2 月份，陈光标已将两个孩子的名字都改了，一个改叫陈环保，一个改叫陈环境。他还一度要让妻子改名字叫张绿色，但被他的妻子拒绝了，直到现在，他还很执著，一直在做妻子的动员工作。陈光标之所以要这样做，他是希望以此提醒大家保护环境。他甚至还倡议春晚改版，希望演出加入环境保护的主题，对此，陈光标曾坦言：“是这样的，我把他们的名字改了，一个叫做陈环保，一个叫做陈环境。我们公司是能够把建筑垃圾二次利用的公司。我们城市现在

建设得非常漂亮，每个漂亮的城市周围都被建筑垃圾填埋掉了，这些垃圾污染水质，占用耕地，所以我们每个有良知的人都要知道这一点，我们的环境再不保护的话，再过几十年，我们的儿孙后代都要戴着防毒面具生活了。我把我的孩子改名叫做陈环保和陈环境，当别人在提到他们名字的时候可以提醒他们要保护环境，造福后代。”

“我近年来多次提出春晚改版的事情，我希望每个节目都要把环境保护、低碳生活、社会责任都写进去。把这些理念灌输到每个人的血液当中去，让大家每分每秒都能够记住。”陈光标阐述着自己的环保理念，并且想把它最大限度地推广出去。

值得一提的是，在西南抗旱过程中，陈光标发现全国很多爱心企业家都捐了矿泉水，灾民们喝了之后就把矿泉水瓶子乱丢。陈光标特意组织了专业队伍前往回收，回收了整整五十三吨，回收之后卖给浙江老板。这么做的目的就是要告诉他们要保护环境。陈光标不无感慨地说：“慈善在西方国家发展二百多年，在我们国家这几年才刚刚开始，我不停的为此事努力，为精神文明道德及人类良知一直在做自己力所能及的推广工作，因为我认为这是我作为一个全国首善、全国道德模范应该做的事情。”

“还有环保企业，我这么多年一直做环境保护，建筑垃圾二次利用，这也是慈善，环境保护也是慈善。我现在成为中国最大的环保公司，也是中国唯一一家能够把建筑垃圾二次利用的公司。一般的公司建筑垃圾都是填埋，这会污染土壤，占用耕地，我看到这点心里也是非常焦虑。”陈光标的话语里充满着担忧。

对于陈环境与陈环保的教育，身为家长的陈光标有义务全面培养他们，至于他们长大了想做什么，要由着他们自己的想法。一次，陈光标在接受《新民周刊》采访时曾说：“我们有义务全面培养他，具体他长大做什么，小孩有自己的想法，想当企业家也好，想从政也好。你看我结婚的时候，我父母连房子都没给我，我自己苦钱盖的三间小瓦房。我父母也没给我什么，我以后最多给我孩子买套房，买部车，结个婚，就拉倒了，给他三五十万块钱(事业)起家拉倒了。”

第十二章 人性光芒
DISHIERZHANG RENXINGGUANGMANG

这个世界上的财富基本上分为两种：有形的和无形的。大部分的人喜欢追求有形的，因为它看得见摸得着，放在哪里都是实实在在的；也有一部分人追求的是内在的富足，他们粗茶淡饭、隐逸山林，像陶渊明那样“采菊东篱下，悠然见南山”；还有极小的一部分人有形的无形的他都要，他既是物质的富翁，也是心灵的富豪，因为他明白物质和精神并非水火不相容，只是一体两面而已……陈光标无疑是那极小的一部分，他用有形的物质财富制造着无形的精神价值，他给自己的心灵找到了家园，并且用自己的人性光芒来感动中国！

玉树临风

玉树之殇，仿若验金石，再次检验了一个企业家的社会责任感。

有这样一张相片，令陈光标“乐在其中。”就是陈光标在一个围着

上百条哈达的教室听课的照片，这是在2007年，陈光标在青海玉树藏族自治州三江源小学拍的。坐在课堂里，陈光标的脖子上堆满了藏族学生敬献的哈达，他心中所充溢着虔诚和激动通过他的笑容表达得淋漓尽致。关于这张相片的来历，陈光标回忆说：“2006年年初，我从一条电视新闻中看到这里的小学设在帐篷里，孩子们坐在地上就着板凳做作业。我的心‘咯噔’一下，随即让公司工作人员与玉树教育局取得了联系。3月，我们一行三人踏上了去玉树的征程。那天早晨是6点从西宁出发的，汽车在海拔四千米左右的山路上盘旋时，我的头开始昏昏沉沉起来，只能一个劲地喝矿泉水，晚上7点半到达玉树，躺下后头疼得抬不起来。”

“隔天上午9点半，州政府安排我们来到三江源小学。学生们排了一里多长的欢迎队伍，脸颊上两块大大的高原红把天真无邪的眼睛映衬得更加黑白分明，孩子们的头发都结成饼状，在山风中一撮一撮地掀动着。我情不自禁地蹲下身子，与孩子们拥到了一起……你说怪不怪，与孩子拥抱到一起时，我的头一下子不疼了。”孩子们让他忘记了身体的病痛，因为他的心完全在他们身上了。

“当再次去参加三江源小学落成典礼时，他们问我有什么要求，我说，就在新教室里和同学们一道听一堂课吧。我觉得坐在教室里听课是最幸福的时光。于是，就有了这一张照片。”可以说，陈光标是玉树州的荣誉州民，早在2006年他就开始向玉树捐资助学。几年来，他陆续在玉树州先后捐建四十六所光彩小学，解决了四千二百名少数民族孩子的入学；捐赠了一千五百台教学电脑、三万套校服、八千个书包，

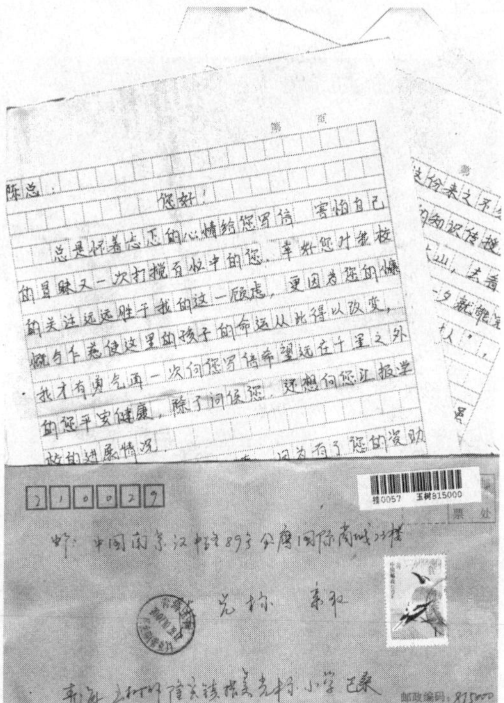

陈总：

您好！

总是怀着忐忑的心情给您写信，害怕自己的冒昧又一次打搅百忙中的您。

价值近二千三百万元。

而就在2010年4月14日晨发生的青海省玉树县两次地震，最高震级7.1级，地震震中位于县城附近。面对青海玉树地震灾情，陈光标说："我是玉树的荣誉州民，灾难来了，我必须立即来。"

14日上午九点，陈光标便决定从南京启程，取道北京飞往西宁。在西宁购买了二十一台二手重型机械设备后，他又星夜兼程赶赴玉树。而就在这之前，陈光标已在西南进行了二十三天的抗旱。听说玉树的灾情，他又顾不上疲惫的身体，随即驰援玉树。2010年4月15日晚7:50，陈光标带领他的挖掘队伍在玉树州职业学校再次救出一名学生，这是从他抵达玉树后救出的第八名学生。陈光标回忆说："我们将二十一台二手吊机、推土机、挖掘机分成六个小队，首先在玉树县康巴中心小学进行救援，到11时左右成功解救出七名被埋的小学生。接着在玉树民族第二完小抢救，但非常遗憾没发现生还者。晚上继续在玉树州职业学校救援，救出一名学生。"陈光标说，"至晚上9时半，今天的救援工作暂告结束。明天一早，我们将根据州政府的安排继续尽一切可能寻找生还者。"

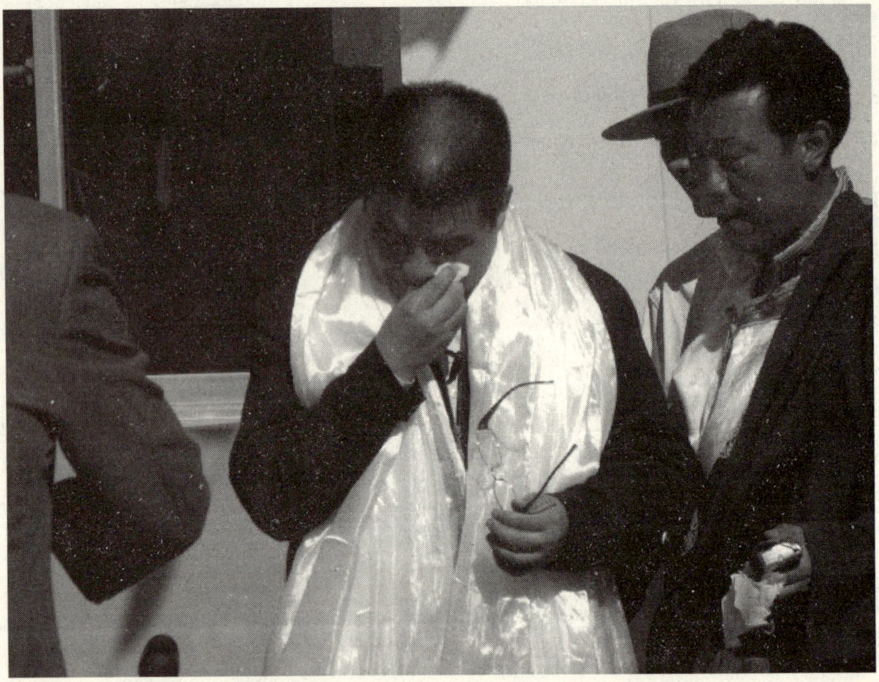

入夜的玉树达到零下七八度，十分冷。由于帐篷数量不够，孩子们只能在街头露宿，很多孩子裹着从瓦砾中扒出的被子，瑟瑟发抖。见此，陈光标心痛地说：“我已经在西宁订了三千件大衣，应该马上就可以送到。”

令陈光标想象不到的是，在玉树救援比想象中的还要艰难，因为40%以上的救援者都出现了严重高原反应，呕吐，晕厥，体力大多不支。由于灾区医药急缺，仅用于灾区伤员的救治就已严重不足，更无暇顾及救援队员的身体。陈光标只能给队员们一个一个地鼓劲，让他们一定要努力坚持住。

事实上，顶着重感冒赶往灾区三十六小时未合眼的陈光标自己也已严重透支，已呕吐过三次，整个脚丫全部溃烂。深夜，在寒风凛冽的玉树州职业学校废墟边，他就着冷水吃了点饼干，权作晚餐。他咳嗽着说：“今晚我打算在装载机的车斗里休息一下，那里至少能挡点风。我必须带着我的队伍坚持到最后一刻。”

此前，他在原来带去的十六台发电机的基础上，紧急加购了五十台发电机。除此这外，陈光标还为灾区带来了三千顶帐篷，五百吨矿泉水、五十台发电机等救援物资。以他为总指挥的江苏黄埔抗震救灾民兵连，在玉树的各个救灾点共救出十一人。

大灾有大爱。陈光标在地震一线不顾危险，积极参与救援的同时，还向地震灾区慷慨捐赠，帮助灾区人民灾后尽快重建家园。

为了让灾区人民可以及时收听到党和政府的声音，体会到全国各民族同胞对他们的牵挂和心系灾区的浓浓深情，陈光标又捐赠了五千台收音机。此外，陈光标还将一千套四川地震灾区的空置活动板房进行保护性拆除后，运送到玉树，解决灾民临时住房问题。

陈光标和他的救援队在震后的废墟中夜以继日地挖掘着、搜救着，灾民们也以他们自己的方式表达着对陈光标的感激之情。

玉树地震发生后，九岁的玉树县康巴中心小学的央青卓玛小学生在被困地震废墟长达二十八个小时后，被陈光标和他的救援队员们成功救出。第二天上午，她的父母就带着她和她的另外一位同学一起，找到了陈光标。只见“一个孩子给我送了一幅画，上面是一颗爱心，另一个小

女孩给我送了一条洁白的哈达。两个孩子的父母还拉着孩子，当场给我跪下。”当陈光标看到这一幕，既感动又心酸，但他仍觉得自己做的还不够多。

陈光标前后已来到玉树七次了，当地的很多人都认识他。有时，很多当地老百姓会在认出他之后，对他说“扎西德勒”并向他竖起大拇指，或者远远地叫着“标哥”向他致意。

大爱无疆，情谊无价。在玉树地震救援现场，青海玉树州领导对“黄埔抗震救灾民兵连”队员说，“感谢你们多年来对玉树教育事业的大力支持。玉树地震，你们是中国企业中来得最早、捐得最多、贡献最大的。我代表玉树州二十五万人民群众向你们表示衷心感谢。”

在2010年4月20日晚央视直播的“情系玉树 大爱无疆”抗震救灾大型募捐活动中，陈光标以个人名义向玉树灾区再次捐款一千万元。对于优秀的企业家和“中国首善”的称号，哪个在陈光标心里更重？陈光标则明确地表示，对这两个称号他都喜欢，他笑着讲道：“两个头衔我都喜欢。自己首先是一个企业家，然后才是慈善家。做企业赚钱了，才能投身到慈善事业中去，才能更好地回报社会。做慈善是帮助别人，快乐自己。作为企业家，身上要流淌着道德的血液，而不是利益的血液。面对国难，考验企业家的社会责任感的时刻到了。”

感动中国

陈光标——一个中国式慈善家的诞生，绝对不会是无缘无故、无根无源的。

“他出生于一个贫困的农家，靠着自身努力打拼成为一个成功商人。仅2007年一年，他捐出的善款便超过一亿元。他没有向银行借贷一分钱，也从不在受赠地区进行投资。作为内地最年轻的慈善家，因这个年度的慷慨之举必将摘下内地首善的桂冠，也必将推动中国慈善公益事业春天的到来。2007年度捐赠总额为一亿八千一百万元。仔细了解，他竟然是持续放生者……他说：在菜场见到青蛙、乌龟我就要买来放生。我放生到玄武湖里的青蛙、乌龟等大概要按吨计了。我们坚持把企业利润的近30%捐赠慈善事业。”

“他生于一个极度贫困的农家，却靠着自身努力打拼为一个成功商人。浙商、闽商、晋商、粤商、苏商……各路新商帮中，不乏财富更多、名声更大者，他却是捐助穷人最豪爽的人。他叫陈光标，刚满三十九岁。”

就在2008年4月底，陈光标以2007年全年捐赠一亿八千一百万元的惊人记录，荣获了“中国首善”称号，超越了李兆基、李嘉诚等知名人士。在其他各类排行榜上，陈光标也独占鳌头，胡润排行榜称他是“中国最年轻、最慷慨的企业家”；福布斯公布了四十八位亚洲慈善英雄，他的名字在中国大陆排第一！

2008年“5·12”汶川地震期间，他的大无畏行动再一次感动了整个四川，感动了中国，感动了世界，他被温家宝总理盛赞为：有良知、有灵魂、有道德、有感情、心系灾区的企业家。因为，在经济建设和慈善公益事业方面的杰出贡献，陈光标被中共中央、国务院、中央军委联合授予“全国抗震救灾英雄模范”称号，被中华全国总工会授予“全国五一劳动奖章”，连续四年荣获“中华慈善奖”。2008年12月更被授予“中华慈善奖特别贡献奖”，2009年1月，陈光标又荣获“2008CCTV年度经济人物大奖”和“CCTV年度十大三农人物公益奖”；4月，被推选为“最具号召力中国慈善家”；7月，中华慈善总会成立15周年纪念大会暨中华慈善事业突出贡献奖表彰大会上被授予“中华慈善突出贡献人物奖”。

陈光标面对广泛赞誉，却表现得十分谦恭，他这样讲道：“我们的企业能够有今天的发展，有能力为社会作贡献，我感到欣慰，更想说感谢：感谢毛主席，是他让我们中国人民站起来了。感谢邓小平，是他改变了我们这一代人的命运。感谢以胡锦涛总书记为首的党和国家领导人，制订英明的农业政策，免除农业税，免除了农村一亿五千万儿童的学杂费。感谢省、市政府各级领导和社会各界多年来对我们企业的关心、爱护和支持。最后要感谢我的父母和妻子的理解，使我可以专注于慈善事业。”

可以说，陈光标感谢了身边的每一个人，却唯独没有提到自己。他用自己的善行感动了整个中国，却觉得这些都是应该的！

慈善有瘾

我们的慈善，需要你的鼓励，需要你的微笑，需要你的褒奖。这样，我们会做得更好。

当人类的脚步渐渐迈入财富时代之时，许多财富英雄和优秀的企业被开放的市场化进程所缔造，正是有了市场的繁荣，才积累了巨大的社会财富，这些巨大的社会财富通过市场这个看不见的“手”实现了第一次分配，通过政府调节收入实现了第二次分配，而慈善事业的开展，则是社会财富的第三次分配。

在陈光标看来，慈善不应该怀有任何目的，它应该是以道德和爱心为基础、源自社会需要并发自内心的，可以体会其中的快乐。不仅如此，陈光标还希望以自己的高调慈善行为影响和推动更多的企业家认识慈善、投身慈善。

中国富人的产生年代屈指可数，也就不过二十多年光景，其中的绝大多数还算是新生代。有观点认为，财富在他们手里还没焐热，就要拿出来，有点儿不现实。而陈光标却不这样认为，财富再多，也要懂得分享，他说："你要大批财产干什么？我为什么这么做，是因为我怀着一颗感恩的心。我的财富中，每一元钱里都有人民的无形股份。今天，我要拿出来和他们共同分享。"

陈光标为什么如此喜欢做慈善，他似乎做慈善"上了瘾"，确实如此。自 2003 年他的黄埔公司成立后，短短四年时间，陈光标就先后捐资一亿九千万元，捐物价值六千七百多万元。截至 2010 年 11 月，陈光标已累计捐出善款十三亿八千万元，直接受助人口达七十余万……他自己也曾感叹说："这么多年来我已经捐款一千三百多次。"

陈光标认为，慈善不是一时一地的"阵地战"，慈善是长征，而且永远没有终点。即使到了生命的尽头，他也要以慈善流芳：活在人们尊重中的慈善家，比孤独死在存折单上的"守财奴"光荣、伟大。但慈善不是苦难的长征，而是快乐的长征。慈善不分民族，不分国界，不分信仰。捐赠者快乐，受捐赠者也快乐，在慈善长征的路上，一路都是欢声笑语。

但凡与陈光标打过交道的人都说他待人和蔼、慈眉笑眼，毫无半点架子，无不被他的人格魅力所打动。在陈光标身边工作的老员工这样评价陈光标："他很真实。"

虽然仅有四个字，却说明了全部。对于陈光标所做的一切，或许很多人会觉得有些不可思议，但陈光标就是这样一个人，一直在不断努力地做慈善。由于传统文化的影响，人们在行善时总喜欢低调一些，不喜欢引起社会更多的关注。但是，陈光标不仅在持续不断地做慈善之事，而且常常以高调的姿态表现出行善的热情与积极。其实，陈光标如此高调的目的无非是想带动更多的人去关爱社会上需要帮助的人。他坦言：

“我不怕枪打出头鸟，因为我飞得够高，经得起时间的检验。一个人的力量太小了，好人好事需要传播，我希望用自己的影响力带动更多人做好事。每个人的力量不同，我捐十几亿和普通老百姓捐十几块意义是一样的，重要的是，更多的人能够在我的带动下行动起来，社会才能更加和谐。”

“其实，在背后默默捐钱的，大有人在。但是，我做慈善非常高调——我希望人知道，做得好了希望大家鼓掌，目的就是带动大家来关爱社会上的弱势群体。”可见，作为一种公共活动，慈善也需要组织和宣传，也需要在舆论中成为主流。如果在慈善领域中缺少带头者，则慈善事业无疑将面对更加尴尬的局面。因此，在慈善意识还有待提高的今天，需要有陈光标这样的人来引发、引导社会舆论：“当前中国慈善的事业需要鼓励，需要掌声，需要微笑。对所有捐款的人，我们都应该给予褒奖，你的掌声也就等于你做慈善了。”

其实，做事高调的陈光标为人则极为低调。他做事往往激情勃发、热情高涨，有“张扬”的一面，做人则十分率性、坦然、谦虚、平和，没有架子，反对伪装。生活上不与人攀比，追求一种洒脱的态度、一种超然的心境、一种博大的胸怀。“我每天睡觉之前都思考一下，今天做错了什么事；每个月我都关两天手机，思考自己哪些方面做得不对。”

陈光标有时又十分低调。一次，有记者当面提出采访要求时，他的第一反应是拒绝，他对记者讲道：“该说的都已经说得差不多了，不要采访我，好好呼吁一下让更多的人关注慈善吧！”

陈光标虽然富有，但他却对自己很吝啬，手上一个普通的手机竟然在四年之内维修了八次。对陈光标而言，人生价值观是最重要的，能够帮助更多的人才是最有意义的事情。可以说，陈光标是一个不按常理出牌的公益战士，是他更新了人们对于慈善的理解，让人们不再认为慈善就是自上而下的捐助，不仅仅是拿出大额支票的动作，陈光标让人们看到慈善不止是十三个多亿那么简单，而是一个人真的把自己的情感、汗水，甚至鲜血留在一个土地上，对人发自内心的关爱。也是陈光标教会了我们，看到弱者知道同情，看到灾难知道体恤，看到同胞知道付出心中所爱……

真正富贵

新一代徽商和苏商的杰出代言人——陈光标，从一杯水到一江水的善行，由他泽被的苍生数量也呈几何级放大，越来越多。

在巨富中死去是一种耻辱。这是陈光标的座右铭。在此基础上，他有自己恪守的中国式财富观，也是我们之前经常讲到的：“财富如水，如果你有一杯水，你可以独自享用；如果你有一桶水，你可以存放家中；但如果你有一条河，你就要学会与他人分享。”

中国首善，只因他懂得上善若水，饮水思源。陈光标做的是绿色经济，追求的是企业与社会的双赢。他内心有一个坚定的信念：造福别人才能令自己快乐，而他人的信任则是财富的源泉。也正是从十岁时，他便享受起这种快乐，沿街卖水一天只能赚两三毛钱，但听说邻家孩子没钱交学费，他“噌噌噌”跑过去，交了。有人问他会心疼吗？他则说不，那种快乐，“比吃蜜还甜”。

成功之后的陈光标，以一颗感恩的心百千倍回报社会。一笔笔的捐款至今历历在目，而且笔笔有账可查。有人说他“傻”，因为他从不在任何捐赠过的地区投资；也有人说他传统，他最喜欢的手机彩铃是《义勇军进行曲》；他长相憨厚，以至于有人开玩笑说，陈光标不像“徽商”或“苏商”，但正是他，树立起新一代徽商和苏商的形象和美名。

在这里，要讲到一位叫余彭年的老人，但凡知晓中国慈善史的人应该知道，他才是中国裸捐第一人。早在几年前，余彭年老人就捐出了自己的财产。余彭年慈善基金会总价值已达八十二亿元，包括两部分，第一部分是银行存款十七亿元；第二部分是余彭年所拥有的香港及深圳物业，目前估值六十五亿元。这五年来，余彭年已经累计捐出六十二亿元。数据并非是空洞的。一些目不识丁的白内障患者，他们不知道中国首富是谁，但他们知道有个善人叫余彭年。这是因为，余彭年老人资助的“彭年光明行动”，给他们带来了光明。

《2010胡润百富榜》发布时，陈光标以财富三十五亿元排在百富榜第四百零六位，而“裸捐第一人”——八十八岁的余彭年，因为持续的慈善，让2009年还以二十五亿元财富位列第四百三十二位的自己这一次跌出了财富榜。

而陈光标也同样以自己的善举，温暖了许多人的心灵；或许因为持续的慈善，人们开始担心未来的陈光标也将跌出财富榜。对此，部分网友认为“不值得”。而陈光标却表示，如果因为做慈善而退出了“百富榜”，他就绝对不会遗憾。他说：“我认为与面子相比，自尊、担当和责任更重要。如果哪一天我也因为这个原因退出排行榜，我绝不会遗憾。”

如果说进入财富榜，意味着一种成功展现出一种高度的话，那么因为行善跌出财富榜，何尝不是一种成功，何尝没有展现出一种高度？慈善是一种自由，我们不能强求所有人都像余彭年、陈光标一样去裸捐。但一个理性乃至文明的社会，却应该有着对慈善者的共同的态度，那就是尊重。虽说，余彭年、陈光标未必在意这种尊重，但这种尊重，是我们应该给予的。也正是这种态度，让社会始终保持向上的方向，让社会在财富成功之外还有着另外一种成功观。

卡内基曾说过这样一句话：“在巨富中死去是一种耻辱。”艳羡在

巨富中死去，何尝不是一种耻辱？而且这不仅是个人的耻辱，还是社会的耻辱。此时，让我们对那些正走在善路上的人，特别是那些“由善而穷”的人，致以深深的敬意。这是他们应该得的，这是我们应该给的。

而早在2005年，陈光标就曾向社会宣布，他要在五年内努力成为“中国慈善第一人”，现如今这个愿望他已经实现了！

柔软心灵

一个成功的企业家，首先得有一颗柔软的心，这样他才不会肆无忌惮、践踏底线，才不会沦为物质的富翁、精神的乞丐，才有可能成就一番名垂千古的事业。

2010年4月28日，“中国首届心灵富豪榜”在北京大学百年讲堂正式公布。“中国首善”陈光标与“玻璃大王”曹德旺，“汽车疯子”李书福，明星王菲、范伟，受温家宝总理表扬的医生桂希恩，中国残联主席张海迪、80后作家韩寒、著名媒体人胡舒立、“湖北信义兄弟”中的弟弟孙东林十人一起登上心灵富豪风云榜。

在陈光标的众多的慈善之举中，最令他牵挂的是南通的一个小女孩。早在2007年11月，陈光标随胡锦涛主席出访西班牙马德里，出席首届中国与西班牙经贸合作工商峰会。晚宴上，陈光标得知自己捐助的南通海安的年仅九岁的小女孩心脏病发，正在医院抢救，生命垂危。得知这个消息后，陈光标彻夜未眠，他立即指示公司做好医药费捐助工作，希望小女孩能早日脱离危险。他在祈祷中等待着结果，第二天，当得知小女孩手术成功时，陈光标悬着的一颗心才放了下来。陈光标对慈善事业有着独特的见解，他经常会说：“人生世上，财产越多就越要帮助别人，钱财生不带来，死不带走，只有帮助别人，你才会感到快乐。”

此外，企业家群里，陈光标也有着极强的号召力。2009年11月，辽宁阜新在南京开招商会，潘利国（阜新市市长）特意请陈光标组织五十名企业家参会，令这位市长意想不到的是，陈光标组织了近二百名知名企业家到会，市长大为感动，当即授予他阜新市政府高级顾问证书。现在，陈光标的荣誉证书垒起来超过他的身高，是三十六个市、县荣誉市民，十七个市县政府的高级经济顾问，并被评为“诚信企业家”、“共和国经济建设功勋人物”、“全球一百位华商品牌人物”等荣誉称号。

很多人也许会惊叹于陈光标那巨大的捐款数字，但他对此并不以为然，因为他要把自己河里的水分享出去。

值得一提的是，一次，陈光标提出要去慰问一线的干警，看望失足的犯人。于是他便将公益演出的精神盛宴竟然带到了监狱系统，在江苏省未成年犯管教所的那次慰问，令陈光标感慨万千，当他看到身陷囹圄的“迷途羔羊”时，心中百味杂陈。在慈善义演现场，他充满深情而又诚挚地讲：“凡是改造进步大的孩子，如果将来上学深造或生活费用有困难，我们可以从公司的公益基金中划出一部分为你们设立助学金和奖学金；如果你们当中有的人父母、长辈年老体弱、无人赡养，我们也愿意给予一定的资助，消除你们的顾虑，让你们更安心地学习深造！”

正所谓关心弱者，是强者的本分，陈光标一番言辞恳切的话语，让台下那些曾经误入歧途的孩子感动得泪眼汪汪。他们真诚地说：“谢谢陈总，谢谢那么多还没有唾弃我们的人，虽然我们走错了一步，但是有了像你们这样的好心人的关心，我们一定努力改造，争取早一点走出去，诚实做人，诚信做事，回报陈总和社会的关爱。”

这次慰问演出，陈光标给他们捐赠了一百台办公和教学电脑，一百套课桌椅，还有二辆大客车；之后，江苏省法律援助基金会成立，陈光标又捐赠了六十万元的款物，用来帮助那些打不起官司的弱势群体。

对于同行，陈光标同样会帮助他们渡过难关，但凡找上门来的企业陈光标都有求必应。

2008 年下半年，由于受金融危机影响，有关废旧钢铁回收的市场行情则一落千丈，而作为钢铁龙头企业的佼佼者宝山钢铁公司却突然宣布暂停回收废旧钢材的业务。而此时，陈光标却作出了一个令人出人意料的决定，“对找上门来的企业有求必应，不管市场上什么价格，敞开门收购！”

这时，有一位六十多岁的老太太专门从安徽蚌埠赶到南京，说她自己借债三十多万元，按照市场价二千元一吨回收的废铜废铁现在全砸手里了，非要把她的废品卖给陈光标。最终，陈光标将一吨多加了二百元钱，全部回收了过来。

对于此事，陈光标的同事觉得他在玩火。因为早在一年前，市场形势就已十分严峻，这样的情况下，陈光标主动敞开门收购废旧物资，很明显这是亏本收购，而就在江苏黄埔再生资源公司内部还积压库存的物资价值总额已经达到数亿，如果继续收下去，陈光标明能撑得住吗？很多人的心里都画了一个大大的问号。陈光标也承认，这次大胆之举确实有些冒险，他自己却说："2008 年 7 月份以前我们回收的废铜废铁，废铜五万多一吨、废铁三千多一吨，亏了差不多有一半，但是宝钢不收了，如果我也不收，不知要倒掉多少家兄弟企业。我真是不忍心啊！"

之后，新出的一条新闻让陈光标吃了颗定心丸。中央下达指令，用四万亿拉动内需，其中包括扶持钢铁行业的政策。无疑，此事对陈光标来讲是一次机遇，也是一次意外的收获："对我来讲这又是一次机遇，我预计在今年 5 月份左右，废旧回收市场将恢复到 2007 年那样红火。我认为这个商机，人家不敢干的我敢干，肯定这是一个机会。"

时下，在社会物质财富极大丰富到了空前发展的大好阶段，精神道德发展和心灵进步却呈现出止步和空壳状态，当今社会的富翁很多，但真正愿意承担公共责任的又有几个呢？时常会有富豪天价消费，花天酒地，穷奢极欲，也有富豪冷漠如霜，偷税漏税，极端吝啬。还有报道称，国内的顶级富豪，九成认为金钱带来"不安全感"和"烦恼"。他们为自己营造了财富安乐窝，也将精神发展、心灵发展逼进了死胡同。

而再看看陈光标，他不仅完成了财富积累，也将精神和道德积累提升到了一个史无前例的新高度：扶贫救弱、匡扶正义、弘扬美德。他已经长成了慈善大树、心灵富豪，成为令人仰慕的资本和道德丰碑。人们应当在追求物质成功的同时，也将精神博大、精神富有、道德慷慨和内在幸福当做终极的成功目标。陈光标就是其中的佼佼者。

能捐都捐

带着孩子做慈善，立志在世裸捐，只留债务给儿子做遗产——这种行为的本身决定了，陈光标教育出来的将是富二代中的“非主流”。

自地震发生过后，陈光标的公司生意应接不暇，全国各地近百家大型厂房等他的公司过去拆迁。很多企业都是认准了陈光标，其中，有一个企业的老总就对陈光标说：“陈总，王老吉捐钱我们可以全家就喝王老吉，但我们不知道通过什么方式表达对你的支持，我们知道你右手赚钱，左手就去回报社会，你的行为不知唤醒了多少人的良知，支持你陈光标等于支持慈善。”

陈光标最引以为荣的则是，在他创业过程中，没有向银行或朋友贷过一分钱，这也是他能够放心捐赠的底气所在。近来，陈光标的捐赠频率也在飞速变化着，从年捐到季度捐再到月捐，而且捐赠数量也在从企业利润的20—30%，到50—60%，再到95%，到如今能够掌握的全部，陈光标所宣布的慈善捐赠数字不断加码，迅速逼近极限。

“我相信，我死前捐赠全部财产，如果我坚持这样做，会得到，也会帮助很多人。我不知道我的企业能不能做百年老店，不在乎最后还剩下多少，但我只是知道，现在企业生意一年比一年好，企业在我股权下有多少捐多少，能看到能摸到的全部捐，多种渠道多种方式捐，除了老婆孩子不捐外，其他都捐。”除了老婆孩子不能捐，其他都可以捐。这就是陈光标的豪言壮语。那么，陈光标身为自己老婆孩子的家人又是怎么看待此事的呢？

陈光标的夫人张婷从来不穿名牌，每上一趟北京，她就要去“秀水街”批一大包衣服。里面有自己的、孩子的、双方父母的，一包有上百件衣服，总共才三四千元。陈光标说：“她就喜欢穿市场上外贸出口的衣服，她觉得那样舒服。”

这与我们想象中的阔太太相距甚远。陈光标之所以能够成为感动中国的大善人，并非一朝一夕。在妻子的眼中，陈光标的爱心和责任感是她最为欣赏。而在陈光标的眼中妻子的内在和外在永远一样美。

也许在外人看来，陈光标的“裸捐”义举值得全社会称赞，但这样的选择岂不是对他的后代有些“刻薄”。这样，有人就会产生疑问了，为什么他不在生前就给儿子第一桶金，让他们发展自己的事业呢？陈光标坚决地表示要让孩子“从零开始”，他不会给他们一分钱做生意，他还说：“他们也可以像我一样，去农贸市场拉货到小区里去卖。”

看起来，这个设想有些讽刺，正如陈光标自己所说，儿子的“德智体美劳全面发展”使他“裸捐”得非常有底气。最令他欣慰的是“儿子很善良”。“每当看见要饭的，他都要妈妈给钱，十块的小钱还不行，一定要给一百的。”陈光标谈到儿子，就笑得合不拢嘴。

其实，自 2006 年以来，陈光标和妻子、儿子就没再在家里过年，每年他都带着全家人前往贫困地区发善款。2006 年在青海，2007 年在贵州，2008 年在四川，2009 年在新疆、西藏、云南，他让儿子参与每次捐款，让他们知道钱分给谁，用在哪里，让他们对慈善有直观的概念。

第十三章 高调慈善

DISHISANZHANG GAODIAOCISHAN

中国人跟雷锋学会了一个习惯，那就是：做好事不留名。好像留名就会“玷污”了好事。这种观念不是从雷锋才开始的，在中国五千年的文化传统中，一直都流淌着这样的血液。中国人讲究的是涵养，是隐忍，是谦谦君子，如果有哪个“不识时务”的破坏了这个规矩，那就只能等着被“群起而攻之”了，每人一口唾沫星子都能把人给淹死的。“低调”就是这个准则！

然而，陈光标可管不了那么许多，他是一个喜欢被赞扬的人，做了好事不让他去说他是会憋得慌的！

喜欢荣誉

“我崇拜雷锋，但不学雷锋，我做了好事，一定得留名留姓，图个万古流芳。”

提起慈善事业，陈光标已将之当成终身事业而全身心付出，与此同时，慈善也给陈光标带来了无数社会职务、荣誉或褒奖。例如：“全国道德模范”、“全国助人为乐模范”、“全国五一劳动奖章”、“中国十大杰出志愿者”、“全国抗震救灾先进个人”、“中国光彩事业突出贡献奖”、“全国十大慈善家”等荣誉证书一千六百多本，从地下一本一本垒起来超过五米高，收到哈达六千多条、锦旗二千多面……

2010年9月17日，2010“华德奖”中国企业家公众形象满意度调查结果发布并颁奖，阳光传媒和阿里巴巴获得中国年度最受尊敬企业大奖。有中国“首善”之称的陈光标获得了中国年度最受尊敬企业家称号。

对于荣誉，陈光标毫不掩饰自己的在意，他坦言：“我做了好事你不让我说不行，我做了好事你不给我荣誉也不行。有人要是忘了，我会直接去找他要。我做了好事，为什么你不给我荣誉呢？”

陈光标就是喜欢荣誉，也大方为自己邀赏。在陈光标看来，荣誉会促使他自己去做更多的好事。为此，陈光标在一些重要的场合，总是浑

身上下挂着数十枚奖章，以此来彰显自己的荣光。

然而，陈光标也常常感叹，他自己也是一个普通人，之所以会取得了今天的成绩，是因为他付出了常人难以想象的努力。陈光标一直保持着很好的生活习惯，尽管在商场闯荡多年，但是他一直严格遵守着自己的“三不”准则！

正是因为付出了多于别人的努力，陈光标才会将黄埔集团办得有声有色，在陈光标公司六楼的荣誉厅和走廊过道里，摆满了各式各样的红色锦旗和金黄色的奖状，从“南京市道德模范”到“全国道德模范”，从“绵竹市荣誉市民”到“内蒙古扶贫先进个人”，似乎全国各地都有陈光标的身影。这些证书和奖状加起来有一千六百多个，在众多荣誉的背后，有陈光标那颗真诚帮助人们的善良的心灵，那不是一个守财奴的心，也不是抱着在巨富中死去的心态，而是心怀天下，为天下人担忧之心。我们大声呼吁，希望这个社会涌现出更多像陈光标一下的善良的慈善家，更多像他一样：我要做一个富而有德的人。

陈光标很早就说：“我认为一个人活着，能让更多的人得到幸福，他的人生才是幸福的。”

“我真正体会到热心去帮助别人，能够让自己快乐，乐在其中。很多受自己帮助的贫困大学生圆了大学梦,他们的父母都会上门来感谢我,我看到了这么多人在我的帮助下改变了人生，我非常开心。”

做好事对陈光标而言是开心的，而开心的事情他也是希望别人能够分享的，他到处要荣誉，一方面因为荣誉让他开心，另一方面他希望全世界的人都知道他在做好事，都学他做善事！

学习雷锋

“我欣赏巴菲特，但不崇拜他，因为他是有钱而善，我是没钱先善。我要先学习雷锋。”

中国人一向讲究“做好事不留名”，但是陈光标的慈善行为却是非常的高调，对此，他直言不讳地表示：“我感觉我一个人的力量太小了，我高调的目的就是想影响和带动更多的人去回报社会、帮助他人。所以说，高调不是为了我个人，而是为了整个国家，我们国家现在还有三千多万贫困老百姓，相当于西方几个小国家的人口总数，很多人都需要帮助。”

陈光标说，他要像雷锋一样，能够为别人留下点什么，他要为他的子女，为国家，为历史，要实现最大的价值。以后他老了，他的孩子提到他爸爸是中国第一大好人，又做环保产业造福子孙后代，到哪里提到他爸爸都感到骄傲和自豪。他说：“我要像雷锋一样留下一点什么，一个人活着可以影响更多的人幸福快乐，这样的人生才是有意义的人生，企业家要充分认识到这一点。”

他还认为：“企业家的最高境界就是从无做到有，从有做到无。我的精神比巴菲特，比比尔·盖茨更高。因为他们是有钱了才想到向社会回报，我小时候就知道拿自己卖水的钱替同学交学费。”陈光标的话说得极其的“狂妄”，可是却也不无道理，谁叫他有狂妄的资本呢？

有少年极度贫困的经历，陈光标依然牢记父母的谆谆教诲，使成功以后的陈光标总是竭尽所能去帮助别人，做好慈善事业。

旧事重提一下，我们知道，早在1996年，也就是陈光标的创业之初，他就开始投身于慈善捐助活动之中。那是在陈光标刚刚创立南京金威利电子医疗器械公司的时候，年收入不到二十万元，但当他得知安徽有白血病患者急需救治，于是陈光标就慷慨解囊，毅然决定拿出三万元资助那位白血病患者。2002年以来，陈光标也一直关注着消防领域，他曾带领江苏黄埔向南京市公安消防局捐助近千万元，用于消防公益宣传。2003年“非典”期间，陈光标又向江苏省医疗机构捐赠了八百台远红外温度检测仪和二百万元现金，用来支持“抗非”事业。到2004年底，东南亚发生海啸，陈光标积极响应国家号召，向海啸灾区捐出了三百万元。在2006年，他被评为中国最年轻的十大慈善家……这些都是他拿来索要荣誉、被人记住的资本。

除了以上种种。多年来，陈光标一直关注着家乡的发展，1999年，

陈光标捐资兴建天岗湖阳光路。2005年的两会期间，宿迁市委书记张新实逢人便拿出笔记本电脑推介宿迁的精神感动了陈光标。为了回报家乡，陈光标于2006年9月10日和10月29日，分别发起并承办了“中国民营企业家社会公益事业论坛”和“中国民营企业发展与新农村建设论坛”，收到了良好的社会反响，陈光标还在公益论坛上向家乡捐助八百六十万元钱物。

同年10月，陈光标在一次与梁保华省长的交谈中，重点提到苏北的发展，并恳请省里能给家乡发展更多的支持。

现在，陈光标养成一个习惯，不论到哪都随身带着《中国宿迁》的宣传册，宣传宿迁，推介宿迁。在今年随吴邦国委员长的一次出访中，陈光标手拿《中国宿迁》宣传册不离身，甚至在集体合影时，人们看到陈光标的手上依然拿着那本宣传册，当人们惊讶的询问缘由时，陈光标说：“我的家乡还属于欠发达地区，希望有更多的人来关注宿迁的发展。”

陈光标是个不折不扣从穷乡走出的亿万富翁，回想起促成自己取得成功的因素，更大的成分要归功于他能吃苦的品格，善于创新善于总结也是他成功的动力之源，但事业舞台有多大，则要取决于一个人的胸怀，正所谓胸怀有多大，舞台就会有多大。他说：“能吃苦，会总结，善于创新，胸怀宽广，我认为是这些地方促成了我今天的成就，这也是我成功的秘诀。一个人要想成功，一定要能吃苦，吃常人不能吃之苦，要有艰苦卓绝的精神品质；此外还要学会总结经验教训，从中悟出道理来；再者就是要善于创新，想人家想不到的；最后，你还要胸怀宽广，胸怀决定事业，胸怀有多大，事业就会有多大。”

无可奈何

“我想做慈善家，但做不了救世主，首善的巨大光环下我也会喘不过气。”

在如今这个社会，想做雷锋也不容易，身为“中国首善”，陈光标的光环很多，争议也不少，但他承认自己也有压力，还记得他曾经说过下面的话吗?

“只要我一出门,就能感觉到来自东西南北的四个探头都在对着我。有时我也很累很烦，但我马上就会想起那些我帮助过的大学生，想起他们拿到大学通知书时的喜悦之情，想起全国各地人们送来的红旗与感谢信，就会觉得很感动。我之所以高调‘作秀’，是因为我想带动更多的富人不要做‘守财奴’，我觉得如果全国人民都来高调作这个‘秀’，那我们的国家会更美好。”

陈光标顶着“首善”的盛名，着实也给他带来了许多烦恼。据有位记者透露，在采访他的三天时间里，不断有求助电话打进他那个并不轻易示人的手机号码。据统计，2009年到陈光标的公司登门求助者达九百三十七人，来自全国各地的求助信达二万八千七百封。而随着名气越来越大，找陈光标主动要求捐助的人也越来越多，现在，平均每天都能收到数百封求助信。“我就是印钞票也帮不了那么多人。”陈光标无奈地说。他真的想帮到所有的人，但是，一个人的能力毕竟是有限的，即使像陈光标这样的富豪也不可能成为“救世主”，不可能手轻轻一挥就世界大同了!

陈光标是有钱，所有人也都是这么认为的，可是很少有人知道陈光标的钱挣得并不容易，谁家的钱也不是大风刮来的，也不是取之不尽用之不竭的，把钱给了没什么急用的人，就会有真正需要帮助的人得不到资助。那些理直气壮上门要钱，赖着不走，哭天抢地的人，为什么不好好想想这一点呢?别人帮你是你的福气，而不是对方的义务，给了你要感恩，不给也不能抱怨。可惜，大部分的人都做不到这一点，因为他们的眼里只有自己!

抛开这些人性的东西不谈，陈光标本身毕竟是个性情中人，不管别人怎么想，他能帮还是会帮。他坦言，这些年来，他已经记不清资助过多少孩子重返校园，帮过多少看不起病的人重获健康。也记不清当时在灾区，他给几百个孩子发放了印有手机号码的名片，说遇到困难就打电话找陈叔叔。当时，陈光标刚回南京没多久，孩子们的短信纷至沓来，

有的要求充话费、有的要求买文具、有的想要买火车票……凡是能满足的，陈光标都一一满足。当有人问他这些年来总共捐出了多少钱时，他却摇摇头说：“这个连我自己都数不清，每当我看到需要帮助的人就会拿出现金给他，来不及算这笔账。”

有一次，陈光标接受一个节目访谈，短短二个小时内，竟然有两个人的命运因陈光标而改变。其中一位叫尚小兰，她是被陈光标亲手从废墟里救出的茶厂女工，节目现场，当尚小兰拿着亲手种植的茶叶送给陈光标时，她一定没有想到陈光标会说出这样的话：“今后你的厂子茶叶产多少，我负责销多少！”

同样是在节目现场，有另外一位双脚残疾的农民老孙，他是三鹿事件的受害者，他的遭遇打动了在场的所有观众。还是在台下时，陈光标就迫不及待地拿出钱包里所有现金总计二千八百元塞到了老孙随身带着的麻袋里，上台后他更是当着全国观众许诺要拿出六万元钱给老孙家盖新房，通水通电并担负孩子今后上学费用。

陈光标虽然对慈善事业很慷慨，但他对自己却非常俭朴，甚至很抠门。陈光标戴着眼镜，身着灰色夹克，手拿一个很旧的手机。这个手机也是我们之前提过的，2005 年买的，因一个开关和听筒经常坏，已经维修过八次，为了节约钱，他一直没舍得买新的。继而，他又指着身上的衣服说我已经穿了四五年了，他又讲道：“这件夹克和裤子都是在普通的服装店做的，所以没有牌子。”在陈光标身上，慷慨和吝啬形成了鲜明的对比。但只有他自己才知道，他之所以对自己这么吝啬，是为了更好地对别人慷慨！

欢迎挑战

“我想高调行善，却不想默默奉献，如果你不服，欢迎向我的首善位置宣战。”

好多人都说陈光标并不是一个默默无闻的志愿服务者，尤其是在诸如汶川地震、玉树地震、西南抗旱等大的事件发生时，捐钱、捐物，陈光标一向是总是高调行事。面对多数人的非议，陈光标直言反击："做慈善事业就是要高调。你说我沽名钓誉也好，贪图名誉也罢，我都认了。我从来不在乎人家说我什么，我认为我做得对，我就要做。我就是要高调做善事，如果你不服你来做，你来和我争'中国首善'这个称号。我这个人从来不怕枪打出头鸟，枪打出头鸟是因为那个鸟飞得太低才会被打到。如果我这个鸟像光的速度冲飞到高空，那枪能打得到吗？枪是打不到的。"

如今，陈光标是中国首善，十几年来一直坚持捐赠，仍旧有很多人表示疑惑不解，陈光标为什么会拿出这么多钱来搞捐赠，而陈光标却认为，他之所以如此热爱慈善事业，与小时候父母对他的言传身教是分不开的。陈光标不止一次地提到父母对于自己的影响："我从小家里比较穷，父母都是善良本分的农民，他们乐于助人的行为教育和影响了我，让我热心待人，帮助别人。我也是发自内心地想要帮助别人，多做善事，看到别人困难我就想主动帮助。开公司赚了钱，我觉得更应该去帮助那些需要帮助的人，这对我来说是很自然的决定，当时也没有想太多。"

面对外界的怀疑态度，陈光标一直光明磊落，雷厉风行，他声明自己就要高调做善事，如果有人不服可以和他争做'中国首善'这个称号。

有一位在陈光标身边一直陪伴他的同事，也是他十多年的"战友"杨经理曾这样评价陈光标，"很多人或许觉得他不可思议，但他就是这样一个人，而且在不断努力地做。他很真实。"

对于自己捐出的每一笔钱，陈光标都会详细记录在案，细心地保留相关票据、凭证，他有一个专门的本子，这些凭证和票据都被他妥善地收在这个本子里。他说："我高调的结果，是带动了一批有爱心的企业家和人士作更多的、拿出真金白银的'秀'。我自己首先是个慈善家，然后才是个企业家，即便外界存在那么多质疑的声音，我还是会把这种'慈善秀'继续坚持下去。老百姓受益了，即便被说成作秀、炒作，也值得。"

一次，陈光标在接受《商界周刊》记者采访时，记者曾对陈光标做

了一个个案调查问卷，从中可以看出陈光标的高成就动机。北师大心理学教授陈会昌对问卷进行了分析，他说："首先应该表达的是对陈先生的敬意，抛开工商企业界高成就动机者的商业成功，我们在陈先生伴随经商而做的慈善事业更应给予最高的尊重。如果有更多的成功商人能够抛开资本的逐利本质，多做一些回馈社会的慈善，那么中国的企业家群体更会彰显强大的社会示范力量。

而在陈光标的个案问卷中，我们只看到一个非确定选择，表明在他的商业运作中有着明晰的风险意识，而其他十九道题都是确定性选择，没有含糊概念，这一点表明陈先生是一个爱憎分明、是非观念极强的人，可以称他为血性男儿。他对自己成功的定义不以财富的多少来作为衡量标准，而是以自己的评判标准——尽己所能帮助别人来确定自己的人生价值。"

金山银山

"我想让灾民体会我掌心的温暖，却又不想假借于手，于是堆了金山，发钱发到手软。"

2009年春节期间，当很多人还围坐在家里享受节庆带来的欢乐时，陈光标却在不停地为"春节灾区送红包活动"四处奔波。他喜欢荣誉，每每做善事的时候，他总要叫上媒体和当地政府，拍照、录像、捐赠证书一个都不少。2009年春节前夕，他带着三千万现金，率领着六十多个企业家一同重返四川灾区发放过年红包因而再次成为电视、报纸的头条新闻。电视屏幕上，黄埔公司会议室里十几米长的桌子上，满满堆着一沓沓人民币。他高调行善再一次惹来重重非议。

2009年1月3日，中国首善陈光标前往成都，与相关部门进行了商谈，初步敲定红包发放对象。期间，还不断有全国各地企业家主动打电话报名参加陈光标组织的"春节灾区送红包爱心团"。之后，陈光标马不停蹄赶往德阳等地，与当地民政、教育等部门进行商谈。经过与当地政府的商谈，综合多方意见，“春节灾区送红包爱心团”初步敲定——发放对象：留守儿童、留守老人、特困户、抗震英雄、贫困教师、因灾致残人员；发放区域：都江堰、彭州、映秀、德阳、北川、中江等地；红包大小：二百元至二千元不等；年货物资：猪肉、米、油、毛衣、羽绒服等。

当浙江绍兴的80后女孩陈佳明得知陈光标“春节灾区送红包爱心团”的消息后，她特意专程飞到成都，找到陈光标，并表示愿意以个人名义捐赠十万元参加。

此外，主动给陈光标打电话报名的又有十人左右。没几天，报名参加春节爱心团的企业家已经超过六十人，筹款总数达二千二百万左右。陈光标说：“其中，成都企业家筹款总数已达二百万元。此外，还有近一百人表示不能亲自来灾区过年，但愿意捐赠五千元到二万元不等的现金。”

在陈光标的感召下，数以百计的企业家响应倡议，几十名企业家还与陈光标一道携家属到汶川、都江堰等地震灾区为数以万计的灾区家庭发放红包。在陈光标慈善倡导的力量下，众多企业家的良知和爱心被唤醒，关爱灾民随之涌起了一股社会热流。

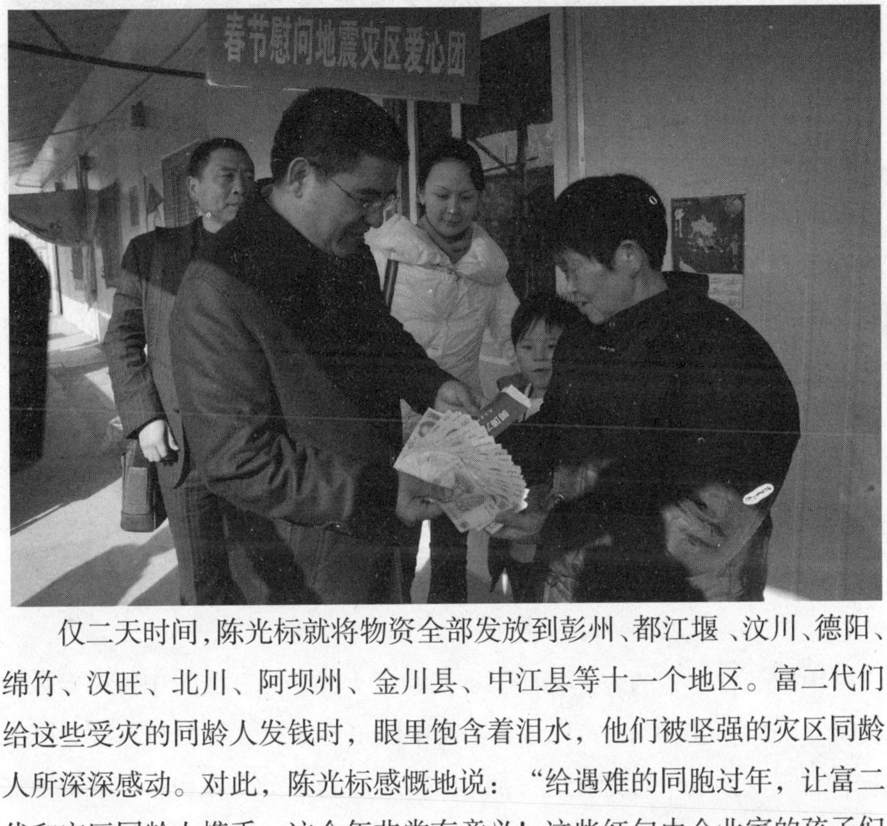

仅二天时间，陈光标就将物资全部发放到彭州、都江堰、汶川、德阳、绵竹、汉旺、北川、阿坝州、金川县、中江县等十一个地区。富二代们给这些受灾的同龄人发钱时，眼里饱含着泪水，他们被坚强的灾区同龄人所深深感动。对此，陈光标感慨地说：“给遇难的同胞过年，让富二代和灾区同龄人携手，这个年非常有意义！这些红包由企业家的孩子们亲手发给灾民，对他们的教育和发展会产生很大的帮助，让他们知道有更多的人需要帮助，对唤起他们的同情心，体会帮助别人的快乐感，有着非同寻常的意义。”

陈光标还表示，今后，他将一如既往地对地震灾区资助下去。值得一提的是：陈光标的儿子虽然很小，但在捐款中表现最积极，他窜上窜下地发红包，丝毫感觉不到累。

炫名扬善

我想要炫善，目的是为了扬善。我不怕被人说成是作秀，因为这个秀做得理直气壮！

中国“首善”的陈光标已累计捐赠近十四亿元、成为中国捐赠数额最大企业家，2010 年 1 月 22 日，在中国工商银行江苏分行大厅，陈光标将百元大钞以十万元扎成一捆，垒成十三行犹如“钱山”。春节前这笔钱将被装入八万个红包，送到新疆、西藏、云南、贵州、四川等地区特困户手中。

如此高调“炫善”之举，令人瞠目，然而，这正是陈光标并不忌讳反而要张扬的“富豪炫善”价值观。一直以来，陈光标都高调进行慈善，在中国的传统文化中，枪打出头鸟，但是陈光标却认为：如果鸟飞高了就打不到了。他又提起了自己童年小红心的经历，那次的经历对他的影响可谓深远，他说：“这是对我当时最大的鼓励。我后来到处宣扬这个事情，发现很多同学都在向我学习，大家都主动积极劳动。这是我做好事得到的经验。我的理念是，做一件好事情能让十个人知道，就是做了十件好事。所以我高调。”

陈光标不仅高调，而且高调得理直气壮，因为他确实有足够的底气：“做企业我记得我父亲的两条原则：守法诚信。所以我高调我到处说，但我不须担心任何问题。我得到了全国道德模范称号受到国家表彰，这个过程中江苏省十三个部门都政审过，没有问题。”

“我不怕被指‘作秀’，我就是要把这个‘秀’作大，希望更多的人跟我学‘作秀’，带动更多的爱心人士加入其中，回报社会。我希望每天都有十几家媒体来采访我，一家媒体采访我一次就意味着我捐出一个亿！”如此大的口气，不免让很多跟陈光标意见向左的人觉得有些不中听，但是陈光标不介意有不同的声音出现，他知道不可能让所有人的想法跟他保持一致。他能做的是尽可能地改变他们的想法，他用的方法很直接——真金白银！

曾经有一次，陈光标到中国驻巴基斯坦大使馆捐赠，之后有六家企业和他联系也要捐。在陈光标看来，可以通过高调做慈善来影响并带动更多的人来做慈善，他说：“我感觉到我这个高调做慈善真的影响带动了很多人做慈善。有好多人做慈善，包括山西头几次老板捐款，都说向中国首善陈光标学习。四川的一个中年妇女，我在逛街，她说你就是标哥吧，我说谢谢，她马上把我拽到她家。她说标哥我们四川大地震，我和我老公商量捐一万块钱，后来电视上报道你的事情以后，我和老公哭得稀里哗啦的，第二天和她老公取了二十万捐到四川省‘红会’去了。我看到有很多人看到都被我这个捐款感动了。”

对于不理解他的人，陈光标也只是淡然一笑，他表示，他做慈善捐出去的钱物都是干净的，都是通过守法经营所得，所以敢于高调做慈善，他问心无愧对得起天地，不怕监督不怕查。

陈光标为江苏黄埔的慈善捐赠作了四个定向“基础教育、孤残儿童、老少边穷、突发灾难”，并且只雪中送炭，不锦上添花。此外，他有一个重要原则：经营的地方不做慈善，有慈善的地方不做经营。这个原则足以止住谣言。

陈光标相信媒体的关注可以感化更多的老百姓和富人，让他们的精神、灵魂、良知、信仰发生好的转变：“我看一个媒体写的一个报告说，陈光标你帮助了穷人，影响和带动了富人，感化了贪官和社会。”

的确如此，我们之前就讲过那个山西年轻人浪子回头的故事，因为看了陈光标的报道被感动得一塌糊涂,觉得一个人可以有如此高的境界，自己却为什么要活的那么“龌龊”呢？在陈光标的帮助下，这个年轻人改过自新，做起了自己的小生意，有了自己的小事业，相信在不久的将来还会拥有自己的小家庭。所有的一切都在朝着圆满的方向在发展，而陈光标把这些归功于媒体的宣传！

曾经采访过陈光标的，著名主持人也是著名慈善家的杨澜认为，做慈善低调也好，高调也罢，关键要看他做了什么，要看结果。她曾说：“宁可社会当中多一些做了好事又说出来的人，起码是倡导一种风气，觉得这是一个可称赞的事，不是说做了好事生怕别人知道。我们过去接触一些企业家，人家捐了好多钱，不敢说，觉得说了以后会惹来很多的麻烦。对于社会上的整体的风气来说，如果大家都觉得做好事偷偷摸摸的，也不是我们所需要的社会风气。社会不应该苛求人们的表达方式，低调有他的谦虚，高调能够起到宣传和鼓动的作用，关键是做了什么，慈善的事不要过多的计较动机，而是看结果。退一万步说，哪怕这个人虚荣心想做好事，又有什么不好呢，这个社会应该对做慈善的人更宽容一点。”

庞大的捐赠数字只是陈光标让人肃然起敬的一个理由，更令人钦佩的是慈善事业背后他那不求回报的财富观。

“我 9 月 5 号（2010 年）倡议了裸捐，来的邮件、传真、电话，现在已经超过几百家，说陈光标在你的精神感染下，这个人到底在世界上干什么，我们手上掌握的财富在干什么，是你让我们懂得了人生观和

价值观，我们也要裸捐。还有企业家看到我，你叫我们将来离开人世时全部裸捐做不到，留个 50% 给孩子，其余的可以捐。他在大街上拉了一条横幅，三百块钱做的，等我老了以后，我也要像陈光标先生一样裸捐。”这让陈光标感动很欣慰。

那么，既然慈善已经成为陈光标的一个经常性活动，为什么他不考虑去成立一个基金会专门运作呢，陈光标认为成立基金会的机会尚不成熟，在未来，也许会考虑委托信得过的慈善机构来运营，他说：“我的捐赠是属于随心所欲的那种行为，特别是近几年比较多，成立基金机会还不成熟。只是我作为中国首善，就要通过自己的行为对中国的慈善事业进行不断创新，为未来在法律上完善和制度化提供一些具体实践。在目前的环境下，如果我成立，人家就会认为是我陈光标自己的，所以我未来会委托信得过的慈善机构来进行。我想等我七十岁的时候，一定会出现类似李嘉诚基金会的机构。”

“五亿”赴台

大陆企业家的爱在台湾延续……

陈光标于 2010 年 12 月 18 日首度赴台参访，他在台大国际中心作了题为“两岸企业家的社会责任”的演讲，并专程拜访了海基会董事长江丙坤以及台湾知名企业家、慈善界人士。而此次赴台，陈光标也携带装有上千万现金的数十个行李袋现场向受捐助的民众发放善款，他亲手将“红包”交到台湾民众手上，让台湾民众也感受到了大陆企业家的善意与亲情。

陈光标的赴台是为春节的“慈善之旅”探路，届时将有约三百余位大陆企业家及家属随行。预估捐助总额将达一点一三亿元人民币（约合新台币五亿一千八百七十万元），陈光标个人将捐助二千万元。捐助赠予对象包括先前莫拉克台风受灾民众、贫困居民以及苏花公路坍方事件救援工作人员等。慈善之旅的红包发放标准将依据灾民受灾程度区分，金额维持在每包人民币二千至五千元（约新台币八千九百七十四元至二万二千元）。同时，陈光标还计划成立“海峡两岸慈善基金会”，邀请两岸企业家参与，通过该基金会每年向台湾捐助二亿元人民币（约新台币八亿九千万元），使大陆企业家的爱心成为长期稳定的捐款。

不仅是慈善捐助，陈光标还将号召大陆企业家赴台投资，自己也计划明年在台湾购买或自建办公楼，该楼将命名为海峡两岸黄埔大厦（他本人很崇拜黄埔精神），作为他未来在台湾设立企业的总部。他在台湾投资的企业将从事生化垃圾处理、低碳环保产业，投资额在十亿元人民币以上。同时该企业每年百分之六十利润将捐助给台湾民众。陈光标说，“建筑废弃物与垃圾掩埋是城市中看不见的一个隐形金矿，但这个隐形的财富还没有很多人发现，在大陆做垃圾处理的人更是少数；这几年在大陆，我都做这个，如果不赚钱，我怎么捐钱呢？……我在大陆对其他企业家宣导的就是‘我们不能做财富的守财奴’。你有一杯水你可以自己喝，但你有一条河，就该与他人共享，帮助更多人，而不是在巨富中死去……我从不考虑负面。我只考虑我的精神、榜样对整个社会的影响，我该怎么走自己的路，如果有人认为我是作秀，那也请他拿真金白银来跟着我作秀！”

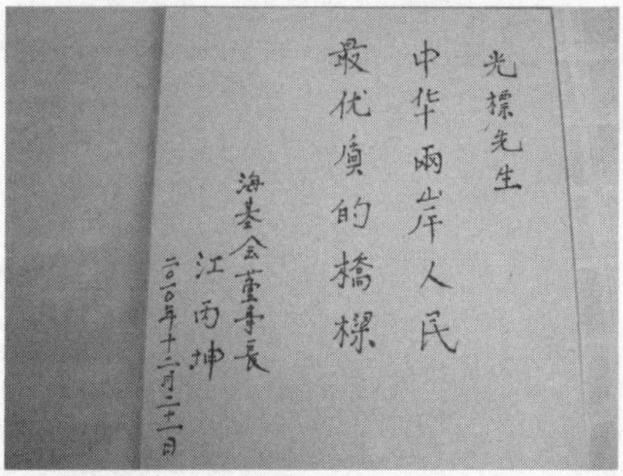
光標先生
中华两岸人民
最优質的橋樑
海基会董事長
江丙坤
二〇一〇年十二月二十一日

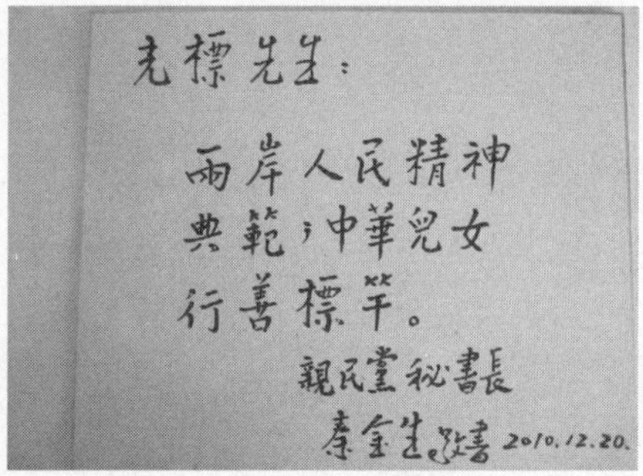
光標先生：
兩岸人民精神
典範，中華兒女
行善標竿。
親民黨秘書長
秦金生 敬書 2010.12.20.

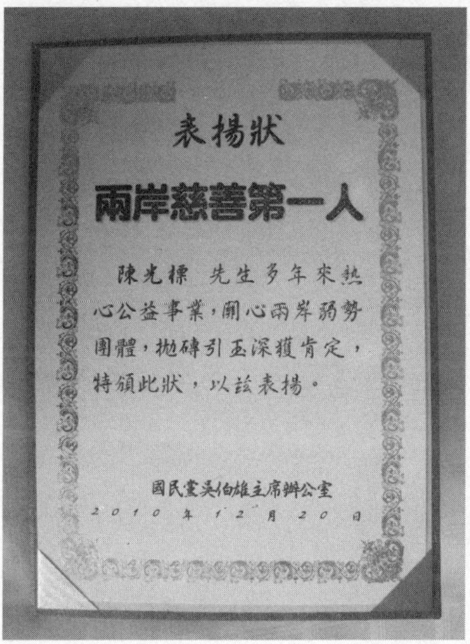
表揚狀
兩岸慈善第一人
陳光標 先生多年來熱心公益事業，關心兩岸弱勢團體，拋磚引玉深獲肯定，特頒此狀，以玆表揚。
國民黨吳伯雄主席辦公室
2010 年 12 月 20 日

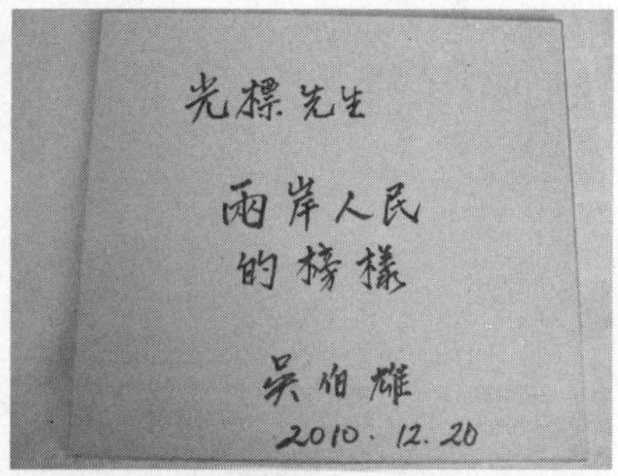
光標先生
兩岸人民
的榜樣
吳伯雄
2010. 12. 20

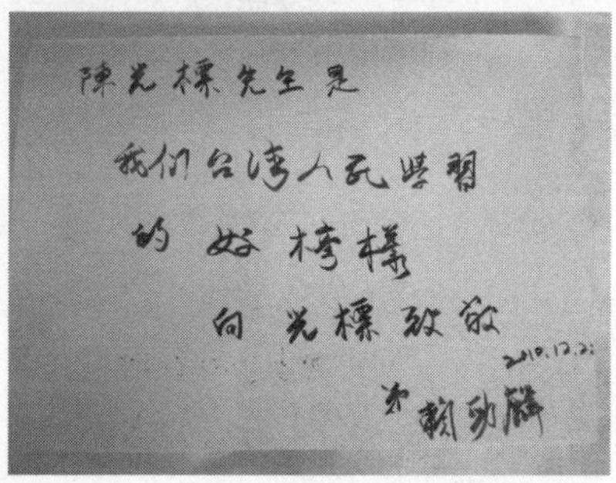
陳光標先生是
我們台湾人民學習
的 好 榜樣
向 光標 致敬
2010.12.21

第十四章 率先裸捐

DISHISANZHANG SHUAIXIANLUOJUAN

相信2010年的年度十大社会新闻里会有这样一个著名的事件，那就是“巴比”的“鸿门宴”。当人们听说巴菲特和比尔·盖茨这两位“大佬”级的人物要来中国“劝捐”时，几乎所有的富豪都选择了同一种姿态来应对——鸦雀无声。当然，这鸦雀无声当中包括两种人，一种是捂紧腰包装傻充愣的，一种是静观其变观察风向的。然而一个声音却打破了这种沉寂——裸捐！一声闷雷震耳欲聋，陈光标像他的偶像董存瑞一样扛起炸药包丢进了敌人的心脏。一时之间“惊起一滩鸥鹭”，整个中国的富人圈开始变得吵吵嚷嚷起来，捐与不捐已经不是要讨论的问题了，他们得先把扔雷的人找出来说道说道才行！

“日落条款”

一纸千言书，激起千层浪。陈光标大无畏的裸捐，再次“逼裸”了某些中国富人的真相。

何谓日落条款？它又称落日条款，指的是法律或合约中订定部分或全部条文的终止生效日期。通常订定日落条款的目的是在该条文终止其效力前有缓冲期可先行准备及实施相关的配套措施。与日出条款相对应，由美国微软公司创始人比尔·盖茨和投资家巴菲特联合发起的“捐赠承诺”行动4日宣布，已有四十位亿万富翁或家庭承诺，将把自己的过半财产捐献给慈善事业。对于这股从大洋彼岸刮来的、被称为“日落条款”的强劲慈善风暴，中国人没有无动于衷。

2010年9月，当陈光标听说比尔·盖茨和巴菲特向中国富豪发出“慈善晚宴”的邀请，而其中有些富豪担心被“劝捐”而婉拒赴约后，他“一气之下”宣布将放弃最后的5%资产（在三年前陈光标宣布将来把家产95%捐给社会），并给盖茨和巴菲特写信。陈光标表示将在死后向慈善机构捐出全部财产，并以此作为“给你们两位先生中国之行的见面礼”。陈光标进而解释说：“听说盖茨和巴菲特将于本月（2010年9

月）底赴京举办慈善晚宴，我心情比较激动，9 月 4 日凌晨一点多，我再也睡不着了，连夜起来写了那封后来发表在网上的公开信，我清楚地记得那封信一共有一千零九十个字。对我来说，做出这样的决定是迟早的事情。”

当天晚上，陈光标的内心非常激动，激动到没有问任何人的意见就写下了这封让世界震惊的裸捐信：“我也没有和家里人商量过，因为他们早已经习惯了。我夫人从小家庭条件相对比较优越，基本上没有缺过钱，因此对于金钱没有太多的概念，所以从我第一次开始捐款的时候，她就没说什么，现在更是习以为常了。”

陈光标的家人是习惯了没有异议，可是其他人却并不适应他的做事风格。裸捐言论一出，立马一石激起千层浪。霎时，赞美、惊讶、质疑，各种声音随之而来，但是对于各种声音，陈光标似乎都不在乎：“我就是要高调做事，给中国的这么多富人一些压力，要不我怎么对得起首善这个名头。”

对于陈光标的“高调慈善”，向来就有争议，然而毕竟是行动胜于雄辩。但是提到“裸捐”，这应该是很高尚的个人行为，为何陈光标却要称之为“我给你们两位先生中国之行的见面礼”呢？

陈光标希望通过盖茨和巴菲特的影响力，推荐他到美国最好的大学攻读这类课程，让他在慈善事业上把眼光放长远。学完以后，我想把中国的慈善事业更加制度化、规范化一些。陈光标还说：“盖茨和巴菲特是有了钱以后才回报社会，我没钱就在做，我的慈善胸怀不比他们两个差。”

2010 年 9 月 20 日，陈光标在参加“西城区 2010 年道德模范先进人物宣讲活动”时曾透露，在他率先承诺裸捐之后，曾遭到一些富人的抱怨和谩骂。然而众所周知，是陈光标第一个每年拿出企业净利润的 50% 做慈善，却被解读成“伪善”。而对这一切，陈光标则表示：对现在嫌他讨厌的那些人，陈光标相信总有一天他们会感谢他。

“我不生气，更不怕背骂名！”这是陈光标的胸襟，“我既然一直在做慈善事业，就应该有博大的胸怀，包容一些负面意见，也包括抱怨和谩骂。但我相信，一些富人随着人生价值观和财富观的转变，有一天他们会从骂我到感谢我。”

“裸捐”招来骂声甚至危险，陈光标表示都会坦然面对。他甚至说：“就算为此牺牲了，我也不怕。牺牲我陈光标一个，但能为百姓造福，值了。”

开骂的人不少，追随者也大有人在。陈光标曾透露，通过给他发邮件或传真承诺裸捐的企业家、普通干部已经接近二百人了。最让他感动的是，一位八十三岁的厅级离休老干部、老党员也表示要在死后捐出全部财产。沈阳市的一名公交车司机每月收入三千元，也要跟随陈光标“裸捐”。

“裸捐”还不算，有人甚至打算“全裸捐”，在百年之后将身体器官甚至遗体捐献出来，以作为医疗机构教学实验之用。“有的企业家说，全捐了我做不到，但我会在死后把50%的财产捐给社会。”陈光标说，“这些都让我深深感动。”

真的“裸捐”

死后一分不留，陈光标以无比尊严的承诺，捍卫了中国富人的形象。

2010年9月5日，有着“中国首善”之称的陈光标，刊出了致比尔·盖茨和巴菲特的一封信，陈光标在信中指出，“在我离开这个世界的时候，将不是捐出一半财富，而是向慈善机构捐出自己的全部财产。”

当美国首富和股神发起全球慈善风暴时，作为中国的企业家，陈光标作出了积极而热烈的响应。有了陈光标的表态，中国的企业家们获得了世界的一份尊重；有了陈光标的声明，中国的企业家们也获得了更多一层的理解。陈光标之所以乐善好施，原因在于对财富的正确理解，对社会责任的勇于承担，因此他的慈善并不是一时之举。

一次，陈光标在接受凤凰网记者采访时，他曾这样讲道：“我从小到现在一直在做这件事，坚持了这么多年，才从心里产生这样的想法。

其实了解我的人对我这样的决定不会有太多的意外，因为早在 2007 年我就已经对外宣布将捐出自己 95% 的个人资产，这一次不过只是增加了 5% 而已。我们江苏黄埔再生资源利用有限公司 2009 年的营业收入是一百零三亿元，因为我们所做的建筑垃圾回收工程大都是二手的，也就是从别人手中接下来的，所以净利润只有四亿一千万元，而捐款达到了三亿多元，今年上半年已经到位的捐款达到了一亿八千三百万元，我这十年来捐款的比例基本上一直维持在每年利润的 50% 左右。”

陈光标缘何作出“裸捐”的决定？原来：“两年前，我曾承诺要捐赠个人财产的 95%。这次做出‘裸捐’的决定，主要还是考虑到近几年我们国家重大自然灾害突发事件增多，需要帮助的人更多。另一方面，是来自和世界级富豪慈善家们的交流。去年，我与比尔·盖茨谈了两个半小时，从他那里我明白了人生的真正价值。”

对于如何实现兑现承诺，陈光标也想好了，他说：“我会找一个最权威的公证机构进行公正，并请所有的人一起监督。我会请法律部门一起做。我作为全国道德模范，要讲话算话。”

那么，既然陈光标提出裸捐，那他将来全捐有多少，陈光标说：“目前，我在全国十多个城市有六百多台大型设备，在北京、上海、香港、南京等地购置有办公楼，再加上其他固定资产和现金一起，大约有五十多个亿。这就是我目前的全部家当，近期内，我将在江苏乃至全国找一家最权威的公证处，对我的财产进行公证，以让全社会来对我进行监督。目前我自己年富力强，未来要争取创造更多的财富，从中国首善变成全国首富，而所有挣回来的钱，我死后都将一分不留，全部捐献给社会。”

可以说，陈光标不仅把慈善当成一生的事业，而且也改变了国人对于行善的观念。他不仅在持续不断地做慈善之事，而且常常以高调的姿态表现出行善的热情与积极。作为一种公共活动，慈善也需要组织和宣传，也需要在舆论中成为主流。如果在慈善领域中缺少带头者，则慈善事业无疑将面对更加尴尬的局面。因此，在慈善意识还有待提高的今天，需要有陈光标这样的人来引发、引导社会舆论。更难能可贵的是，陈光标在慈善事业的选择中，以裸捐的决绝表达了对慈善事业的投入，重塑了财富的品格。

如果裸捐成功，陈光标希望这笔财富大部分能够用于教育方面，而且陈光标捐款的原则是救急不救穷。

“我的捐款95%都投在了教育方面，我从小家里很穷，哥哥姐姐都是饿死的，我能够有今天，真的很感谢国家的改革开放好政策、好环境及教育。近两年因为突发灾难比较多，所以对于地震、雪灾、旱灾、泥石流等灾难加大了捐款力度。我捐款的原则一个是救急不救穷，另外一个是‘经营不捐款，捐款不经营。’第一个很好理解，主要是第二个原则，有些人是因为在当地得到了政府的政策扶持，所以才会捐款，我也担心人们有这样的疑虑，所以始终坚守着这一条原则。如果今后裸捐成功，我希望除了教育以外，还加上一条——环保，这既是我从事再生资源行业的原因，也是我做慈善的原因。”

谈到富豪裸捐，胡润认为：现在对于裸捐，我觉得还需要多研究，个别情况下，如第二代不愿继承事业，那是有好处的。裸捐和财产传到第二代是不同方式，各有适合，裸捐不是适合每一个人的方向。现在上榜人中裸捐的还很少，还没到这一个时间段，肯定会更多的，当然与中国遗产税也会有关。

当即将离开这个世界的时候，能够把财富归还世界，是一种高尚和伟大。无疑，陈光标已成为一个慈善符号，从他的身上我们可以看到什么是慈善，什么是慈善行为。从这个意义上说，陈光标是可以复制的，因为他值得每个人学习。希望陈光标的裸捐可以引起舆论关于慈善的更深入讨论，让更多的人无论是巨富还是普通人，都把慈善当成一种生活的常态。

“巴比”作证

北美有“巴比”，中国有标哥！尽管双方的物质财富不可同日而语，但是他们的精神财富恰恰处于同样的高度。

2010年9月5日，有着“中国首善”之称的江苏黄埔再生资源利用有限公司董事长陈光标，在其公司网站上刊出了致比尔·盖茨和巴菲特的一封信，信中，陈光标表示要在死后将五十余亿财产全部捐出来。他说：“当即将离开这个世界的时候，能够把财富归还世界，是一种高尚和伟大。”

“裸捐”信全文

尊敬的比尔·盖茨和巴菲特先生：

作为美国首富和“股神”，你们最近在全球掀起一股慈善风暴，希望世界各国亿万富豪行动起来，将自己半数财富捐赠出来，支持慈善事业，让我非常敬佩和感动。

去年11月3日晚，我接受比尔·盖茨先生邀请在北京进行私人会晤，就慈善事业进行了亲切交流。这次又应你们共同邀请再商慈善事业，感到非常愉快和高兴。今天，当你们来到以“勤劳、智慧、善良”闻名于世的中国时，我在此郑重宣布：将做第一个响应并支持你们行动的中国企业家。在我离开这个世界的时候，将不是捐出一半财富，而是“裸捐”——向慈善机构捐出自己的全部财产。这也是我给你们两位先生中国之行的见面礼。

地球是我们人类共同的家园，世界各国无论富人还是穷人都是一家人。只是由于每个人的起点不同，机遇不同，分工不同，所以在拥有财富数量上有了差别。事实上，在中国，每一个企业家的发展都离不开国家政策的支持，离不开稳定的社会环境，更离不开广大普通员工的辛勤劳动。所以，每个富人应该意识到：能够成为富人是幸运的，但你拥有的财富绝不可以仅仅属于自己个人，你有责任为他人，为社会，多做一些事，更多地回报社会。

我作为一个富人，绝不做财富的守财奴。目前我每年都在把公司一半以上的利润拿出来做慈善。2009年我们公司净利润四亿一千万元，我捐出去了三亿一千三百万元，捐出净利润的77.6%。财富是什么？我认为，财富是水，是身外之物。如果有一杯水可以一个人喝，有一桶水可以存放在家里，要是有一条河就该与大家分享。

从1998年做企业以来，我每天都在奔跑中，没有休息过一个周末。

为了公司的发展，我总是精打细算，将每一分钱用在该用的地方，因为我要将节省下来的每一分钱用于慈善事业。我认为，慈善不是一时一地的，它永远没有终点，我做企业十年来，到目前，累计向社会捐赠款物十三亿四千万元，直接受益者超过七十万人，今后我还将一直这么坚持下去的。

我一直认为，人的一生是短暂的，当我们活着的时候，能够轰轰烈烈地为自己的国家干一番事业，创造财富，创造就业，创造文明和进步，无疑是幸福和快乐的，同样，当我们即将离开这个世界的时候，能够把财富归还世界，让更多遭遇不幸和贫困的兄弟姐妹共享，自己清清白白地离开这个世界，更是一种高尚和伟大。相反，如果在巨富中死去则是可耻的。

人类的慈善是不分国籍的，世界会因为我们的慈善行动而多一些和谐，多一些平等，多一些爱，并且会变得更加美好。这正是我们共同的期望。

祝你们永远健康快乐！

你们的中国朋友陈光标

2010年9月

捐与不捐

捐与不捐，这是个问题，但对陈光标而言，这是一道早就不需要问答案的选择题。

2010年9月份，陈光标向外界郑重宣布："在我离开这个世界的时候，将不是捐出一半财富，而是'裸捐'，向慈善机构捐出自己的全部财产。"公开信的最后，陈光标再次承诺："网友朋友们，你们放心，我陈光标对社会承诺'裸捐'说到做到，当我离开人世的时候，我不想让我的子孙后代承受骂名。”

据陈光标讲，当他提出“裸捐”后，已经有过百名富人和普通百姓响应，一些富豪向陈光标表示：“我们虽然做不到捐献百分百的遗产，但会捐出百分之五十。”

如今，陈光标提出裸捐，也就意味着他准备捐五十亿，做这样的决定，他是否征得了家人同意，对此，他坦言：“我的父母、夫人对我都大力支持。以前我说过捐95%，留个5%留给孩子。我的孩子告诉我说，‘爸爸，你一分钱都不要给我留，我要像你一样吃苦创业。’我经常带我夫人、儿子去参加捐助，他们都理解。等我老了，我会经得起儿女的责问，当我孙子问我的时候：爷爷，你这辈子都做了些什么，我可以很骄傲地告诉他，我对得起这个社会，我陈光标是个好人。”

他还说：“我没有拿过政府的一亩地，我的固定资产在全国十一个省市，都是我自己买的办公楼，还有几百台大型机械设备等。加上流动资金，(我的财产)加在一起是个四十至五十亿元。在不久的将来，我会找个权威的公证处公证(财产)，把我的财富和我创造出来的家产回报给人民，救急不救穷。”

陈光标已经习惯了做慈善，每个月要是不捐款，他就会心里难受。他说：“我上周刚给巴基斯坦捐了一百万，下周我还要给甘肃舟曲灾区捐一千七百万的物资。每个月我的捐款数额都在二千万以上，每个月我要是不捐款，心里就特别难受。”

对于财富，陈光标表达了自己的财富观：“我们现在有很多的富人，觉得财富是自己辛辛苦苦赚来的，而不是国家和社会赋予的，我觉得这些观点都应该逐渐改变。”

有一位企业家说，企业家们把自己的企业做大做强，扩大再生产，不仅有利于国家的税收，也有利于解决社会的就业问题，这就是最大的慈善，“不要动不动就裸捐”。

如果仅仅以“增加税收、增加就业”作为慈善的评判标准，那房地产开发商应该是时下中国最大的“慈善群体”了。按这一标准，中国的首善肯定不是“裸捐”先锋陈光标，而是几大房地产巨头了。所以说，在慈善问题上，一些富豪对自己可能有点“低标准、宽要求”了。这种

"主观上为自己、客观上为他人"的做法只是一种"交换"或是"守法经营"而已，还上升不到"做慈善"的高度。

很多人对于陈光标一向高调的行事风格抱有怀疑的态度，很多人认为他是作秀，但是就是这个做事高调的陈光标，陈光标每年都会把公司净利润的一半以上用来做慈善。到目前为止，陈光标累计向社会捐赠款物超过十三亿元，直接受益者超过七十万人。

做慈善，不是看一个人客观上为社会做了些什么，而是要看主观上有没有自我牺牲和无私奉献的精神，要看有没有将这种精神付诸实践的勇气。陈光标在"5·12"汶川特大地震发生的当天下午，他便到地震救援现场连续做了五十四天义工，亲自背出二百多具遇难者遗体，向地震灾区捐赠款物达一亿多元。

陈光标坦言，在他捐款的这么多年，最大的收获就是，他获得了快乐，帮助别人的快乐。

"我既然被大家叫做中国首善，那我就得负起这个责任，我为什么全部把我的资产捐出去，我就是想推动中国慈善事业的发展，中国的慈善事业，需要我陈光标来推动。"

在陈光标的内心有着巨大的责任感和使命感。同时他也有担负这份责任和使命的能力。一个将自己的企业做大做强的人，将会得到社会的尊重，因为他是个能人；一个在事业上不断发展而又热心公益的人，则一定能得到社会的敬重，因为他还是个善人。希望处于社会转型期的中国多些能人，能人里面再多些善人。

"巴比晚宴"

"闯入富人圈的坏孩子"陈光标，目的就是要将中国慈善业制度化、常态化、规范化，吸引越来越多的富人心无旁骛地参与进来，这也是他对"巴比晚宴"相当热情的原因之一。

对于盖茨和巴菲特，陈光标十分敬佩，当他们二人在全球掀起慈善风暴并确定他们的中国之行时，陈光标表示要用实际行动来表达他的欢迎：“对于他们，我非常敬佩。他们做慈善绝不是嘴上说说而已，而是用实际行动来刺激全球的富豪，让他们也能热衷于慈善。我非常欢迎他们的中国之行，我会用自己的实际行动来表达我的欢迎。裸捐，这是我送给他们的一份见面礼。除此之外，十一日世博会甘肃活动周开幕式上将举办捐款仪式，我会再向舟曲灾区捐献一千七百万元的款物，包括一些大型机械设备和二百台教学电脑，我也想借此对盖茨和巴菲特的中国之行表示欢迎。”

然而不可否认，不少受邀富豪都很担心被“逼捐”，也有人拒绝，陈光标认为担心自己会被逼捐的富豪有点多虑了。他这样讲道：“收到邀请的五十个人，有一半人都在犹豫，有一些干脆就说不去了。其实他们并非对于盖茨的劝捐有多反感，可能是担心参加了晚宴，到时候不捐或者捐得少了，面子上有些过不去。”

对此，沃伦·巴菲特则解释说：“我们没想向中国任何富豪施加压力。我们没有要求任何人不管直接还是间接签署任何捐赠文件。我们在美国做慈善的时候也没有这样做。”他解释说，慈善晚宴就是给一些愿意做公益和慈善的富豪一个互相交流的平台，他和比尔告诉中国富豪他们是怎么进行公益的，中国的富豪则分享自己是如何进行慈善的。“是否捐赠、捐赠多少完全由中国富人们自己做决定。”

然而晚宴举行之时，与“巴比”一开始的声明一样，晚宴的见面会上，“巴比”只回答和慈善有关的问题。在一个多小时的时间里，两人就为何来中国宣扬慈善、“慈善晚宴”会谈内容以及此行是否有商业目的等问题进行了解答。两人一致表示，慈善事业很难做，甚至比经商更难，“如何把慈善做好”是他们在行善过程中遇到的最大困难。

而在晚宴开始前，有二十五到三十位中国富豪和慈善界人士进行发言交流，晚宴后这些富豪和慈善界人士还分组进行了讨论。如何处理捐赠和家庭的关系，如何保证捐赠的安全有效使用是谈话的主题。

盖茨介绍说，晚宴上，多数人基本都提到了捐款与家庭和子女的关系，当一个人要进行捐赠的时候和子女怎么进行交流，家庭成员对于捐赠会不会有不同的想法等都是捐赠应该注意的问题。

巴菲特则透露，在家庭问题上，中国富豪和美国富豪担心不太一样的一点是隐私和安全，很多中国富豪坦言，担心捐赠后自己的名字登报纸，自己和家庭会失去很多隐私，也担心由此对子女和家人的安全造成威胁等。

慈善晚宴上，慈善的透明度成了中国的富豪和慈善界人士十分关注的问题。大多富豪都担心自己的捐赠不能够被安全、透明地使用。盖茨也承认，关于慈善的透明度也是他自己最初做公益时的担心，尽管他对自己的事业成功的领域很熟悉也很有信心，但对公益领域，尤其是医药和教育并没有太大的把握，这就只能寻找能够信任的机构和人来做。

然而，与众多富豪低调赴会相反，“中国首善”陈光标则非常高调，从他进入拉斐特酒店前，就一直被媒体所包围，他是唯一被媒体拦住从而摇下车窗接受采访的与会者；当慈善晚宴结束后，陈光标又是第一个站在了媒体的镜头前。被媒体称为“闯入中国富人圈坏孩子”的陈光标，俨然是巴比慈善晚宴的“新闻发言人”。之所以如此，陈光标的理由还是“做慈善就是要让所有人知道”！

为了参加巴比的慈善晚宴，陈光标做足了准备，早在进入会场前，他便告诉媒体，他将带三点建议赴会。哪三点建议呢？他首先要请巴菲特和比尔·盖茨把他推荐到世界上最好的慈善学校学习两个月，回来以后怎么样更好地把中国慈善体制改革创新，更加完善。明年（2010 年）他要牵头带部分的中国富豪和中国的慈善家到美国去设宴，由巴菲特和比尔·盖茨召见美国的富豪，也开设关于慈善方面的论坛，建立、健全这个体系，建立一个世界富豪慈善体系，每年这样延续下去，把慈善做到世界上每一个角落，把世界的富豪容纳起来，每年搞这场活动。

除此之外，陈光标再一次号召世界的富豪对中国西部地区来投资，拉动经济发展和就业问题。在陈光标看来：“因为慈善本来就体现不分国界，不分民族，不分信仰。今天晚上我带了甘肃、新疆、西藏招商局给我的招商引资资料，带了七十、八十本进去。”

晚宴上，对于陈光标的三项建议，“巴比”两人分别做了回答，前两项是“没问题”，至于被要求去西部投资、捐助的问题，“巴比”的回答是：“可以考虑，世界上有很多类似的地区。”

儿子声援

我是一个普通中学生，叫陈启正，也叫陈环境。因为有个不寻常的父亲，我受到社会广泛关注。我的父亲就是中国首善陈光标。

当父亲这些年累计捐款十三点八亿元时，许多人向我投出羡慕、钦佩的目光。他们羡慕我有个亿万富翁父亲，钦佩我的父亲是中国首善。然而，当今年9月5日父亲宣布将“裸捐”后，许多人又向我投出疑问、同情目光。因为他们想知道：父亲这么做，我这个儿子是怎么想的？他们同情我这个“富二代”今后可能一无所有。

作为中国首善之子，我是如何看待父亲？如何看待父亲裸捐？如何看待自己的未来呢？我今天写这封给未来的信，诉说自己内心真实想法。

首先，我感激上苍让我有这么一个伟大的父亲，因为一个人是没有办法选择自己父母的。如果说，父亲事业的成功让我自豪，那么，父亲那颗大爱之心，更是我一生最大的骄傲，最大的财富。

一般人了解父亲主要是做慈善，第一个到汶川地震灾区救人。而作为儿子，我知道父亲最主要是做四件事：一是做慈善。哪里有灾难，哪里就有父亲的身影；二是做企业。父亲说：如果没有财富，就没有做慈善基础了；三是做环保。父亲到任何地方都倡导环保低碳。他还给我和弟弟改了名：一个叫陈环保，一个叫陈环境。弟弟觉得陈环保叫起来更好听，就把这个名字“抢”了过去；四是关心家人和邻里乡亲。父亲非常爱妈妈和我们，非常爱爷爷奶奶和他们老家。我经常听父亲在家议论：怎样帮老家村子里多做一些事？我听爷爷奶奶说，老家过去那条泥泞的小路，就是爸爸在外面赚了第一笔钱后修的。

父亲常年劳累奔波，无论多么辛苦，一回到家总是把欢笑带给我们。有时他太累了，陪我们说话时，说着说着一扭头就在沙发上睡着了，此时此刻我和妈妈是多么心痛呀。每次离家时间长一点，父亲都会给妈妈和我们带一些礼物，一件衣服，一件文具或一本书。有时特别忙来不及买，父亲会内疚半天，解释半天。

一个人如果只为自己活着，是平庸而渺小的，一个人能够为国家为社会为他人而活着，无疑是高尚而伟大的。我非常自豪的是，父亲做到了这一点，他是社会上许多人心目中光辉路标，更是儿子人生路上的光辉路标。

我经常遇到有人问：你对父亲“裸捐”是什么态度？你支持他这么做吗？当父亲与妈妈和我们孩子商量裸捐这件事时，我几乎想都没想就投出支持的一票。其实，父亲是非常爱我们的，他一开始想捐95%财产，给我和弟弟留5%。最后是我们家人的态度，特别是我和弟弟的良好表现让父亲下定决心：捐出全部财产。

妈妈一直在背后无声地支持着父亲，她自己很少买昂贵衣服，有时到北京还去秀水街买许多便宜货，但她从来没有因为捐款和父亲红过一次脸。我记得，许多次当父亲给妈妈讲自己在地震和灾区经历时，妈妈都哭了。

当父亲宣布“裸捐”后，我将告别“富二代”身份了。对此，我没有一点悲伤和遗憾，相反还有一些轻松和自豪，因为父亲也没有从爷爷手里继承什么物质财富。听爷爷奶奶说，父亲九岁起就自己挑水到集市卖，不仅给自己交了学费，还为邻居上不起学的孩子交了学费。他放学后就到村庄捡破烂到供销社卖，十岁后家里的烟火油烟酱醋，弟弟妹妹书学费及全家人穿衣布料，都靠父亲卖水和捡破烂承担了。再后来，父亲靠自己打拼，成为亿万富翁。与父亲相比，我是幸运的，受到这么好的教育，又从父亲那里继承了这么多精神财富，我相信靠自己打拼，也一样能成为对社会有用，有所成就的人，所以我不愿躺在父亲留下的财富上做寄生虫。

事实上，作为首善之子，注定了我这一生都会追随父亲做慈善了。三岁时，父亲带我到家乡贫苦地区。那时农村的贫苦落后深深印在我的脑海中，我不理解为什么那里的路尽是泥泞？为什么老家的孩子会因为弄丢一只小雏鸡受到严厉训斥？后来我逐渐明白了，因为贫困，因为不是每一个家庭都像我一样丰衣足食。在父亲引导下，我在五岁时第一次捐出了自己的零用钱，帮助其他孩子。此后，每当过年、考试成绩突出得到压岁钱和零花钱，我都小心翼翼地收着，期待着下一次捐款。

随着年龄增长，父亲带我参加慈善活动越来越多。2009年春节期间，我随父亲到新疆阿勒泰地区进行慈善慰问，当时气温达零下近四十度，有的地方积雪达二米之高，那么寒冷那么高的雪是我从未遇见过的，冻得我心里想哭，然而想想长年在这里生活的贫困人们，想想父亲这么多年来为了慈善晕倒过很多次，我咬牙坚持到最后。今年9月30日，在万众瞩目下，父亲带我参加了“巴比”晚宴，巴菲特在回答了我关于年轻人如何做慈善的问题后，握着我的手说：“你表现得很好，我十分看好你！”我知道这句赞扬是对父亲多年努力的肯定，是对我未来的期望。

仰望天空，也许未来我会和父亲一样成为千万富翁、亿万富翁，也许我会成为一个普通人，但是，父亲已经在我面前树立了做人做事的光辉路标。如果我成为一个富翁，我会和父亲一样从事慈善事业，做一个“善二代”；如果我成为一个自食其力的普通人，我也会做力所能及的善事，让自己生活过得充实而富有爱心，让自己的人生之路阳光灿烂。

第十五章 标哥有话

DISHIWUZHANG BIAOGEYOUHUA

陈光标除了是一个富豪，一个慈善家，一个环保志愿者之外，更是一位有强烈社会责任感的人。对于社会上一些让自己看不顺眼的事情，他会毫不客气地指出来。在一些社会问题上，他也会提一些自己独到的见解和解决方案。他认为是社会养育了大家，而大家就应该对社会负责。不管是劫富济贫还是支持大学生创业，只要是慈善是好事，陈光标就认为是对的，在他看来慈善怎么做都是不为过的！

劫富济贫

标哥语录一：劫富济贫，打击为富不仁者；投报有门，保护既富且仁者。

在慈善道路上，陈光标救助了不少贫困儿童，结果他们还是没有办法读到大学毕业，对于这种现象，作为全国政协特邀委员陈光标则提议："贫困人家的孩子根本上不起大学。我建议在高校推行更大的慈善行动，名牌大学的思想应再解放一点。富人的子女要读这些名牌大学，差一点分都可以收，但要高额收费。然后，把这些富人掏出来的钱，用来帮助穷人的孩子上大学，最终实现教育公平。"

从陈光标的这一点建议来看，如果富人孩子考试分数差一点，就可以用多缴费的方式获取录取权，有人会认为这是一种金钱赎买方式，它颠覆了权利平等的制度性根基，使得金钱成为高考录取的腐蚀剂。用一个形象的方式表达就是：有钱就有特权，无钱丧失权利。这显然是不符合法治社会公民平权的逻辑的。

然而也有人会提出非议，因为以金钱获取名校录取权的建议，还隐含着更深的伪善性。富家子弟赎买录取名额的金钱，即使真的用来救济贫困生，也不是平等的慈善关怀，而是权利交换下的利益弥补。这样的劫富济贫，只能是有钱者附庸风雅的乐土，而非涵养科学知识和民主素养的地方。陈光标先生开出的劫富济贫式的药方，是乱上添乱，这样的

药方，是饮鸩止渴。

然而值得一提的是，著名经济学家、北大光华学院院长张维迎的观点则与陈光标不谋而合，他在一个高端经济论坛上表示，大学提高学费对穷学生有利。他认为，一个真正好的体制，是可以收费高，但花80%在奖学金上，穷人就上得起大学了，他并以北大为例说：“北大本科生一年的成本是二万元，一年的学费四千元，剩下的一万六千元都是政府在补贴，这是穷人在补贴富人。为什么不让富人多出些钱呢？比如说，学费就可以收二万元，贫困家庭的孩子就给他全额奖学金，这就是富人补贴穷人了。”

作为中国首善，陈光标认为没有慈善就没有和谐社会，他这样讲道：“没有慈善就没有和谐社会。作为一个富人，他只有具备感恩的心，才能帮助社会上需要帮助的人。”

据媒体报道，陈光标在全国政协十一届二次会议上提出了高额遗产税的提案，他的初衷是希望通过一种制度来刺激富人把钱拿出来回报社会：“我提交了一个增收遗产税的提案，而且希望课以50%-60%的高额遗产税。目的是想通过一种制度来刺激富人把钱拿出来回报社会。”

对于自己的提案，陈光标觉得很满意：“很多百姓认为，先富起来的人多数‘为富不仁’；其实，很多先富起来的人却是想做好事又‘投报无门’。这个提案，就是为广大百姓得到先富起来的人的财富帮助而提供的制度保障，有利于整个社会的和谐发展。”

永无休止

标哥语录二：慈善怎么做都不为过。

陈光标每天都在奔波中，没有休息过一个周末，也没有和家人团聚过一个春节。这个在极度贫困中长大的农家子弟，被认为是“跌落在富人堆里的穷人”，陈光标从没进过夜总会，不会打高尔夫，所有富人乐于体验的事情，他都知之甚少。

2010年央视春晚中频频出现在镜头中的陈光标，被不少媒体和网友质疑是花钱炒作。很多人说陈光标这样做是为了出风头，为了变相给企业做广告。对此陈光标说："虽然大家说我是今年春晚观众中露脸次数最多的，但我认为我露脸的次数还远远不够，我认为春晚的五个小时里有两个小时镜头都对准我才好，我要让全国十三亿人民、广大海外华侨都知道我是一个坚持做慈善的好人。另外我要告诉大家的是，我上春晚没有花一分钱，是受中宣部、中央文明办等推荐作为五个道德模范之一出现在春晚并借此向全国人民拜年的。"

陈光标选择并致力于发展循环经济、绿色经济，从事垃圾回收处理等变废为宝、利国利民、造福后代的产业；并在赚取利润之后，不忘回报社会，尤其从2003年开始捐款次数越来越多，2006年开始几乎每个月都捐，一个月最多捐过五次，捐款额度大致为当月利润的20-30%。陈光标曾说过这样的话："做一件好事并不难，难的是做一辈子。现在，我做慈善有自己的标准，同时建立相关的企业制度，并着手准备操作自己的基金组织。至于是不是作秀，我觉得可以用时间来证明。只要给人带来了好的改变，那么我就不妨继续狠狠作秀吧。"

有人说国内的慈善环境还不成熟，甚至以此为理由反对中国富豪像美国富豪那样捐出财富，对此，陈光标觉得以这样的理由来拒绝慈善是站不住脚的，他说："国内的慈善事业起步的确晚，国外搞了上百年，我们改革开放才三十年，慈善事业更是近几年来才有较快发展，但我们的速度是非常快的，相关的政策配套已经十分完备，并不存在环境不成熟的问题，以此理由来拒绝慈善站不住脚。"

从陈光标多年从事慈善的经验来看，我们的慈善事业需要进一步增加透明度，他说："增加透明度。与国外的慈善相比，国内目前慈善事业的透明度还不够，很多人捐了款，钱最后到了哪里、干了什么，他自己都不知道，这样的话，很多富人在捐款时心里就会嘀咕。对于捐助者来说，能够清楚地知道其来龙去脉，可以促使他更热衷于慈善。比如你捐助贫困山区的孩子上学，等你亲眼看到上百个孩子拿到大学毕业证书时，那种感动是很震撼人的。"

孟子说“恻隐之心，仁之端也”，一个社会良好的道德风尚需要舆论引导，更要实践参与。从慈善实践者到慈善推动者，“最具号召力的中国慈善家”陈光标以自身的慈善之举，带动越来越多的人投身到这一事业中，很多人开始将好善乐施当成人生信条，在大家的共同努力下，公益慈善阵营正在日益壮大。可以肯定，无论何时，只要存在像陈光标这样的慈善家，中国慈善之路就不会出现持续低谷，大爱善举将会更多惠及像汶川这样的极重灾区和欠发达地区。

无形股份

标哥语录三：我们赚的每一分钱都有国家的无形股份。

沐浴在祖国的阳光里，陈光标始终觉得他赚的每一分钱里都有国家的无形股份，所以应当与政府共同履行社会责任，与社会共同分享财富。在陈光标新浪博客的首页有这样一段文字，诠释了他的慈善理念：“企业家的成功离不开良好的环境和政策，没有政府的呵护和帮助，就没有企业家的成长，企业家赚的每一元钱里面都有政府‘无形的股份’。作为一个企业家应该保持一个良好的心态，要真心实意地用实际行动来体现自己的社会责任。企业家在做强做大企业的同时，应该履行自己的社会责任，通过做慈善事业帮贫济困，在构建和谐社会中为政府解忧。”

从陈光标十岁时帮小伙伴交的一元八角的学费开始，到2007年捐赠一亿八千万元，他一直以实际行动实现着自己儿时“帮助更多的人”的心愿。在他看来：“善事是要一辈子做下去的，要尽其所能承担起社会责任。”

近十年来（四川地震前），陈光标做过的好事、得到过他帮助的人都不计其数，无论是捐款捐物抑或是现金，哪一样他都不含糊。陈光标还身兼数职，身为江苏省光彩事业促进会副会长、省红十字会副会长、省慈善总会副会长的他，一直念念不忘动员更多的人加入到慈善事业中，促进社会的和谐发展。早在2006年9月，他提议发起并承办，中华全国工商联、中国光彩事业促进会和中华慈善总会主办的2006“中国民营企业家社会公益论坛”，深入探讨了民营企业家的社会责任。

2007年4月，在“第三届两岸经贸文化论坛”上，陈光标又倡议设立“海峡两岸慈善基金”，陈光标这一举措得到了许多台湾政要的高度评价。国民党荣誉主席连战还亲自题词：“光大黄埔精神，标新民族美德。”这也将陈光标的慈善事业推向了更高的层次。

前不久，陈光标还发出了倡议，提议年利润百万以上的富人拿出20%利润定向帮扶贫困地区和贫困人群，即百万富翁帮一百户、千万富翁帮一千户，亿万富翁帮一万户，用民间的财富力量帮助国家解决贫困县和贫困人口的脱贫问题，让财富抹上人性的光芒。

有人认为他的财富是自己奋斗的结果，与别人无关，陈光标却认为他每挣一元钱都有政府和社会无形的付出在里面，所以，要及时行善。陈光标的手机彩铃是他自己录制的，那是我们再熟悉不过的国歌。他感慨说：“是邓小平改变了我们这一代人的命运，如果没有改革开放，就没有我们企业家的今天。”

然而，有一些企业家认为自己的钱是辛苦赚来的，与别人没有关系，对此，陈光标则认为这是片面和错误的。他强调：“虽然改革开放已近三十年，但人们的慈善意识还不够强。有的企业家认为财富只是自己努力奋斗的结果，他们没有看到，如果没有国家的支持，没有改革开放的好政府，就不会有企业家的今天。成思危副委员长说过，中国不能容忍资本无道德。中国也不会容忍重利轻义的资本主义风气。中国社会在飞速发展，一部分人的资本积累越来越厚，但为富不仁的现象也越来越严重。正是在这种关键时候，社会呼唤良知，时代呼唤道德，我们新一代的知识型企业家应该铁肩担道义，挺身济危困，用真心真情、真金白银回报把我们推进富人行列的祖国和人民！”

支持创业

标哥语录四：支持青年创业就是最大的慈善。

2010年10月17日，在合肥，陈光标为首届安徽青年创业大赛总决赛担任评委。在受邀担任安徽省青年创业就业基金会顾问和这一活动的评委时，陈光标说："国家对青年创业非常重视，举办这样的活动非常有意义。要通过对创业榜样的宣传，号召更多的青年向他们学习、让更多的青年参与到创业的队伍中来。80后和90后的创业者在创业过程中要确定自己的人生目标，确定了就要坚持做下去。作为安徽的青年，要把徽商的诚实守信、乐善好施等精神传承下去。"

首届安徽青年创业大赛，由共青团安徽省委、安徽省工商行政管理局等六家单位联合举办的。大赛自5月启动以来，安徽全省近千名青年参加了初赛环节的比拼。经层层选拔，八十八件创业项目进入复赛，二十件创业项目进入决赛，六件创业项目晋级总决赛。

这个历时五个多月的比赛，被誉为安徽版"赢在中国"，这也是首届安徽青年创业大赛。经过初赛、复赛和决赛三轮激烈的角逐，《"羚羊早安"网店创业园》创业项目获得总冠军，赢得一百万元的创业扶持资金。

来到老家给青年创业大赛当评委，陈光标可不仅仅只是要要嘴皮子，他除了用自己的亲身经历鼓励青年创业之外，他还用自己的实际行动来鼓励青年创业。他当场表示，当天参加决赛的六位选手比赛结束后，将银行卡号发给他，他要给这六位青年每人过万元的奖励。陈光标表示："现在物质大于精神的时代到来了，这样下去是十分危险的。安徽青年应当继续发扬吃苦耐劳、乐善好施的徽商精神，民营企业要多关心肯动脑筋、有好项目的优秀青年创业，特别是刚刚起步、资金薄弱的青年创业。"

他呼吁，在外省创业的徽商积极帮助安徽有志于创业的青年，促进安徽的发展。

回到家，陈光标的心情可以用两个字表示——开心。陈光标说：“企业支持青年创业也是一种慈善，甚至是一种更有意义的慈善。”

陈光标的慈善一直聚焦在他捐赠的超过十三亿元巨额。而他本人并不止步于此，对于慈善，他有更新的见解。他呼吁一些成功的企业家给刚刚起步的企业一些帮助，大手拉小手，支持年轻人创业。他讲道：“我做慈善有一个原则，救急不救穷。接受我帮助的这些创业者绝大多数是80后的年轻人和大学生，很多好的项目和创意苦于没有资金。我借款是无息的，两年三年还不上无所谓，甚至不还也没有关系，只要我觉得我能帮你把企业做起来，我就会觉得很快乐。”

德富财茂

标哥语录五：富而有德，德福财茂。

2006年4月12日，在《人民日报》“人民论坛”上，陈光标发表了一篇题为《富而有德，德富财茂》的文章，以他自身的实践，提出了“资本和道德”的命题。在陈光标看来，“让更多的人享受到企业发展的成果，应当成为企业家的价值观”。原文如下：

“在巨富中死去是一种耻辱。”美国钢铁大王卡耐基的一句名言，让越来越多的人寻味。而“饮水思源”这一古训，更体现在许多人的言行中。

对于企业家和富人来说，这两句内涵丰富的语句，从不同的侧面，表达了同一个意思：回报他人和社会，不仅是一种美德，也是一种责任。

在现代意义上，这种回报早已超越“感恩戴德”、“知恩图报”的层次。一个企业要发展，离不开社会提供的优良环境和支持。另一方面，每个企业都有自己的社会责任，企业越强大，承担的社会责任就越多。让更多的人享受到企业发展的成果，应当成为企业家的价值观。

在现代社会，办慈善事业是这种回报的重要方式。这是一个需要全社会共同参与的事业，企业家和富人应承担更多的责任和义务。而从目前我国企业家和富人投身慈善事业的比重、捐助的数额来看，我们与发达国家还存在较大的差距。造成这种现象的一个重要原因，是对慈善事业的认识不足，重视不够。

孙中山在《建国方略》中说，“物种以竞争为原则，人类则以互助为原则。”扶弱济贫、助人为乐，作为中华民族传承的精神财富，也折射出人类社会的道德良知和思想光芒。慈善作为这种智慧的体现形式，是一个社会、民族文明的标志也是解决社会分配问题，实现社会和谐的一个途径。从一定意义上说，富人自愿通过多种形式捐助和帮扶他人，是一种以道德、爱心为基础的分配机制，也在一定程度上缓解了社会矛盾。困难群体及时得到关爱和帮助，也感受到社会的温暖和人间的温情。

投身慈善活动，企业有付出，也有获得。一个有远见的企业家，最应关注企业长期获得利润的能力。企业自觉承担社会责任，能够在社会上获得较高的认可和信任，有助于树立良好的企业形象，有助于增强企业的长远发展能力。李嘉诚说过：“强者特别要学习聆听弱者无声的呐喊，没有怜悯心的强者，不外是个庸俗匹夫。”他的善举不仅使他一直占据华人慈善家榜首，也有力地支撑着他事业的进步，成为全世界华人首富。

从事慈善活动，不应简单地理解为一次性为慈善机构捐了多少钱，更在于对慈善的一种深切认知和持久责任。江苏黄埔集团是一家民营企业，规定每年都要从企业净利润中提取一定比例，纳入慈善基金，列出捐赠目标计划表，专款专用。这种对慈善事业的制度化投入，逐渐在企业中形成了一种慈善文化，也带动了员工从事慈善事业的积极性。慈善成为企业文化的组成部分，可以为企业带来长远的社会效益和经济效益。

印度一位哲人说：“财富无常而仁德永恒，故一旦有财须及时行善。”对于企业家和富人而言，我们应当树立一种新的财富观：为富不仁者耻，乐善好施者荣。财富生不带来，死不带去，用自己的财富造福更多的人，创造更大的社会效益和经济效益，这样的财富才是有生命力的，这样的企业家和富人，才活得更有意义和价值。

生活在人们尊敬中的慈善家，比孤独地占有银行存折上僵死的数字的守财奴要更荣光、更快乐。

光辉路标

陈光标说过，“做好事一定要说出去，要传播出去，传播给十个人知道，等于做了时件好事，传播给一万个人知道，等于做了一万件好事。做善事就是该宣扬，宣扬自己做的善事，不管是被理解、效仿还是受到非议，我都是在传播慈善理念，等于又做了一件善事。”

陈光标希望大家一起来做善事，让这个世界充满爱。

高调救灾、高调捐款、高调行善，陈光标不怕别人说他作秀，“我们带去有限的几千万元款物只是一点心意，并不能解决那么多老少边穷地区群众的实际困难。我们这样做，就是抛砖引玉，唤起更多优秀企业家的慈善意识，希望大家一起携手，来推动中国慈善公益事业的发展和慈善制度的建设。”

事实上，汶川地震后，一位企业家发出过颇为雷同的感慨：“光标啊，你在前面冲锋，我们不捐也不行啊。”

2003 年至 2009 年，中国慈善捐赠总额分别为近三十亿元、三十一亿元、一百亿元、一百八十一亿四千三百万元、二百二十三亿一千六百万元、一千零七十亿四千九百万元、四百亿元；中国的慈善组织也以每年 10% 的速度递增，目前慈善组织数量已近三百万家，其中社团二十三万五千家、民办非企业单位十八万八千家、基金会一千七百八十家。

陈光标在救援汶川地震期间，唤醒了中国人的个人捐赠意识，民间自发的捐赠和志愿服务热情，成为中国现代慈善公益领域的一大亮点。

2008 年，四百五十八亿元的国内“个人捐款”，首次超过企业捐助七十亿，占全部捐款的 54%。据统计，2007 年中国内地人均捐款只有二元五角，2008 人均捐款三十四元六角六分，上涨了近十三倍，创造了新中国自成立以来，接受国内外社会各界捐赠的最高记录：共计一千零七十亿元（不含港澳台地区），占 GDP 总量的 0.356%，年增长率高达 246%。

2010 年 5 月，民政部社会福利和慈善事业促进司司长王振耀在宁夏参加慈善活动时表示，由巨大灾难所激发出的全民慈善热情，从 2008 年汶川大地震以来一直在持续地发展，中国慈善事业正迎来重大战略机遇。全民关注慈善、全民参与慈善，现在是任何历史时期都不可比拟的。当前整个中国社会的捐赠已经开始形成习惯，捐款捐物、理性捐赠成为一种时尚，而志愿服务也日益普及。人们在探索慈善、发现慈善、投入慈善，这促成了慈善事业的不断提升。

当下的中国，慈善事业的迅速发展，陈光标的愿望正在慢慢实现。热心慈善的企业和企业家越来越多：

加多宝集团（“王老吉”凉茶生产商）：汶川地震后，加多宝集团捐出民营企业史上最高的单笔捐款数额一亿元，因此而获得“最具爱心外资企业”及“2008 年度中华慈善奖特殊贡献奖”两项殊荣。2010 年“王老吉，学子情”爱心助学行动，首次覆盖青海省，包括玉树地区，共资助二十五名贫困高考生，帮助他们圆大学梦，成栋梁材。此次爱心助学行动，将跨越全国三十一个省、自治区，资助一千二百名贫困高考生，捐助金额达六百万元，覆盖区域和资助人数均为历年最高。

中国移动通信集团公司：作为亚洲市值最大的电信公司，中国移动通信有限公司以“正身之德”、“厚民之生”的社会责任意识切实履行社会责任，争做优秀企业公民，一贯致力于支持中国教育事业的发展，尤其重视对贫困地区教育的支持，并将教育作为公益赞助的主要领域之一。汶川地震，中国移动累计捐款五千八百二十万元；西南旱灾，中国移动捐赠一百万元抗旱救助款；玉树地震，中国移动捐款二千一百万元，专项用于灾区困难受灾群众的紧急生产生活救助工作。

卓达集团：创建于 1993 年的卓达集团，在发展、创富的同时，积极投身慈善和社会公益事业。截至 2010 年 3 月，卓达集团捐资总额达九亿三千五百万元。2006 年 6 月，卓达集团捐资二百万设立“卓舒优秀高中春蕾女生奖学金”，至今已捐款超百万元，资助一千五百人次贫困女生圆求学梦。2009 年高考中，这些受助女生用优异的成绩回报了卓达的善意，本科上线率达到 84%。目前，她们已陆续进入南开大学、四川大学、天津大学等院校就读。

亿达集团：作为根植大连二十五年的民营企业，在亿达集团董事长孙荫环的带领下，亿达集团始终把“企业为社会而生存”作为基本理念，截至 2010 年，累计投入社会慈善公益事业资金超过六亿元。仅 2008 年，亿达集团就为汶川地震灾区捐赠三千四百万元。

如新：鼓励全球八十万员工日行一善，如新（中国）日用保健品有限公司是少数把行善理念放在企业使命宣言的公司之一，在全球范围内倡导“善的力量”。2009 年，如新捐赠总额超二千八百三十四万元人民币。

国泰康扶：北京国泰康扶国际贸易有限公司一直致力于文化卫生事业的发展，坚持秉承慈善公益事业的理念，向社会捐赠公益款物折合人民币近两亿元，为扶助弱势群体作出了贡献。

三星：三星（中国）投资有限公司是汶川地震时捐款最多的外企之一，每年帮助二千零五十例白内障患者进行复明手术，每年为一千二百五十位残疾人提供帮助，不断与农村村庄结缘建设“幸福之家”，用不懈的努力和坚持，让企业的公益事业持续发光。

百胜医疗：百胜医疗作为一家跨国医疗器械集团公司，以造福于社会为企业宗旨，在中国透过各类慈善组织和机构开展多方面的慈善项目。自 2007 年开展至今，“百胜慈善医疗济困行动”成为优秀的慈善品牌项目，捐助基层医疗单位超二千家，捐赠物资折合人民币超过十亿元。2007 年 12 月到 2009 年，百胜公司与中华慈善总会合作，在中国地区开展名为“百胜慈善医疗济困行动”的慈善活动，通过中华慈善总会向中国地区捐赠一千台最新研制的超声诊断设备，每台售价一百万元人民币。活动涉及全国三十个省、自治区、直辖市的二千多家基层医疗单位，捐助金额超十亿元。

中国电信集团公司：汶川地震后，中国电信出动抢修人员数万人日夜奋战在抢修一线，在克服损失、恢复通信的同时，自发主动地开展抗震救灾募捐活动，全体员工踊跃捐款，中国电信各级工会和员工已累计捐款捐物五千零四十五万元，集团公司向灾区捐款一千二百万元，中国电信集团已累计捐款达六千二百四十五万元人民币。玉树地震发生后，中国电信全力迅速恢复灾区通信，向青海玉树地震灾区捐款五百万元，帮助灾区人民抗震救灾及灾后重建，携手与灾区人民共渡难关。

苏宁电器股份有限公司：二十年来，苏宁电器在业绩快速增长的同时，注重社会责任管理体制的建立，积极履行社会责任，连续两年发布社会责任报告，形成了完整、系统的社会责任管理体制。在西南旱灾中苏宁电器向灾区捐赠一千万元，玉树地震中向灾区捐赠一千五百万元，与灾区人民一道共克时难，重建美好家园。同时苏宁连续五年开展“1+1阳光行”社工志愿者行动，累计员工参与人数超过十二万，在捐助教育、帮助弱势、环境保护等诸多领域积极回馈社会，赢得了良好的社会赞誉。

凤凰出版传媒集团：凤凰出版传媒集团作为全国知名文化企业，多年来，默默为公益事业作了许多努力。凤凰出版传媒集团以及所属的新华发行集团和出版社，将全省广大中小学生作为最重要的服务对象，除了提供大量适应教学和素质教育所需要的图书之外，还专门安排时间和人员，开展大量公益活动。据不完全统计，凤凰出版传媒集团每年资助贫困生、捐赠图书、捐建“农家书屋”、开展读书活动等，费用超千万元，得到了地方政府、教育部门、学校、师生和家长的认可。汶川地震发生后，凤凰出版传媒集团在第一时间内捐出了一千万元，并向灾区捐献了专门图书，为灾区重建贡献一已之力。玉树地震后，凤凰出版传媒集团又在第一时间内捐出了一千万元。

……

牛根生：创建“老牛专项基金”。2005年老牛基金捐助社会六百万元，2006年捐赠一千三百万元，2007年捐赠二千八百万元，2008年初因中国雪灾捐助了一千万元。2009年，牛根生捐赠超过四亿一千八百万元。

黄如论：多年来，黄如论先后为慈善事业捐赠近二十九亿元。在北京、福建、江西、云南、重庆等地多处捐资兴建中小学教学楼、博物馆、医疗中心、修桥铺路，设立各类助学金、奖学金、孤寡老人赡养基金、扶养孤儿基金。他连续七次荣登中国慈善排行榜。

曹德旺：曹德旺宣布将其家族持有的福耀玻璃工业集团股份有限公

司股权的70%捐出来成立慈善基金会。这个捐赠计划，不仅数额巨大，而且引发了社会各界对慈善捐赠的强烈关注。

杨受成：几十年来，杨受成捐赠大陆的善款达二亿六千万元，他曾先后设立多个教育基金；2004年8月，更是为中国社工协会捐赠一千二百万元，作为“成龙、杨受成公益慈善基金”，其后每年都进行固定捐款。

李春平：李春平已累计为捐赠近亿元。自他成为中国第一位获得“慈善家”称号的人后，他更加大了慈善力度，在2009年，更是向中华慈善总会捐赠二千万，成立李春平慈善基金会。

陈逢干：连续两届荣获2006年、2007年中国十大慈善家的桂冠。2009年，第四次获得中国慈善排行榜“年度十大慈善家”的称号。他发起成立了“宁夏陈逢干大学生助学基金会”，每年拿出三百万元人民币，资助贫困学生。

唐仲英：自唐仲英基金会（中国）成立以后，累计在中国捐款四千八百万美元（合人民币三亿六千万元）。其中85%用于教育事业，其余15%用于公益事业。包括“唐仲英德育奖学金”、“CTF小学”、“薪火乡村教育援助计划”、“唐仲英爱心奖学金”等常规项目。另外，还在国内部分院校、医院捐资资助科技研究、医药器材及其他各类社会公益事业。仅仅2009年，基金会就在中国捐赠人民币超过四千四百一十二万元。

……

2010年4月28日，由民政部指导、中国社会工作协会主办、公益时报社承办的“2010慈善大典暨中国慈善排行榜发布典礼”在北京钓鱼台国宾馆召开发布仪式。据统计，上榜慈善家一百三十三位，合计捐赠三十四亿三千八百万元，上榜慈善企业四百四十八家，合计捐赠五十二亿九千五百万元。

全国抗震救灾英雄模范、全国道德模范、江苏黄埔再生资源利用有限公司董事长陈光标，因其在社会领域的慈善影响力，再获“中国首善”称号；桑梓基金会获“2010年度慈善特别贡献”称号；牛根生获“2010中国慈善事业终身成就”称号；黄如论、曹德旺、杨受成、李春平、陈

逢干、唐仲英、潘亚文、陈怀德、王琳达、仲胡周等获得“慈善榜十大慈善家”称号；中国移动、步长集团、真维斯、顶新国际、卓达集团、亿达集团、国泰康扶、紫竹置业、江铃汽车、如新中国获“慈善榜十大慈善企业”称号。

中国明星慈善榜榜单自开始增设以来，受到社会各界的关注，这个榜单对国内演艺和体育界明星近年来在慈善事业方面的爱心作为进行了盘点，共有成龙、李连杰、刘德华、濮存昕、杨澜等百位明星上榜。2008年，濮存昕、张国立邓婕夫妇、黄奕、唐国强、陶虹、田亮、韩红、杨澜、吴若甫、李湘等位列“年度慈善明星”。2009年，容祖儿、谭晶、林依轮、孙楠、孙海英吕丽萍夫妇、黄渤、朱时茂、潘长江、潘阳、六小龄童、蔡明、苏有朋、毛宁等明星位列“年度慈善明星”。

对于那张站在人民币垒成的“墙”后伸展双臂的照片，陈光标颇为满意，他甚至将照片印成大幅挂历拿来送人。

陈光标说，2010年春节的这次大发红包，在组织筹备的二十天时间里，全国有五百多名企业家响应号召，共计捐款四千三百一十六万元（包括陈光标的黄埔公司捐款三百万元）。

为人不学陈光标，纵是英雄也枉然。众多响应号召的普通人士的爱心故事，也让陈光标激动不已。

“富二代”初中生小陈，从自己历年收到的八十六万元压岁钱中捐出六十万元。七岁男孩嘟嘟拿出自己所有的压岁钱，“希望帮助山区的小朋友上学。”

“职业乞讨者”老王（化名）去年有三万多元入账，汇了两万多元回老家盖房，拿出一万元交给陈光标，说一定要跟他去新疆过春节、发红包。

更让陈光标没想到的，是2010年1月22日之后发生的事。一名素不相识的地产商拿着二千万元的支票找到陈光标，“他就提了三点要求：不公布本人姓名和公司名字；春节不随团行动；红包委托其他人发放，提供清单即可。”一名香港老板打来长途电话认捐五百万元，而且特别提出要汇到陈光标的个人账户上。三名企业家捐出二百五十吨色拉油，托陈光标带到新疆和西藏去……

经过多年的高调慈善之后，陈光标坚信自己看到了“榜样的力量”。

2008年在四川地震灾区，一名来自内江的火锅店女老板拉着陈光标的手说，她原本打算捐款一万元，在电视中看到陈光标亲率六十台大型机械设备和一百二十名员工抗震救灾的事迹后，她深受感动捐了二十万。

“这样的话，我在不同场合听了太多太多。”陈光标说，去年和今年报名参加四川灾区和西部地区爱心行动的企业家，90%以上的人他不认识，这些人都是通过媒体报道了解到他的事迹、尤其是他在抗震救灾中的表现后受到感动，从而行动起来跟着他掏钱做慈善的。

在陈光标的名片上，密密麻麻印着中国红十字会常务理事、中国人权发展基金会光标榜样基金执行主任、江苏省红十字会副会长、江苏省慈善总会副会长、江苏省光彩事业促进会副会长、江苏省儿童少年福利基金会名誉会长、江苏省法律援助基金会副会长、中国公益事业形象大使等多个头衔。

追问之下，陈光标承认，自己虽然在多个慈善组织担任领导职务，但在做慈善的思想观念上，他和很多人存在“很大的碰撞”。

陈光标认为，只有做到公开、透明，中国慈善事业才能有大发展。他说，现在有些慈善组织的负责人都是从领导岗位退下来的老同志，年龄偏大是个问题，“这些老领导其实都很想把善款管好用好，可是因为身体原因很难亲力亲为，善款最后用到了哪些地方，他们有时候可能不是很清楚。”

人们注意到，在每一次捐助、慰问行动中，作为倡议者的陈光标都是使用“中国首善”及黄埔公司老板名义发出号召，未曾使用过任何慈善组织名义。

然而就是这样一个相当私人化的号召却应者甚众，这些人为什么信任陈光标？

网上有人戏称陈光标为“民间民政部长”，陈光标对此不置可否，他说爱心人士的信任在他看来更是一份沉甸甸的责任。

多名捐款者在谈到此次行动时表达了同样的意思：陈光标这个人，我信得过。

虽然认为制度化是中国慈善的必由之路，但陈光标认为，目前慈善立法的时机尚未成熟，中国的慈善事业刚刚起步，在很多方面仍然处于摸索阶段，应该让各种社会力量放开去做、去试，“我愿意做第一个吃螃蟹的人。”

在亲力亲为做了十多年慈善之后，陈光标表示，他有计划成立自己的班子，“这应该是一个和现有的各种基金会都不一样的机构。”

有数据显示，在美国，十三岁以上人口中有50%每周平均志愿服务四个小时；75%的美国人为慈善事业捐款；每年有30%的慈善捐款直接从工资中划出，平均每个家庭捐出年收入的3%～4%；共有一百六十万个以上的非营利机构，掌握的资金为六千七百亿美元，几乎相当于印度或韩国的国民总收入，美国的普通大众成为慈善事业的顶梁柱。

积少成多，聚沙成塔。光靠富豪们大发善心是远远不够的，我们国家人口众多，只要人人献出一份爱，这个世界就会充满温情，就会更加美好！

慈善是一种值得提倡的社会责任。在市场经济的条件下，面对一些社会问题，单纯依靠政府力量可能暂时无法得到更好的解决，而民间参与方式不失为一种有效途径，非营利组织能够提供政府所不能提供的服务。目前我国在形成三个层次的财富分配体制。第一层次以市场分配、劳动所得报酬为主，目的是提高效率；第二层次以国家财政税收及其再分配为主，实施国家的社会福利和社会保障，目的是促进社会公平；第三层次就是社会慈善活动，提倡的是社会责任，鼓励先富的人在自愿的基础上，拿出部分财富，通过慈善等方式，来帮助弱势群体。

在一些发达国家，慈善事业等第三次分配的总量大概占GDP的3%～5%，而在我们国家现在只占0.1%；在美国，从事与慈善、社会公益事业相关的工作人数大约占了就业人口的10%，如果我们国家慈善事业发展到如此程度，将创造上亿个就业岗位。

慈善事业在构建和谐社会过程中具有重要的作用，全社会应大力倡导慈善文化。但目前人人参与慈善的社会风气还未形成，国内的企业家还处于成长阶段，政府应该因势利导，建立和完善相关法律和法规体系，通过免税或减税等政策以鼓励捐赠，使蕴藏在民间的财富和积极性有方便而畅通的渠道发挥出来。

2007 年 2 月 16 日，刚刚卸任的联合国秘书长安南先生在美国得克萨斯州一座漂亮的庄园里举行慈善晚宴，为非洲的贫困儿童募捐，应邀出席的都是富商和名流。一个叫露西的小姑娘取出了她小钱罐里的全部三十美元二十五美分，她要捐给非洲的小朋友。沃伦·巴菲特先生被她的举动和精神深深地感动了，他把小露西带进了庄园。那天晚上，巴菲特先生捐献了三百万美元，比尔·盖茨先生更是捐出了八百万美元，然而,在慈善晚宴上,小露西获得了全场最热烈的掌声！成为当晚的明星！

因为，她说："慈善不是钱，是心。"

小露西感动了美国，感动了世界。她以童心道出了慈善的真谛。人的本性是善良的，慈善是心，慈善是人类共通的理念，是人类的利他行为，是人类的高尚文化。

附录
FULU

陈光标大事记

1968 年，陈光标出生。

1978 年，上小学十岁的陈光标，利用中午时间，用两只小木桶从井中取水，再用小扁担挑到离家一点五公里的集镇上叫卖，“一分钱随便喝”。当时，靠卖水，一个中午的时间能挣二至三毛钱。

1981 年，十三岁的陈光标暑假时每天骑着自行车跑十几里路卖冰棒。后来，又做起了贩粮的买卖，从开始的骑自行车贩粮到用拖拉机贩粮，从一天赚五、六元钱到一天能挣到三百多元钱。

1985 年，十七岁暑假结束的时候，陈光标挣了两万元钱，成了全乡第一个“少年万元户”，远近闻名。同年，他考入南京中医药学院，经过 5 年的专业学习，获得了医学学士学位。

1990 年 7 月 – 1992 年 3 月，陈光标在南京中医学院门诊部、南京中医学院附属第二医院工作。

1991 年，陈光标大胆地用身上仅有的三千元钱，研制成被陈光标命名为“跨世纪家庭 CT”的新仪器，不但获得了国家专利，而且一上市就广受好评。也由此掘得了人生中的第一桶金。

1992 年 3 月至 1994 年 8 月，陈光标担任江苏省社会科学院应用开发中心副主任一职。

1994 年 8 月至 1997 年 3 月，陈光标担任南京红光医药公司办公室主任一职。

1997 年，陈光标与现在的妻子张婷喜结连理。同年，陈光标成立了南京金威利电子医疗器械公司，并担任董事长。

1999 年 9 月至 2001 年 3 月，陈光标在南京大学商学院学习，获工商硕士学位。

2002 年，陈光标儿子嘟嘟出生。

2003 年，陈光标又瞄准了环保行业，成立了江苏黄埔再生资源利用有限公司，并担任董事长。公司致力于发展循环经济、绿色经济、可再生资源回收、加工和再利用。

2008年，“5·12”地震时，陈光标第一时间带领公司一百二十人，调动推土机、挖掘机、吊车等六十辆重型机械设备奔赴灾区参加抗震救灾战斗。救援队共救出活着的被掩埋群众一百三十一人，掩埋遇难者尸体数千具，其中，陈光标亲自抱、背、抬出二百多人，救活十四人。

2008年9月至今，陈光标在清华大学经管学院攻读EMBA学位。

2009年，陈光标荣获“2008CCTV年度经济人物大奖”和“CCTV年度十大三农人物公益奖”；4月，被推选为“最具号召力中国慈善家”；7月，被授予“中华慈善突出贡献人物奖”。

2010年4月28日，在北京大学百年讲堂正式公布的“中国首届心灵富豪榜”中，陈光标与曹德旺、张海迪、王菲、范伟、韩寒等一同入选“心灵富豪风云榜”十大人物。

2010年9月，陈光标在其公司网站上刊出了致比尔·盖茨和巴菲特的一封信，称死后全捐五十余亿人民币财产。

2010年12月，陈光标首度访台，拜访了海基会董事长江丙坤等以及台湾知名企业家、慈善人士，并发放上千万的善款。

2011年春节，陈光标带领五十多名大陆企业家再次赴台，在台湾九个市县发放一亿一千万亿元人民币“红包”。

陈光标致广大网民朋友的一封信

尊敬的各位网民朋友：

你们好！

我是陈光标，9月5日，我写了一封给比尔·盖茨和巴菲特的信，宣布在我离开这个世界的时候，将向慈善机构捐出自己的全部财产，引起广大网民朋友和社会各界的广泛关注。很多人对我的行为非常支持，钦佩和感动。你们的支持、赞誉和鼓励，也深深感动着我。然而，也有网友关心：我这么做，家里人理解和支持吗？当人们得知我的妹妹依然在一家饭店洗碗，每月工资只有一千八百元；我的弟弟依然在做保安，每月工资只有二千五百元，也有人产生疑问：陈光标为什么这么做，一个人如果对自己亲人不好，怎么可能对其他人好呢？

前一段时间，我一直在为舟曲泥石流灾区捐赠而奔波，今天才抽出时间想给广大网友写信，谈谈作为哥哥的我为什么这么做？以及我对一个亿万富翁该如何对待自己亲人的理解。

首先，我想跟网民朋友先聊一聊我的家。小时候，我们家很穷，哥哥姐姐都是饿死的。可以想象，如果没有改革开放政策，没有稳定的社会环境，我们家今天会是什么样子？我也许只是个靠工资养家糊口的普通人。所以，今天我成为亿万富翁，是幸运的，一直从内心感激社会，感激改革开放，也有责任为国家，为社会多分忧，多做一些事。

记得小时候，遇到乞丐要饭，我的父母非但不嫌弃，还会请他到自家餐桌上，与我们一家共同吃饭。别人家孩子没奶吃，妈妈就放下自己的孩子，给别人家孩子喂奶。有一次我看到弟弟因为缺奶吃饿得一直哭，就问妈妈为什么。妈妈回答：“你小时候也是这样的，我奶水还可以，别人家一点都没有，小孩子要饿死的。”父母虽然贫困，不可能给我们留下什么物质财富，但是他们教会我们如何做人。现在我能用财富回报社会，是父母教会我们的，也是为了尽忠尽孝。有人问我：陈光标，你最大的遗憾是什么？我想我最大的遗憾就是没有第二次生命奉献给我的

附录

祖国。

其次，作为亿万富翁，我应该为自己的弟弟妹妹做些什么？有一种传统观念叫“一人得道，鸡犬升天”。的确，如果我把一部分财富送给他们，弟弟妹妹们也许能过着一种养尊处优的生活。现在不少亿万富翁就是这么做的，把企业变成家族企业。然而这么做就对吗？结果就好吗？

我发现 60％以上的“富二代”是败家子。财富并没有使他们成为对社会有用的人，他们中有的人甚至吃喝嫖赌，危害社会。这些财富事实上是害了他们。没有辛勤劳动创造、轻而易举获得的财富往往很难珍惜，也很难守得住。所以，我希望自己的弟弟妹妹自食其力，靠自己的本领吃饭，同时也在社会上体现自己的人生价值。现在他们做到了，我为他们骄傲，我想广大网民朋友也会为他们鼓掌的。

我的弟弟妹妹文化程度不高，都是小学文化。我也曾经三次创造机会让他们到我们公司工作，但后来由于受文化水平限制，他们不能适应企业发展要求，先后又离开了。我也犹豫过，是继续让弟弟妹妹留在公司养着他们，还是让他们到社会上寻找适合自己的工作，最后，他们出去找到了自食其力的工作，我觉得他们当保安和洗碗工，做对社会有益的事，不丢人，非常光荣！

当然，人非草木孰能无情，更何况血浓于水呀。作为哥哥，我对亲人也是充满感情的，一直在想如何帮助他们。我觉得，如果给弟弟妹妹留下一大堆鱼不如教会他们孩子钓鱼捕鱼的本领。因为再多的鱼也有吃完的时候，而钓鱼捕鱼的本领可以让他们和孩子受益终身。所以，我没有给他们很多金钱，而是帮他们培养教育好孩子。教育能够改变一个国家的命运，也能改变一个家庭的命运。这就是我多年来一直坚持不给弟弟妹妹钱，但是每月给他们孩子二千元教育费的原因。当然，在他们家庭遇到困难的时候，我该出钱的出钱，该出力的出力，更是人之常情。所以，尽管有人不理解甚至不认同我这么做，我还是会坚持这么做下去的，我觉得这是对亲情观和财富观理解的不同吧。

由我创立的黄埔再生资源利用有限公司，是一家高科技环保拆除公司，是目前中国唯一一家把建筑垃圾二次利用的环保产业，我用“变形金刚”把废旧垃圾做成颗粒，用做路基辅料，多年来，累积的路基辅料可足够从北京至天津铺四车道了。目前，我又将向生活垃圾转型，我认为这是一座看不见的巨大“金矿”，既保护了环境又有不薄的利润。

我觉得，一个人来到这个世界，可以说是“赤条条地来，赤条条地去”，应该把财富看得淡一些。我经常说，财富是水，是身外之物。如果有一杯水可以一个人喝，有一桶水可以存放在家里，要是有一条河就该与大家分享。我从1998年做企业以来，每天都在奔跑中，没有休息过一个周末。为了公司的发展，精打细算，将每一分钱用在该用的地方，将节省下来的每一分钱用于慈善事业。我做企业十年来，到目前，累计向社会捐赠款物超过十三亿五千七百万(包括前几天捐给舟曲价值一千七百万的大型机械设备)，直接受益者超过七十万人。这对国家，对社会是有意义的事，对我们家庭，对我的弟弟妹妹，不也同样是有意义的事吗？

我想告诉大家的是，我捐的不是钱，而是一种理念，通过这种理念来唤醒人们的灵魂与良知，并且是在呼唤这个社会的公平与正义。因为，我看到了这个世界上越来越多的人睁眼闭眼就是钱和权，忘记了什么是尊严，失去了人性，这让我非常寒心。我所捐的十三个多亿，帮助了七十多万贫困人口，其实，我看重的并不是这些钱，我捐十三个多亿跟普通百姓捐十块钱是一个道理，主要想通过个人的亲力亲为来影响带动更多的人行动，让更多的人得到帮助，这才是我觉得无比快乐的事。

现在，我的儿子七岁了，我经常带他出席一些慈善活动，也会带他去到贫困山区，我要用我的言行来感化他、引导他，让他懂得感恩社会和包容社会。我希望他长大了和我一样一辈子从事环保产业的同时不忘回馈社会。网友朋友们，我也衷心希望，你们也行动起来，帮助他人，从身边一点一滴做起，并且用行动带动你们身边的人、你们的下一代，一同为我们国家的环保产业、慈善事业尽一份力量。我认为，社会不仅仅需要一个陈光标，而需要千千万万个陈光标，大家团结起来形成强大的精神力量，加入慈善大家庭，你们一定能从中体会到和我一样的快乐。

网民朋友，我希望弟弟妹妹能以有我这样一个为了社会“裸捐”的亿万富翁哥哥而骄傲，同样，我也会以弟弟妹妹这样作为亿万富翁的弟弟妹妹仍然做洗碗工、做保安，自食其力而自豪！

我提出“裸捐”后，现在已经有过百名富人和普通百姓响应我，还有一些富豪向我表示，他们虽然做不到捐献百分百的遗产，但会捐出百分之五十，这很令我欣慰。最近，不少我捐助过的少数民族欠发达地区的少数民族干部给我打来电话，他们说我唤醒了许多富人的良知与灵魂，相信不久的将来少数民族的穷人会得到更多的富人帮助了。他们还告诉我，受我捐助的贫困百姓在生活、教育上得到了怎样的变化，听到这些，我想无论我面对怎样的非议，我都无所谓了，因为我的内心是喜悦的，是坦荡的，对社会、对他人从来没做过一件坏事。我要让父母和弟弟、妹妹们放心，我会永远记住1998年春节吃饭桌上父亲送给我的两个坚持：坚持守法经营，坚持诚信做企业，做了好事一定要告诉更多的人。

“裸捐”行为牺牲的只是我一个人的利益，但会让更多的百姓得到收益。网友朋友们，你们放心，我陈光标对社会承诺“裸捐”说到做到，当我离开人世的时候，我不想让我的子孙后代承受骂名。

人与人之间最难得的是尊重与被尊重，理解与被理解，感动与被感动，社会各界和广大网友的尊重、理解和鼓励，永远感动着我，给我坚持不断做慈善以快乐和力量。

你们最真诚的网友 陈光标

2010年9月18日

陈光标的荣誉

由于多年来一直坚持不断捐赠，为国分忧，为民担当，陈光标赢得了许多荣誉。十多年来，他获得的大大小小荣誉证书超过一千五百本，全国少数民族敬献给他的哈达近四千条，全国各地政府和人民群众送给他的锦旗二千多面。以下为陈光标近年获得的部分荣誉：

2008年1月，陈光标出席参加南京市人大十四届一次会议。

2008 年 1 月，陈光标当选江苏省第十届政协委员，出席省政协十届一次会议。

2008 年 1 月，陈光标荣膺南京市“第六届南京好市民”称号。

2008 年 5 月，国务院总理温家宝亲切接见陈光标。

2008 年 6 月，陈光标被授予“北川中学荣誉校长”。

2008 年 7 月，中华全国总工会授予陈光标“抗震救灾工人先锋号”荣誉称号。

2008 年 12 月 5 日，陈光标荣获 2008 年度中华慈善奖特别贡献奖。

2009 年 1 月，陈光标荣获 CCTV 年度经济人物大奖和 CCTV 年度十大三农人物公益奖。

2009 年 1 月，陈光标被南京市文明办建设指导委员会评为 2009“感动南京”年度人物。

2009 年 1 月 23 日，陈光标被四川省中江县南渡小学聘为四川省中江县南华镇南渡小学名誉校长。

2009 年 1 月 24 日，陈光标被四川省中江县龙台镇中心学校聘为龙台镇初级中学校荣誉校长。

2009 年 2 月，陈光标被南京市私营企业个体经济协会聘为南京市私营企业个体经济协会第五届理事会副会长。

2009 年 2 月 12 日，陈光标被南京斗山工程机械有限公司授予南京斗山工程机械有限公司“黄金客户”。

2009 年 3 月，陈光标荣获中央社会主义学院第二十一期民主党派干部进修班优秀学员。

2009 年 3 月，陈光标荣获江苏省儿童少年福利基金会“功勋理事”。

2009 年 3 月 31 日，陈光标被新疆维吾尔自治区吐鲁番市人民政府授予荣誉市民。

2009 年 3 月 31 日，陈光标在中央社会主义学院第二十一期民主党派干部进修班（B 班）结业。

2009 年 4 月 5 日，陈光标被云南省福贡县人民政府授予云南省福贡县匹河怒族中心卫生院名誉院长。

2009 年 4 月 8 日，陈光标被云南省文山州委、州政府聘为经济顾问；

被瓷娃娃关怀协会聘为瓷娃娃关怀协会名誉会长；被云南省麻栗坡县人民政府授予麻栗坡县荣誉市民并颁发感谢状。

2009 年 5 月，陈光标被四川省汶川县人民政府授予荣誉市民。

2009 年 5 月，陈光标被共青团延安市委、延安市希望工程领导小组办公室、延安市青少年发展基金会授予延安希望工程“爱心大使”。

2009 年 5 月，陈光标被中央财经大学经济学院聘为荣誉教授。

2009 年 5 月 21 日，陈光标被授予四川省绵竹市荣誉市民。

2009 年 5 月 26 日，陈光标被青海省玉树藏族自治州教育局聘为荣誉督学。

2009 年 5 月 26 日，陈光标被四川省中共北川羌族自治县委员会、县人民政府授予荣誉市民。

2009 年 6 月，陈光标被四川省绵阳市授予荣誉市民。

2009 年 6 月，陈光标被人民网、绿色中国杂志社评为“2008 绿色中国年度焦点人物公益奖”。

2009 年 6 月，陈光标被优秀苏商推选活动组委会评为 2008 年度苏商社会责任大奖。

2009 年 6 月 4 日，陈光标被聘为南京东南大学名誉董事。

2009 年 6 月 13 日，陈光标被中国文联出版社、中国公益事业促进会、中国党建网、中国政策科学研究会、世界华人协会、世界和平联合总会授予“中国公益事业特别贡献奖”、中国公益事业形象大使。

2009 年 6 月 20 日，《科学中国人》杂志社颁发陈光标“科学中国人年度人物”大奖。

2009 年 6 月 28 日，陈光标任南京环境保护产业协会第四届理事会会长。

2009 年 7 月，陈光标荣获中华慈善突出贡献奖。

2009 年 7 月，陈光标被贵州省毕节地区行政公署聘为毕节实验区经济社会发展高级顾问。

2009 年 7 月，陈光标荣获中国公益事业联合会、中国爱心工程委员会颁发的“共和国脊梁——中国公益事业卓越贡献奖”。

2009 年 7 月，陈光标被山东省衡山县人民政府聘为经济发展顾问。

2009 年 7 月 1 日，陈光标被“弘扬中华民族艺术瑰宝——书画艺术理事会”推举为会长。

2009 年 7 月 4 日，陈光标被贵州省毕节市人民政府授予毕节市荣誉市民。

2009 年 7 月 20 日，陈光标被中国榜样公益活动组委会、榜样公益基金管理委员会评为中国榜样公益爱心大使。

2009 年 7 月 29 日，陈光标被中国老兵之家协会理事会推选为常务副主席。

2009 年 9 月，陈光标被江苏省“双五十”评选活动组委会评为感动江苏人物，

2009 年 9 月，陈光标被中共江苏省委宣传部、江苏省文明办、江苏省军区政治部、江苏省总工会、共青团江苏省委、江苏省妇联、新华日报报业集团、江苏省广播电视总台评为江苏省第二届道德模范。

2009 年 9 月，陈光标被中国爱心城市发现之旅组委会、《环球慈善》杂志社评为爱心榜样。

2009 年 9 月，陈光标被中共中央宣传部、中央文明办、解放军总政治部、全国总工会、共青团中央、全国妇联评为“全国道德模范”。

2009 年 9 月 6 日，陈光标被全国十大社会公益之星评选表彰活动组委会评为“全国十大社会公益之星”。

2009 年 9 月 9 日，陈光标被南京特殊教育职业技术学院聘为名誉院长。

2009 年 9 月 14 日，陈光标被长三角年度青商推选活动组委会评为“首届长三角杰出青商”。

2009 年 9 月 23 日，陈光标被聘为江苏省城市应急协会副会长。

2009 年 9 月，迎国庆 60 周年庆典，承接了北京长安街部分街道拆除项目，陈光标公司保质保量提前完成任务，赢得北京市委市政府的高度赞誉。

2009 年 10 月，陈光标当选为中国红十字会第九届理事会常务理事。

2009 年 10 月，陈光标被香港文汇报“共和国 60 华诞影响中国十大系列”大型评选组委会授予“环保之光”。

2009年10月19日，陈光标被四川省北川羌族自治县擂鼓镇中心小学聘为名誉校长；被北川羌族自治县擂鼓镇八一中学聘为名誉校长。

2009年10月31日，陈光标被中国儒商评选委员会评为2009“中国首届儒商”；被中共江苏省委宣传部评为奋进的江苏——庆祝新中国成立60周年大型成就展先进个人。

2009年11月，陈光标被澳亚卫视中文台《华夏骄子》栏目聘为高级顾问。

2009年11月3日，比尔·盖茨在北京燕莎中心凯宾斯基酒店以私人会晤的方式宴请陈光标，双方针对“中国越来越多的富人热衷于慈善事业”和“慈善事业如何做才更好更有效果”、“环境保护”等议题进行了长达两个半小时的会谈。

2009年11月7日，陈光标被世界杰出华商协会评为“2009全球青年华商影响力100强”、“全球华商首善”。

2009年11月18日，陈光标被国际儿童青少年慈善促进联合会授予太阳城孤儿成长基地“慈善使者”。

2009年11月24日，陈光标被江苏省泗洪县青阳镇教育委员会、泗洪青阳中心小学聘为名誉校长。

2009年11月，陈光标被中国中小企业促进会、中国经济贸易促进会评为建国60周年——全国经济建设十大创业人物。

2009年12月3日，陈光标被中共南京市六合区委员会、南京市六合区人民政府聘为南京市六合区科学发展顾问。

2009年12月，陈光标被人民网评为“中国十大责任公民”。

2009年12月，陈光标被南京市江宁滨江开发区聘为高级顾问。

2009年12月8日，陈光标被辽宁省灯塔市天泽中学聘为名誉校长。

2009年12月，陈光标被CCTV感动中国推委会列为2009感动中国候选人。

2010年1月，陈光标被低碳中国论坛组委会、全国政协经济委员会、中国科学技术协会、中国报业协会联合授予2009年度“低碳中国企业领袖”。

2010年1月，陈光标被南京市委宣传部、南京市精神文明委员会授予第二届“南京市道德模范”。

2010年1月8日，财富名人杂志2009年度“大爱同行财富名人”慈善颁奖盛典授予陈光标“公益慈善奖”。

2010年1月11日，陈光标被中共南京市江宁滨江经济开发区工作委员会授予高级顾问。

2010年2月，陈光标受中宣部邀请，作为全国道德模范代表出席中央电视台春节联欢晚会，并给全国人民拜年。

2010年2月，陈光标被新疆自治区阿勒泰市、霍城县人民政府授予“荣誉市民”称号。

2010年2月，江苏黄埔再生资源利用有限公司被评为江苏省环境保护产业协会副会长单位。

2010年2月，陈光标受邀国务院法制办谈立法拆迁，提出拆迁补偿立法应在公共利益与公民利益之间寻求平衡。

2010年3月，全国“两会”期间，陈光标倡议中国企业家重温中国式的马克思《资本论》，做百年老店。

2010年3月5日，陈光标被南京市公安局、南京市文明办聘为南京市“文明交通形象大使”。

2010年3月8日，陈光标被江苏省政法委、江苏省依法治省领导小组办公室授予“江苏省依法经营履行社会责任优秀企业家”荣誉称号。

2010年4月9日，陈光标获得2009年度“中华慈善奖特别贡献奖”。

2010年4月25日，陈光标荣获2009全国生态文明建设十大新闻人物。

2010年4月28日，陈光标再次荣获“中国首善”。

2010年5月1日，陈光标被授予“黑龙江省牡丹江市安顺敬老院名誉院长”。

2010年5月10日，河南省淮阳县许湾乡李灵希望小学聘任陈光标为李灵希望小学名誉校长。

2010年5月29日，陈光标荣获《当代经理人》杂志第九届创业高峰论坛“2010年度中国十大创业领袖”。

2010年6月，江苏黄埔再生资源利用有限公司被授予品牌贡献奖·

影响中国公益品牌大奖。

2010年7月18日，陈光标被聘为重庆万州区总商会江苏商会名誉会长。

2010年7月18日陈光标被聘为赵朴初公益基金会名誉会长。

2010年8月，陈光标被聘担任安徽大学兼职教授。

2010年8月，陈光标在云南电视台、中共昆明市委宣传部组织的“2010昆明好人”活动中荣获“抗旱好人代表”称号。

2010年8月，陈光标被授予公益中国爱心联盟终身荣誉理事长。

2010年8月，陈光标被中华民营企业联合会评为当代功勋民营企业家。

2010年8月，贵州省安顺市西秀区夏官小学感谢陈光标“爱满天下，情系教育”。

2010年8月1日，陈光标被评为中华十大最具创新力人物。

2010年8月18日，陈光标被舟曲县人民政府授予舟曲县荣誉市民称号。

2010年8月18日，江苏黄埔再生资源利用有限公司被中共中央、国务院、中央军委授予“全国抗震救灾英雄集体”称号。

2010年8月28日，陈光标被中华民营企业联合会授予优秀民营企业家称号。

2010年8月31日，陈光标当选为中国光彩事业促进会理事会副会长。

2010年9月，陈光标当选为中华慈善总会副会长。

2010年9月25日，陈光标被中国经济报刊协会评为2010中国最具影响力企业领袖。

2010年9月25日，江苏黄埔再生资源利用有限公司被评为2010中国经济新闻人物抗震救灾企业集体特别奖。

2010年10月，陈光标被胡润百富榜授予“中国低碳第一人”称号。

2010年10月，陈光标被全国关爱未成年人黄丝带行动组委会授予关爱未成年人黄丝带行动“爱心大使”。

2010年10月，陈光标被天下英才传媒评为2010年“中国年度商业领袖成就”荣誉称号，“中国零售企业家公众形象满意度调查第一名”荣誉称号。

2010年10月13日，江苏黄埔再生资源利用有限公司被中国低碳行动联盟授予低碳企业创新奖。

2010年10月16日，陈光标被中国传媒大学MBA学院评为中国传媒大学MBA学院业界导师。

2010年10月17日，陈光标被聘为安徽省青年创业就业基金会名誉顾问。

2010年11月22日，陈光标被国际绿色经济协会授予“中国绿色低碳第一人”。

2010年11月，陈光标被聘为中国低碳行动联盟理事长。

2010年12月，陈光标被中国致公党中央委员会评为先进个人。

2010年12月，陈光标被中共南京市委统战部、南京市工商业联合会、南京市光彩事业促进会评为南京市第四届“光彩事业之星”。

2010年12月，陈光标被中共南京市委、南京市人民政府评为2010年度南京市优秀民营企业家。

2010年12月8日，陈光标被聘为中国可再生能源行业协会常务副会长。

2010年12月15日，陈光标在安徽蚌埠参加全国道德模范与身边好人现场交流活动中被授予“中国好人”称号。

2010年12月20日，陈光标被聘为两岸企业家论坛荣誉主席。

2010年12月20日，陈光标被授予两岸企业家社会公益榜样奖。

2010年12月20日，国民党荣誉主席吴伯雄办公室表扬陈光标是两岸慈善第一人。

2010年12月27日，陈光标被聘为全国红军小学建设工程理事会常务理事、副理事长。

2010年12月27日，中共中央党校、中国延安精神研究会、中国关心下一代工作委员会、共青团中央、中国青少年网络协会授予江苏黄埔再生资源利用有限公司为全国红军小学理事会常务理事单位。

2010年12月31日，陈光标参加云南卫视《地球之声》公益晚会，并因为给予生态环保项目的切实支持，被授予2010年度公益人物称号。

2010年，凤凰网授予陈光标温莎影响时代的绿色力量人物评选大奖。

2010年，中国经济报刊协会授予陈光标2010中国经济新闻人物，抗震救灾企业集体特别奖。

2010年，商务部、国家工商行政管理局、国家质量监督检验检疫总局、中国消费者协会授予陈光标CCTV中国年度品牌奖。

2010年，陈光标被胡润百富榜评为2010年度产业贡献奖。

2010年，江苏省人民政府授予江苏黄埔再生资源利用有限公司重合同守信用企业。

2010年，江苏省环境保护产业协会授予江苏黄埔再生资源利用有限公司为第五届理事会副会长单位。

目前担任的职务和获得的荣誉：江苏省第十届政协常委，中国致公党江苏省委常委，南京市第十四届人大代表，南京市白下区第十六届人大常委，十届全国工商联常委，中共江苏省委研究室特约研究员，中国国际商会副会长，中国国际再生资源专业委员会副主席，中国——南亚商务理事会常务理事，东盟国际友好促进会副会长，中国人权发展基金会光标榜样基金执行主任，江苏省光彩事业促进会副会长，江苏省红十字会副会长，江苏省慈善总会副会长，江苏省进出口商会副会长，江苏省儿童少年福利基金会荣誉会长，江苏省法律援助基金会副会长，江苏省青年商会副会长，江苏省私营个体经济协会副会长，北京大学、清华大学、南京大学、中央财经大学、安徽大学、中国矿业大学、东南大学、南京中医药大学等高校荣誉教授、校董等，全国九十六个市、县荣誉市民，六十三个市、县高级经济顾问，一百八十三所中小学名誉校长……